Pequeño manual para abuelos

Etienne Choppy
Hélène Lotthé-Covo

PEQUEÑO MANUAL PARA ABUELOS

que ejercen su papel de todo corazón

A pesar de haber puesto el máximo cuidado en la redacción de esta obra, el autor o el editor no pueden en modo alguno responsabilizarse por las informaciones (fórmulas, recetas, técnicas, etc.) vertidas en el texto. Se aconseja, en el caso de problemas específicos —a menudo únicos— de cada lector en particular, que se consulte con una persona cualificada para obtener las informaciones más completas, más exactas y lo más actualizadas posible. EDITORIAL DE VECCHI, S. A. U.

Colección dirigida por Mahaut-Mathilde Nobécourt.

Traducción de Parangona, Realització Editorial S. L.
Ilustración de Jesús Gracia Sánchez.
Título original: Petit manuel à l'usage des grands-parents

© Editorial De Vecchi, S. A. 2018
© [2018] Confidential Concepts International Ltd., Ireland
Subsidiary company of Confidential Concepts Inc, USA
ISBN: 978-1-64461-091-6

El Código Penal vigente dispone: «Será castigado con la pena de prisión de seis meses a dos años o de multa de seis a veinticuatro meses quien, con ánimo de lucro y en perjuicio de tercero, reproduzca, plagie, distribuya o comunique públicamente, en todo o en parte, una obra literaria, artística o científica, o su transformación, interpretación o ejecución artística fijada en cualquier tipo de soporte o comunicada a través de cualquier medio, sin la autorización de los titulares de los correspondientes derechos de propiedad intelectual o de sus cesionarios. La misma pena se impondrá a quien intencionadamente importe, exporte o almacene ejemplares de dichas obras o producciones o ejecuciones sin la referida autorización». (Artículo 270)

A Vava, Mimi y Jacques.

«No eduquemos a nuestros hijos para el mundo de hoy. Este mundo ya no existirá cuando ellos sean mayores. Y nada nos permite saber cómo será el mundo en el que vivan. Entonces, mejor enseñémosles a adaptarse».

Maria Montessori

Agradecimientos

Antes que nada, gracias a todos los que han confiado en nosotros para explicarnos sus recuerdos y compartir sus emociones. Es su experiencia la que da vida a estas páginas.

Varios de nuestros amigos han releído a conciencia y han corregido nuestros borradores. Las indicaciones de unos y otros nos han servido de gran utilidad. Gracias, pues, a Michèle Darquier, a Marie Salzman y a Alain Golomb. Gracias una vez más a Marie-Claude Maran y a Alain Golomb por habernos autorizado muy gentilmente a reproducir fragmentos de su obra.

Dos amigos psicoanalistas, Anne Gérard-Couplan y Régine Prat, además de Marie-Christine Choppy, trabajaron conjuntamente para corregir y comentar los aspectos referentes al psicoanálisis. Nosotros hemos sacado partido hasta la extenuación de sus sugerencias. François Lotthé ha llevado a cabo un trabajo de documentación y corrección de gran importancia para nosotros. Los consejos de Élisabeth Tardif han sido igualmente de gran ayuda. Les debemos muchísimo.

Todos ellos nos han animado a lo largo de nuestro trabajo. A todos les expresamos nuestro sincero reconocimiento.

En cuanto a nuestros cónyuges, Marie-Christine y Jean-Pierre, les agradecemos el interés activo que nos han demostrado y su paciencia para ejercer de apoyo moral.

Índice

INTRODUCCIÓN	19
I. CONVERTIRSE EN ABUELOS	21
1. UNA NUEVA AVENTURA A LA VISTA	25
El deseo de tener niños, un deseo inmortal	26
El anuncio del futuro nacimiento	28
La alegría y los sentimientos contrapuestos de los abuelos	31
El parto, una etapa de alto riesgo	36
Después del parto	38
La depresión posparto, covada y evasión	39
Algunos problemas dolorosos	41
Las realidades sociales	41
Los sufrimientos de la esterilidad	42
2. PASAR A LA ACCIÓN: CONSTRUIR UNA RELACIÓN	45
La imprescindible mediación de los padres	46
El deseo de los padres	46
Algunas cuestiones prácticas sobre el papel de los abuelos	49
Un mundo diferente	53
¿A qué edad empieza la vejez?	54
Las abuelas de hoy en día, activas o jubiladas	55

Algunos problemas en la relación 56
   El asiento eyectable 57
   Golpe de frío 59
   La distancia idónea 60

3. EL BEBÉ: CUIDARLO, APRENDER A OBSERVARLO 62
Tener nietos 62
Elogio del narcisismo 64
Abuelos y padres: matices y psicología 69
   Respecto al abuso de poder 71
Saber observar al pequeño 73
   El objeto transicional 75
   Los aprendizajes precoces 76

4. HACIA LA EDAD DE LA RAZÓN 79
La autonomía y sus peligros 81
Nombrar a los abuelos 84
El complejo de Edipo 86
   El pequeño Hans 87
   La inhibición 89
   Edipo y los abuelos 91
   Los celos 92
La identificación 93
   La interiorización de la prohibición 93

5. LOS NIÑOS MAYORES Y LOS ADOLESCENTES:
   INTERCAMBIAR Y ORIENTAR 96
La edad de oro de los abuelos: los niños mayores .. 96
   Los abuelos-estrella 96
   Abuelos cuentacuentos 97
   Los juegos, el ordenador, las actividades
      extraescolares 100
Después de la edad de oro, la travesía del desierto:
   la adolescencia 103

Rebeldía y fidelidad 103
El grupo de amigos 106
Los abuelos y los adolescentes 107
Las dificultades 109
Ellos han hablado de sus abuelos 112
Los descendientes de celebridades 114

6. LA EDUCACIÓN DE LOS NIETOS 115
Cuestión de identidad 115
La educación desde la segunda fila 117
La autoridad es territorial 120
   Leyes y normas 123
   Cambiar el chip 123
   Padres ausentes o presentes 125
   Saber decir que no 126
Cuando los abuelos hacen de padres 128
Vida común y compartida 130
   Vivir juntos 130
   El hijo único 133

   Los primos 133
   Los regalos 135

7. CON DELICADEZA Y SABIENDO TRANSMITIR 136
De la educación a la transmisión 136

   El trato correcto: una actitud y un intercambio
     de emociones 138

   Abrir el espíritu de los niños 143

La transmisión 145

   Libertad y alienación 145

La transmisión de valores y recuerdos 146

Mis ejemplos se transmiten 149

Transmitir objetos 151

Transmitir, únicamente con el consentimiento
   de los padres 152
8. SOMBRAS, DISCUSIONES Y RUPTURAS 154
Enfrentarse a la agresividad 154
Padres y abuelos no tienen la misma edad 156
Siempre Edipo 157
El narcisismo 158
   Narciso y el dictador 161
   Narciso y la ausencia 164
   Los «terroristas» 164
Un campo de batalla ideal: la educación
   de los niños 166
   Prejuicios de base 166
   La escuela 168
Vida eterna y el atardecer de la vida 169
La candente cuestión del sexo 171
Alegrías y desventuras de la convivencia 172
Para poner fin a las hostilidades 175

9. UN CATACLISMO EN LA VIDA DEL NIÑO: EL DIVORCIO 176
Un huracán sacude a la pareja o un lento deterioro ... 177
   Calma después de la tormenta 178
Los abuelos y el divorcio: el salvavidas 183
La planificación de la tutela 186
   El derecho de visita 188
   La tutela compartida 189
Después del divorcio: los abuelos y los nietos 191
   Cuando los abuelos se ven privados de sus nietos ... 192

Índice

Las familias recompuestas 192

10. ACERCA DE LOS MALOS TRATOS 194
Malos tratos psicológicos 194
    Los padres mentirosos 197
    Los padres negligentes 198
    Los padres sobreprotectores (pelícanos) 198
    Malversaciones económicas y autoridad parental ... 199
Malos tratos sexuales 201
    Reaccionar rápido 201
    Adolescentes y malos tratos 204
    El papel de los abuelos 206
Violencia psíquica 207
    El síndrome del niño sacudido 208
    Los abuelos, factor de resistencia 210
    Teoría sobre la resistencia
      a la adversidad (resiliencia) 211
    Práctica de la resiliencia 213

II. EL PASADO EN EL PRESENTE:
LA FUNCIÓN SIMBÓLICA DE LOS ABUELOS

11. ALGUNOS APUNTES HISTÓRICOS 219
La familia del siglo XVII al XIX 219
    El papel de los abuelos 220
    Del patriarcado al anciano bondadoso 223
    De Napoleón a Víctor Hugo 225
La familia del siglo XX 228
    Los abuelos durante el último medio siglo 229

12. LOS ABUELOS DE HOY EN DÍA 231
Una generación de abuelos nacidos entre 1925 y 1960 . 231
La educación tradicional 232
    Sus principios 232

Sus métodos 233
El tercero-presente 236
El choque cultural de 1968 239
    ¡Abajo la violencia! 240
    ¿Es necesario educar? 242
    La violencia congénita 243
    Los límites imprescindibles 244
Los matices pedagógicos modernos 246
    La pedagogía rosa 246
    ¿La sociedad es pedófila? 247
La brújula loca 248

13. EL TRANSGENERACIONAL 250
Un concepto nuevo 250
    ¿Qué es el transgeneracional? 250
    ¿Cómo creer en él? 251
    ¿Qué transmitimos a nuestros hijos? 252
    Los principios del psicoanálisis:
        la omisión del transgeneracional 253
Historias familiares 255
    La familia de Freud 255
    Los labdácidas en el mito de Edipo 258
El genosociograma 263
    Descubrir nuestra propia familia 264
    El genosociograma en la práctica 266

14. EL TRANSGENERACIONAL Y LA VIDA PRIVADA 269
Filiación escondida 270
Los secretos de familia 271
El «fantasma» 274
    El fantasma y la justicia familiar 275
    Enfermo de su fantasma 276
    El síndrome del aniversario 277
    El niño de recambio 278

Las expresiones de lealtad 279
Los que pueden escapar 283

15. El transgeneracional, la sociedad y la Historia 285
El estado civil 286
   El apellido 286
   El nombre de pila 288
Cambiarse el apellido 289
   El niño adoptado 290
La «neurosis de clase» 291
   El niño imaginario y la realidad social 293
La Historia con mayúsculas 294
   Los lutos difíciles 294
   Sobrevivir a un genocidio 296
   Los desarraigados 300
Lo mejor del transgeneracional 301
Psicoanalistas y sociólogos 305

Conclusión 307

Bibliografía 313

Introducción

El actual interés por los abuelos puede resultar sorprendente puesto que nuestra sociedad, especialmente ávida de lo juvenil y de los bienes de consumo, no manifiesta excesivo interés por todo lo que recuerda a la vejez o a las tradiciones. Esta contradicción no puede dejarnos indiferentes.

Algunos libros dedicados al tema no hablan más que de la alegría de convertirse en abuelos; otros no dejan de reproducir las catástrofes familiares o los dramas judiciales; y la mayoría recetan consejos. Los casos a los que nos enfrentamos raramente son extrapolables a los ejemplos dados, con independencia de la fuente de veracidad de los autores.

Además, en lugar de dar recetas sobre aquello que sería deseable hacer en tal situación o en tal otra, este libro aporta elementos de análisis y de reflexión que permitirán al lector apreciar mejor la naturaleza de los problemas planteados y elaborar sus propias reacciones circunstanciales. Asimismo, el texto también muestra interés por las condiciones que hay que mantener a fin de que la relación entre abuelos y nietos sea armoniosa. La ayuda que ellos pueden aportar varía según la edad del pequeño: es por ello que se ha creído oportuno recordar varios elementos del desarrollo psicológico, desde el nacimiento hasta la adolescencia.

Las dificultadas por las que atraviesan las familias también merecen que nos detengamos en ellas, puesto que suelen ser una constante y los abuelos a menudo ejercen un papel salvador. Su intervención puede evitar sufrimientos al pequeño o mitigar los efectos destructores. Un niño maltratado también puede encontrar recursos y protección al amparo de sus abuelos, como en caso de disputa familiar y divorcio.

La transmisión: este es el término con el que este libro ilustra el otro aspecto esencial del papel de los abuelos. Los testimonios recogidos muestran la gran importancia afectiva que tienen en los recuerdos de la infancia. Pero si bien el amor es indispensable, no lo es todo en la educación: los abuelos no son los únicos encargados de aportar ternura. Ellos también transmiten. Son las ramas principales del árbol genealógico y los representantes vivos del pasado familiar. Desde esta condición son símbolos de carne y hueso.

Los abuelos, o bien las tradiciones familiares o los valores culturales a los que están vinculados, transmiten otras nociones, tanto consciente como inconscientemente. Su espacio simbólico los acerca a sus propios ancestros y a la Historia, la cual se circunscribe al corazón del siglo XX donde ellos nacieron. El rol *transgeneracional*, cuya existencia está lejos de ser admitida por todos, permite comprender este mecanismo de transmisión inconsciente y el papel que ejerce el pasado, sobre todo el menos conocido, en la vida de cada individuo. Esta noción aclara de manera mucho más sutil y matizada ciertos aspectos de la vida familiar.

Por tanto, el pasado y sus huellas en el presente constituyen una dimensión esencial en este libro; el pasado de la familia, el pasado de la sociedad española, pero también el pasado de las naciones. El siglo XX ha sido pródigo en tragedias. Pero no podemos abordar todos los casos ni todas las civilizaciones, por muy interesantes que pueda resultar verlas de cerca. De ahí que hayamos tenido que renunciar a abordar ciertos temas, como el caso de los abuelos que viven solos, y a no circunscribirnos al caso español.

I
CONVERTIRSE EN ABUELOS

Todas las personas están llamadas a seguir la cadena generacional, y cuando los jóvenes adultos tienen la valentía de tentar la suerte y formar una pareja, sus padres sienten alegría pero también inquietud. Ellos se convertirán en abuelos y saben que el asunto está fuera de su control. La mayoría aceptan con gusto la situación sin poder precisar exactamente el papel que se les pide que tengan. Un esfuerzo de la memoria les permitirá reencontrarse a sí mismos a la luz de los recuerdos de este momento creador de su vida: el nacimiento de su primer hijo.

Deben acordarse del comportamiento de sus padres y de sus suegros. De cómo se enfadaban cuando estos trataban de usurparles su papel de padres con el pretexto de ayudarles o bien cuando nunca se mostraban dispuestos a ayudarles más que los días en que hubieran preferido estar los tres juntos. De la autoridad excesiva de la madre que lo dirigía todo con la excusa de que su hija no carecía de experiencia. También deben acordarse de los momentos de alegría compartidos con sus padres y de lo que había hecho posible aquella armonía. Es en este regreso a ellos mismos donde encontrarán los mejores consejos.

El papel de los abuelos no es el de los padres. Ellos pueden ayudar sin pretender sustituirlos, conscientes de que su rol es secundario en relación con el que ejercen sus hijos. Un buen entendimiento entre ellos es indispensable para establecer una relación fructífera con sus nietos. Saber imponerse límites es darse la oportunidad de poder ocupar la totalidad del lugar que les corresponde.

1

Una nueva aventura a la vista

Los pechos enormes que se curvan hasta la cintura, el vientre redondeado que domina las caderas, ausencia de brazos, las piernas cargadas que terminan en punta..., su forma nos recuerda a la de una peonza. Su cabeza de piña no tiene rostro. Es bella y monstruosa. Es la Venus de Willendorf, y tiene cerca de veinticinco mil años. Los arqueólogos, al llamarla Venus, fueron fieles a la tradición antigua que hizo de esta diosa un principio de amor y fecundidad. Venus, madre de Cupido, es por encima de todo la progenitora universal.

El propósito de cualquier ser vivo sobre la faz de la tierra es reproducirse, perpetuar su especie. El hombre no escapa a esta norma. También es el único «animal» que tiene conciencia de las leyes que rigen su comportamiento y tiene el poder de hablar: es un ser con cultura. Las representaciones realistas o simbólicas de la procreación las encontramos en todas las latitudes y épocas. Es el gran tema de toda la vida. Las culturas lo revisten con infinitud de justificaciones: obedecer a un plan divino —«creced y multiplicaos»—, prolongar la vida del clan, pero también honrar y reencarnar a los antepasados. La procreación convierte al individuo en el eslabón entre el pasado del que procede y el futuro al que da origen. Ninguna otra especie entierra a sus muertos, ni se proyecta en el futuro de su linaje o tribu. Tampoco ninguna honra a sus tótems ni a sus hogares. El hombre es el único en saberse hijo de unos y padre de otros. Y, tras varios milenios, algunos pueden llegar a vivir tantos años como para conocer una descendencia más lejana y disfrutar de ello y sentirse orgullosos.

Si Montaigne, que dudaba sobre el apellido de sus hijos, más aún sobre sus nombres, y no conoció más que a los supervivientes, soñaba con pasar unos días en una familia que habitara en el año 2006, sin duda se quedaría estupefacto ante los ríos de tinta que se escriben alrededor de las cunas. El individuo ya no tiene la misma percepción de sí mismo: antes de Descartes, uno «era el hijo único superviviente de...» y honraba a su linaje, uno se anulaba, a su pesar, en beneficio del interés de la familia. Nada de eso ocurre hoy en día: cada uno vive para sí mismo y los tiempos han cambiado. Pero un sentimiento central persiste: la alegría de procrear y el deseo por los niños, incluido, formulado. El niño trae consigo un mensaje de esperanza en el futuro que es compartido por los abuelos. Desde su condición de ancestros, siempre han tenido una función simbólica. Y la siguen conservando, aunque desde nuestro tiempo su preferencia va en aumento ante la realidad cotidiana.

El deseo de tener niños, un deseo inmortal

El deseo por los niños no conoce edades. Futuros abuelos pueden corroborarlo: ocurre que algunas parejas maduras, a pesar de contar con una nutrida descendencia, se permiten el placer de un último hijo que tendrá la edad de sus sobrinos y nietos. Pero este comportamiento también tiene excepciones: cuando son sus hijos los que están en edad de procrear, los padres sienten la mayoría de las veces que su hora ha pasado. Y ya no quieren tener más niños. Si bien es cierto que «desear» y «querer» no son sinónimos. «Desear» conlleva un impulso espontáneo del ser que no deja intervenir al espíritu crítico racional, mientras que «querer» es un acto psíquico, reflexivo y consciente. Una persona puede «desear» tener un niño y no «querer» hacerlo. Las razones objetivas de no querer hacerlo pueden ser tanto justificadas como posibles, y la persona pueda estar convencida; su deseo por tener un bebé no es para menos. La prueba es que el número de accidentes en los métodos contraceptivos, descuidos a la hora de tomarse las pastillas, en resumen, de actos carentes de éxito que desembocan en un embarazo no querido —más bien no deseado—, sobre todo en el caso de mujeres que han sobrepasado los cuarenta. Y más tarde aún, algunas mujeres explican a veces que en sueños están estiradas en una cama, en un hospital, con un bebé en brazos y buscando la canastilla. Podemos citar incluso el libro del *Génesis*, donde Sara espera un hijo con noventa años y Abraham era centenario: la fecundidad es una bendición del cielo a la que uno no debe renunciar. Las mujeres están obligadas por naturaleza. Algunos hombres fogosos imitan a Charles Chaplin y anteponen el placer a la realidad. Con todo, la mayoría se inclinan ante esta última y consideran el tiempo y los esfuerzos necesarios para criar un hijo. Y ya no quieren tener más.

No obstante, el deseo persiste, más bien por poder. Es el deseo del nieto. Implica renunciar a ejercer la primera función que ahora recae en los propios hijos convertidos en adultos, en padres virtuales. Aceptar que uno tiene un papel secundario, incluso antes del anuncio de la llegada de un nieto, es una de las condiciones para un buen entendimiento con los jóvenes padres, puesto que será lo que les permitirá ocupar enseguida el sitio reservado a los abuelos.

Tener un papel secundario implica, en primer lugar, admitir que uno no tiene el control de la situación: no puede preguntarles a los hijos «cuándo vais a deciros». Por lo general, ellos mismos deben ser lo suficientemente versátiles con respecto del tema de un futuro embarazo y han de hacer gala de una remarcable discreción: asociar a los padres en el proyecto de ellos consiste en dejarles entrar en su intimidad, aceptar sus presiones y sus luchas de influencia, revelarles eventuales tensiones de pareja, exponerse a su intromisión. Numerosas obras de psicología, entre otras, ponen en guardia a los jóvenes ante estos peligros que conlleva la vida familiar.

A pesar de todo, se puede adivinar el deseo de tener un hijo de la joven pareja, aunque no lo hayan manifestado. Los futuros abuelos puedan constatar que casualmente la mujer ha dejado súbitamente de fumar y que ya no quiere beber vino. Cualquier comentario al respecto comportará, casi con total certeza, una negación. Y el inicio del embarazo, tal vez fácil de adivinar, quedará a menudo en secreto durante algunas semanas. La joven pareja, feliz por haber completado con éxito lo que ellos consideran un milagro, engendrar una vida, se aprovecharán de la felicidad o trabajarán en busca de un nuevo equilibrio, sin hacer partícipe a nadie de ello; el miedo ante una posible decepción tal vez sea lo que justifique su discreción.

☐ El anuncio del futuro nacimiento

A la alegría que provoca su anuncio, le siguen la espera y los miedos. Todo el mundo interviene, tanto los abuelos como los futuros padres. ¿Niño o niña? Empiezan las especulaciones: ¿será dinámico como la madre o artista como su padre? La efervescencia mental que sigue al anuncio de un embarazo en casa de los familiares de la joven pareja es una buena muestra de la importancia del acontecimiento y de los profundos deseos que satisface. Bastante a menudo los jóvenes padres ponen al futuro bebé un nombre de carácter lúdico. Los futuros abuelos también participan de buena voluntad en este juego. Algunas mujeres piden durante la ecografía que no les digan el sexo del bebé para preservar, como en los viejos tiempos, su libertad de soñar. Sin embargo, ellas pueden verse obligadas a ceder, como en el caso de aquella mujer, médico, ante la coacción de sus hijas mayores y de la abuela. «¡Cómo puede ser que tú que eres médico no sepas si va a ser niño o niña! ¡No tienes vergüenza! Todas las hijas de nuestros amigos lo saben!».

La ecografía, con el tiempo, se ha hecho casi obligatoria. En la práctica totalidad de casos garantiza el correcto desarrollo del feto y permite evitar que se lleven a cabo determinados embarazos que revisten problemas. Pero la ecografía acarrea una repercusión evidente en el pensamiento tanto de los padres como del resto de familiares. La opinión de los especialistas diverge en este tema, al menos en apariencia. Para Michel Soulé, la ecografía responde a las siglas IVF: *interrupción voluntaria de las fobias*; mientras que para Serge Tisseron, se trata de «una extraordinaria incitación sensorial a soñar». Es cierto: uno deja de fantasear sobre el sexo del bebé, pero el terreno de la ensoñación permanece abierto a todas las demás cosas...

En el caso de los futuros abuelos, constituye un placer personal: mi hijo va a tener un bebé. Ciertamente se trata de una reproducción indirecta. No soy yo quien lo ha engendrado, pero en el fondo es gracias a mí que va a nacer un niño. El placer narcisista, rodeado de un halo de reticencias, constituye una de las grandes emociones en la vida de los adultos otoñales. La futura abuela materna se beneficia de un estatus bastante particular: a una hija encinta, aunque no sea la primera vez, le gusta hablar de sus vivencias, de lo que siente; si la relación con su madre siempre ha sido lo suficientemente buena, esta será siempre una de las primeras personas a la hora de recibir impresiones.

La abuela imprescindible

Mi hija, cada vez que estaba embarazada, sólo vivía para su vientre, como una persiana enrollada en sí misma. Ella lo compartía todo conmigo y me explicaba todos los detalles del día a día: la primera vez que había sentido moverse al bebé y que era como si un pez rojo frotara las paredes de su pecera; que un día de fiesta ella se había bebido media copa de Rioja y que había bailado toda la noche; y que le encantaba que el gato ronroneara acostado en su regazo porque aquello le relajaba... Y también que preferiría a Schubert que a Mozart, y que un día tenía miedo de que la atropellaran en un paso de peatones, hasta el punto de que se desmayó, se encogió sobre sí misma y se asió el vientre con las manos, inmóvil, para no vomitar.

¿Quién habría podido oír semejantes cosas..., y disfrutarlo, sino yo, la abuela? Y, por supuesto, no tenía interés alguno en planear un viaje por el país o al extranjero para el día del parto: ella me habría cantado las cuarenta. Esta actitud contrariaba un poco a mi marido, que encontraba que su hija tenía derecho a tener hijos y él de disfrutar de una mujer que ya no tendría más.

Tal vez cabe reprochar a esta hija que hubiera bebido vino estando embarazada, pero sólo fue media copa.

Por otra parte, esta «transparencia psíquica»[1] para la abuela materna comporta un riesgo: el de estar tentada

---

1. Monique Bydlowski, *Les enfants du désir...* Para las referencias completas de los autores citados consultar la bibliografía al final del libro.

de «ir un poco más lejos» y soñar con un bebé que sólo será de su hija y de nadie más que de ella. Que el nido de los abuelos esté lleno o vacío o que todavía haya niños viviendo en la casa cambiará las circunstancias: los abuelos que no tengan niños en casa están más disponibles, más ávidos de ver cómo su entorno se llena de infancia; pero la presencia de adolescentes, los jóvenes tíos o tías del futuro bebé, puede desembocar en una familia numerosa: donde viven ocho, viven doce; y además de hacer de niñera, también reirán más.

La alegría y los sentimientos contrapuestos de los abuelos

Los abuelos no experimentan la misma alegría que los jóvenes padres, ni tampoco la que ellos vivieron en su día cuando nacieron sus hijos. Pero su felicidad es compartida. Mientras que los futuros padres se proyectan en el futuro a través del embarazo, los abuelos, que comparten esa esperanza, también tienen la tentación de retroceder en el tiempo, de pensar en aquellos que fueron sus propios abuelos. Con el anuncio, se conciencian más a fondo, del encadenamiento de generaciones del que ellos forman parte, sobre todo si se trata del primer nieto. La pareja de abuelos, que hasta entonces vivía como en un «nido», porque habían criado y alimentado a sus pequeños, al implicarse directamente en la presente aventura, se encuentran promovidos al último rango del eslabón visible de una cadena que se remonta a los orígenes del mundo. En su día tuvieron que criar a su hijo, cuidar de su futuro y prepararlo para que, llegada su hora, perpetúe la especie. El bebé es la prueba de que esta misión se ha completado con éxito, y el adulto de más edad puede participar de la alegría y confiar en ver crecer al pequeño. En el plan vital de la especie, él ya es inútil y lo siente profundamente. El futuro nacimiento le hará tomar conciencia de que se ha convertido, a su vez, en un «ancestro», mientras que sus hijos, los padres del bebé, forman el nido de las generaciones futuras.

El anuncio de que se convertirán en abuelos evoca imágenes de viejecitos de blanca cabellera que a menudo los más pequeños encuentran extraña y la miran con recelo. ¿Es esta la imagen que yo daré? En efecto, todos conservamos en nuestra mente las imágenes de nuestros abuelos en sus últimos años de vida, puesto que la llegada de un bebé parece presagiar hasta cierto punto la muerte. Si los bisabuelos fallecieron, los abuelos se sienten como en «primera línea». O, si todavía son relativamente jóvenes, los abuelos tienen la impresión de ser «apartados de una generación», a una edad a la que ellos no habían necesariamente previsto. En buena parte, la vida sexual se compone de símbolos e imágenes; y uno no puede considerarse con tanta facilidad un seductor o seductora si recibe el apelativo de papi o mami. Eso explicaría sin duda que en nuestra época de fogosos cincuentones —¡y también sesentones!—, los nombres de papá, mamá, abuela, tan de moda en otras épocas, no gocen de buena reputación...

Pero sucede que las condiciones objetivas de la vida, a la edad en la que uno se suele convertir en abuelo, van en detrimento de las actividades pretenciosas y un poco depresivas. Ser abuela puede coincidir con la menopausia, lo que significa que yo ya no puedo tener un bebé, sino que son mis hijos los que pueden tenerlo. Y lo de «ya no poder» no es precisamente una constatación agradable. Con los hombres, como ocurre con sus esposas, la entrada a esta nueva etapa de la vida puede corresponderse con una merma en la condición física, la libido y, tal vez, con el final de la vida profesional, con el consiguiente sentimiento de desprecio de uno mismo, resumido en la frase: «Ya no sirvo para nada». Convertirse en abuelo no significa que tengamos que ser una copia fiel de nuestros abuelos, y más aún si uno tiene que acordarse forzosamente de sus últimos días. Pero, con más o menos intensidad, la resolvamos o no, la crisis es prácticamente inevitable.

Los sentimientos negativos generados por esta crisis también pueden manifestarse en forma de inquietud y desconfianza: «¿Cómo imaginar que mi hijo o hija, estos críos descerebrados, tan preocupados de su confort, puedan ser unos padres competentes y esforzados como hemos sido nosotros? Y no hay manera de remediarlo. Ellos no nos concederán ninguna autoridad. ¡Cuántos problemas se avecinan! Si ni tampoco nos han pedido consejo...». Siempre se trata del mismo sentimiento de desprecio por uno mismo, camuflado en agresivity. Esta inquietud corresponde tal vez a una fatiga real, ligada a la edad o a algunas patologías que aparecen alrededor de los cincuenta: pero es una inquietud infundada, ya que, en principio, no son los abuelos los que se harán cargo del bebé; desde el exterior, uno se pregunta si eso no es más bien la expresión de ciertos celos y de una gran dificultad de entregar el poder a la generación siguiente.

Por otra parte, estos sentimientos contrapuestos se traducen, paradójicamente, en las solicitudes de que es objeto la joven pareja, y en un primer momento la futura madre. A menudo, estas solicitudes se hacen pesadas durante la gestación de la mujer. La menor caída se considera que al principio entraña un riesgo de «descolgar» el feto y, si se produce en los últimos meses, puede desembocar en un parto prematuro. Las tradiciones populares han dado pie a toda clase de precauciones y prohibiciones bastante poco justificadas, pero seguidas por imitación por padres y abuelos. Se entiende que, en primer lugar, bajo estas solicitudes hay mucha ternura, pero también puede que haya un poco de placer en multiplicar las coacciones a esos jóvenes inconscientes que serán padres, si bien no necesariamente reportará ese placer, como corroboran las generaciones de infelices abuelos que les han precedido.

Es la ambivalencia de unos padres que envejecen ante la genialidad activa y cumplida de sus hijos y que proyectan en la joven pareja lo que mejor sería que aclararan de una vez por todas: el deseo anticipado de tomar posesión del bebé, el deseo de decir que el bebé se parece a mí, que sea niño para que le pueda transmitir el apellido o que sea niña porque en la familia no hay muchas; desconfianza del yerno al que le faltan tablas, de la nuera que lo sabe todo y come y bebe de todo, de los otros abuelos que ya marcan el territorio, de los suegros, dos viejos egoístas que se dedican a sus asuntos como si nada hubiera pasado, mientras nosotras las mujeres nos ocupamos de todo. Todas estas buenas intenciones pueden convertirse en un infierno para la pareja, en la que cada uno de los jóvenes adultos está sometido a un conflicto de fidelidad entre sus padres y su cónyuge.

La propia pareja también atraviesa un periodo que puede no ser del todo feliz; un esfuerzo de memoria tal vez permita a los futuros abuelos acordarse de las dificultades por las que atravesó la pareja antes del nacimiento de su primer hijo: los problemas de carácter de la mujer o el exceso de celo del hombre que no le dejaba hacer nada por miedo a... O, más aún, el rechazo total al sexo al cabo de unas semanas de embarazo por miedo a... (miedo a dañar al feto, o también a que nos oiga hacer el amor). En efecto, a pesar de los progresos de la medicina y de la información que se da a las jóvenes mamás, un embarazo, aunque traiga mucha felicidad, no está exento de miedos ni crisis de ansiedad, reconocidas o no: miedo a la malformación, miedo a no llegar «al final», miedo a un parto prematuro, miedo a no volver a ser la misma de siempre... El embarazo es una prueba de fuego para según qué parejas. El temor más grave, probablemente, sea el que comporta convertirse en padre y que lleva a algunos hombres a comportarse de manera anormal: algunos llegan hasta el extremo de evadirse de su responsabilidad, mientras que otros se contentan con engordar unos kilos menos que los que su mujer ganará durante los nueve meses.

Entonces priman las prioridades: preservar por todos los medios la serenidad de la futura mamá. En otras palabras, podría decirse que una carrera, a pie o en motocicleta, raramente es un peligro real para el futuro del bebé. Por el contrario, si la madre sufre emociones continuas y se le dispara la adrenalina, el equilibrio físico del bebé podría alterarse por estos traumas precoces. Es preferible que la joven madre se mantenga apartada de las fuentes de ansiedad y de no comunicarle las catástrofes familiares salvo que sean demasiado graves como para escondérselas. Los cuatro abuelos pueden ejercer un papel importante en la prevención y la atenuación de las riñas en el seno de la pareja, bastará con evocar el recuerdo de sus propios problemas de antaño. Los progenitores del futuro padre pueden tranquilizarle y ayudarle a comportarse de manera responsable, y a no dejarse llevar por el ambiente de tensión imperante.

Por el contrario, ellos deberán abstenerse de intervenir en los temas de nutrición e higiene, puesto que la joven madre ya estará informada gracias a la literatura especializada en la materia. Las prohibiciones son múltiples y de sobras conocidas. Resultaría infantil y humillante recordárselas por un cigarro o media copa de vino; ella lo podría interpretar como una intrusión que la haría sentir culpable, como si alguien acudiera al rescate de su bebé en peligro por culpa de una madre irresponsable.

El parto, una etapa de alto riesgo

Una buena mañana suena el teléfono: ha nacido el bebé. Tan rápido como sea posible, nos desplazamos al hospital para conocer a la nueva maravilla. Peor para nosotros si está a centenares de kilómetros. El nombre del bebé es de dominio reservado: a menudo los padres aprovechan el nacimiento para comunicarlo. Una vez más, la joven pareja ha querido preservar su libertad: queda lejos la época en la que los abuelos transmitían de forma automática el nombre al nieto o nieta, de quienes a menudo solían ser los padrinos y madrinas. Con todo, ellos han seguido viendo su nombre en segundo o tercer lugar: la sucesión de nombres en los carnés de identidad corrobora las modas, de generación en generación... En la actualidad, la pequeña Sabrina debe su nombre a la popular estrella de una serie televisiva o, tal vez, a una antigua parienta americana de su padre, recordada en buen momento por la familia por la jovial originalidad de su nombre.

¡Es el bebé más bonito del mundo! La frase «todo ha ido bien» pasa por alto angustias y sufrimientos. La madre, si se trata de su primer hijo, acaba de vivir una experiencia extraordinaria. Ella ha cambiado su estatus para alcanzar el que le confiere una nueva autoridad. Sólo ella y el personal hospitalario tienen derecho a tocar al bebé. De hecho, algunas jóvenes mamás se adelantan al deseo de los visitantes y proponen a los entusiasmados suegros que tomen el bebé en brazos. Otras tienen miedo de los microbios y colocan una pancarta que reza: «¡No me toques, soy frágil!». El temor de la joven madre de que alguien dañe a su bebé, de que le transmita algún microbio, no tiene nada de excepcional. Y si no, que alguien haga la prueba de aproximarse a una gata en similares circunstancias.

Para los progenitores del joven padre que tiene su primer hijo la visita a la clínica puede acarrear, por tanto, graves consecuencias. La joven madre estará sensible a cualquier detalle de su comportamiento. Y podría acusar terriblemente el que los suegros únicamente la consideraran como un instrumento en su deseo por tener descendencia. El menor comentario que pueda parecer una crítica no será muy bienvenido, sobre todo las quejas inútiles sobre el sexo de la criatura. Las muestras de afecto, de alegría, los agradecimientos por haberles dado un bebé tan guapo, la simpatía por todo lo que ella ha soportado sirven, por el contrario, para cimentar una muy buena relación tanto con la joven madre como con su pequeño.

Han venido muy tarde

El primer encuentro con el bebé no se olvida nunca. La madre de esta joven no fue a verla a la clínica hasta al cabo de tres días: «Entiéndelo, cariño, ya había prometido que iría al campeonato de calceta de Benidorm. ¡Has sido tú la que has parido una semana antes de tiempo!».

Por contra, un suegro, carpintero, no había podido evitar mostrar su disgusto cuando la ecografía reveló que la nuera esperaba una niña. Y, por culpa de su trabajo, no pudo venir a la clínica hasta el sábado; además se fue muy temprano para hacer sus doscientos kilómetros. Y cogiendo al bebé en brazos le ha dicho: «Carmen, ten paciencia. Ya he empezado la camita de tu muñequita. La semana que viene te la traeré. Por cierto, eres casi tan guapa como tu mamá. La cosa promete». A la joven madre no le gustaba demasiado su suegro, que por lo general solía tener un carácter taciturno. Ella se ha tirado a sus brazos para abrazarlo efusivamente. Un pacto sellado.

Después del parto

Después del parto la joven madre, que ha estado primero en reposo, reprende progresivamente la vida normal. La estancia en la maternidad cada vez es más corta, a menudo son sólo dos o tres días después del nacimiento del bebé. La parturienta asume de manera muy rápida la carga de su recién nacido, quien se deja oír a todas horas e impide a sus padres dormir. Rara vez la mujer encuentra en el hogar la ayuda que le haría falta, a pesar de que el marido colabore con ella. Por fortuna, ahora existe el permiso de paternidad. Pero aparte del cuidado del bebé, la madre a menudo está demasiado cansada como para asumir voluntariamente el resto de quehaceres domésticos. Los abuelos, y en especial las abuelas, pueden ser de gran ayuda en estos momentos, ya sea yendo a casa de la joven madre a ayudarla, ya sea invitando a la joven pareja y al bebé a pasar unos días en su casa.

Si las relaciones madre-hija son lo suficientemente buenas, podría darse una etapa de felicidad alrededor del bebé. Únicamente se necesita que las dos mujeres tengan un mínimo de sentido común. La hija, al formar una pareja, ha constituido un terreno independiente del de sus padres. Y ella considera intrínsecamente que su bebé forma parte de ese territorio. En cuanto a la madre, a menudo experimenta dificultades a la hora de considerar a su hija como un adulto, y más aún cuando la petición de ayuda de la hija la coloca en una situación de dependencia. Si la joven madre carece de experiencia, la abuela puede caer en la tentación de, en lugar de ayudar, querer ocuparse por completo del bebé. De este modo impide totalmente que su hija aprenda a desenvolverse sola y cede a la tentación de jugar a las muñecas. De aquí que se podría llegar a un auténtico conflicto de poder en el que el bebé fuese el pretexto en liza. En cambio, «ayudar de verdad» consiste en descargar a la joven madre de todas las otras tareas para que ella pueda dedicarse al bebé.

Si la abuela sabe aconsejar sin imponer, ayudar sin estar todo el tiempo allí para corregir la menor torpeza, su hija disfrutará pidiéndole consejo. Y, de vuelta a casa, su hija la telefoneará si está en apuros. La abuela paterna, por lo general, deberá ayudar en la función de «otras tareas», delicada tratándose de una suegra, pero más fácil en cierto modo si se tiene en cuenta que así ella evitará discutir con su nuera sobre cuestiones de infancia y maternidad.

□ **La depresión posparto, covada y evasión**

La depresión posparto limita la actividad de los jóvenes padres y justifican la ayuda de los abuelos. Algunas madres se sienten deprimidas después del parto. Cansadas, pueden caer en el desánimo. Tras la sensación de plenitud que alcanzaron con la finalización del embarazo, y sin tener al bebé coleando por su vientre, se sienten desposeídas, «vacías». Después de haber focalizado toda la atención en ellas, las personas de su entorno ahora sólo tienen ojos para el bebé. Este estado depresivo suele ser transitorio y recibe el nombre de depresión posparto. De vez en cuando, puede llegar a ser grave y entrañar problemas psíquicos importantes.

La «covada» es una costumbre, desfasada en España desde hace más de un siglo, según la cual los padres, después del parto, se acostaban con el bebé para recibir, en lugar de la madre, las felicitaciones de padres y amigos. Ahora, con esta expresión, se designa a los accidentes o enfermedades que sufren los padres los días posteriores al nacimiento del bebé. Las estadísticas muestran que este fenómeno es bastante real. Según varios psicoanalistas, y en especial según Groddeck, el pequeño durante mucho tiempo desea identificarse con su madre, si bien después renuncia a los bellos poderes de la feminidad, se olvida de que tuvo esa tentación y fija su objetivo de imitación en el padre. El embarazo y el parto de su pareja pueden provocar, inconscientemente, en el joven padre los mismos deseos: este puede experimentar dolores abdominales, acompañados de flatulencias, crujir de dientes —«los dientes son los niños de la boca», afirma Groddeck—, alergias edematosas de toda clase e incluso pueden hacer que se quede inmovilizado en cama a causa de un feo esguince en la rodilla. Entonces, enfermo como está, ¿cómo podríamos pedirle a este pobre hombre que encima se levante por la noche?

Existen casos más graves aún: en el momento del parto, el joven padre huye, abandona a la mujer y al bebé. Y el entorno le acusa de evadirse de sus responsabilidades. De hecho, la visión de su bebé puede haberle hecho revivir de forma brusca los sufrimientos de su propia infancia. Y el pánico se ha apoderado de él: y la angustia y la ansiedad que experimenta se vuelven incomprensibles, puesto que estos sentimientos proceden de lo más profundo de su inconsciente. Los abuelos, tanto en la depresión de la joven madre como en la del padre, pueden ejercer un papel de prevención, que no se deba a las expresiones de ternura que ellos han prodigado a la joven pareja ni a la calidez con la que han acogido al bebé.

Algunos problemas dolorosos

☐ Las realidades sociales

Los futuros abuelos pueden vivir el anuncio del embarazo como una catástrofe si desconocen la relación de los jóvenes padres; si estos últimos realmente son muy jóvenes y parecen incapaces de asumir las responsabilidades de una familia tanto en el plano moral como en el material; si el otro miembro de la pareja no les convence por razones que pueden remitir a factores muy diversos: nivel social o cultural, procedencia extranjera o diferente religión; o simplemente porque no deseen ver a esa persona en el seno de su familia; si el progenitor ha desaparecido al conocer el embarazo. O bien si la joven madre lo aparta de su vida al saber que está embarazada.

Son sobre todo los padres de la chica embarazada los que pueden acabar discutiendo con ella la posibilidad de interrumpir el embarazo. La respuesta sólo llegará después de difíciles discusiones en las que razones de índole moral y religiosa, práctica y económica, serán la tónica predominante, en detrimento de los sentimientos amorosos de los jóvenes. Incluso estos mismos padres podrán llegar a decir: «Inevitablemente ella tendrá que cuidarlo. ¡Está loca!». Y los abuelos extraordinarios y excepcionales asumirán la educación del pequeño mientras la joven madre continúa sus estudios. Aunque también habrá quien echará a la hija de casa.

Si los abuelos maternos acogen a la hija en casa, ellos cuidarán, al menos en parte, al pequeño. Los sentimientos amorosos entre la hija y su padre podrán reactivarse cuando ella se convierta en madre. Su hijo ejercerá entonces de puente entre dos generaciones.

El pequeño Valentín de su abuelo

Enrique sólo tenía una hija, Ana, bella como una flor, y él la miraba con nostalgia abandonar la casa. Buenos estudios, siempre amable y de buen humor, rodeada de amigos, en especial de un tal Javier, buen chico, inteligente y muy enamorado. Ellos se iban los fines de semana juntos y Enrique terminó por sentirse menos celoso. Y después, un día ella vino a casa, eufórica, para anunciar que habían roto la relación.

Enrique no comprendió el motivo. Conforme pasaban los meses, Ana engordaba. Enrique le preguntó: «Javier terminará volviendo». Y ella le respondió: «Primero, tendrá que saber que va a ser padre y siempre cabe la posibilidad de que eche a correr». Por fin Enrique supo lo que sucedía.

Ella tuvo un hijo, Valentín, desvergonzado y travieso, que lleva su apellido y que ahora tiene cinco años. El pequeño quería llamarle «papá», pero Enrique le exigió que le llamara «abuelo», para que el niño tuviera las cosas claras. Ahora Ana trabaja y se ha vuelto muy responsable. Pero Enrique tiembla porque con lo guapa que es tiene miedo de que un día vuelva a traer a otro padre para su hijo. Sin embargo, sabe que sería la mejor opción, tanto para la madre como para el pequeño.

☐ **Los sufrimientos de la esterilidad**

Cuando una pareja no tiene hijos es una especie de prueba que afecta a toda la familia. Nunca se manifiesta con tanta fuerza el deseo de tener un hijo como en estos casos. Los padres de la joven pareja, privados de los niños, a menudo se sienten más desdichados que los propios padres potenciales. La situación moral de la chica es penosa. Sistemáticamente se la considera responsable del caso, al margen de que el hombre es el verdadero causante en un tercio de los casos. Nadie querría estar en su tesitura, ni en el plano personal ni en el conyugal o social, como lo demuestra Marga Flis-Trèves en su libro *Elles veulent un enfant* («Ellas quieren un bebé»). Además, deberá someterse a innumerables exámenes médicos y análisis varios para determinar la causa de esta incapacidad.

El deseo de las jóvenes parejas por retrasar el primer embarazo es responsable de buena parte de los casos de esterilidad, ya que el índice de fecundidad es mucho menor a los treinta años que a los veinte. La inquietud crónica que genera la amenaza de la esterilidad, así como las eventuales presiones del entorno, según varios estudios, pueden también disminuir aún más las opciones de lograr el embarazo. Parece obvio que si hay que recurrir a las técnicas de un especialista, el hecho de que este escuche el sufrimiento de la mujer reportará tranquilidad a la joven y, llegado el momento, le permitirá engendrar. Tal vez pueda haber suficiente con algunas sesiones. Incluso podría bastar con sólo una sesión.

Esterilidad y «curación milagrosa»

El Dr. Pierre Benoît había sido pediatra antes de convertirse en psicoanalista. Una joven que un día viene a su consulta había sido paciente suya cuando era niña y siempre le había tenido una gran confianza. Ella le explica toda su historia de esterilidad y saca de una voluminosa cartera todas las radiografías y los resultados de los exámenes que le practicaron durante cuatro años. Todos salieron negativos. Ella le habla de su sufrimiento, de las inquietudes por su futuro conyugal, de la decepción de sus padres. Llora desconsoladamente. Por último, el doctor le dice: «Comprendo lo infeliz que te sientes, pero todo lo que haces sólo hará que te pongas más nerviosa. Si quieres, puedes poner tu dossier allí, dentro de la papelera. Y renuncias a intentar tener un bebé. Haces el amor con tu marido cuando de verdad tengas ganas y ya veremos qué pasa». La mujer se levanta y le da dos besos en las mejillas como cuando tenía cinco años. Al mes siguiente ella se quedó embarazada.

Los padres de la joven pareja intentarán multiplicar los exámenes y ver a los mejores especialistas. Esta presión familiar tal vez sea demasiado fuerte, insoportable. No suele ser extraño que los padres del marido, seguros de su derecho o incapaces de recuperarse de su decepción, empujen al joven a buscarse otra pareja para poder tener la descendencia que ellos esperaban. También de esta forma, en toda su brutalidad, se puede expresar el deseo de tener un niño, en este caso un nieto.

2

Pasar a la acción: construir una relación

El bebé ya ha nacido: la familia vive momentos intensos. Es la vuelta a lo cotidiano, todo está por hacer. Lo ideal, tanto para los abuelos como para el recién nacido, es que los contactos frecuentes se produzcan lo más pronto posible. Si bien los parámetros que rigen esta relación son complejos. La distancia geográfica y la disponibilidad no son necesariamente los aspectos más importantes, a pesar de lo que pueda parecer. A menudo se recurre a ellos para justificar la ausencia de visitas. En realidad, el buen entendimiento entre adultos y su deseo por mantener una estructura familiar sólida son los factores determinantes.

Este buen entendimiento depende de las relaciones anteriores de la joven pareja con los padres. Pero un nuevo «estado» se ha instaurado en ambas familias, por la presencia de una nueva familia aliada con la que será menester establecer armoniosas simetrías. También en esto será la joven pareja la que asegure el equilibrio entre los padres de uno y otro bando, quienes por su parte pueden desarrollar una sana convivencia. Si bien es cierto que la mediación de los padres condicionará la relación entre los abuelos y los nietos, y hará que la distancia geográfica y la disponibilidad de unos y otros sean obstáculos insalvables o insignificantes, según el caso.

La imprescindible mediación de los padres

Cuando el niño aparece, sus padres ya han vivido su propia historia con sus respectivos padres, una historia que no siempre ha sido una balsa de aceite. Cada uno de los dos jóvenes adultos conserva recuerdos de su niñez, de su adolescencia que, a menudo, van acompañados de juicios de valor sobre la educación que recibieron. Ambos un día se tuvieron que enfrentar a un reencuentro más o menos solemne con los que un día se convertirían en sus suegros. La acogida que recibieron aquel día no la olvidarán nunca. Posteriormente, las dos familias se volverán a ver y se guardarán más o menos simpatía. Todos estos elementos contribuyen a la calidad de las relaciones entre las tres generaciones. Pero con independencia de los deseos de los abuelos, su lugar al lado de los pequeños estará sujeto a la voluntad de los padres, que tienen todo el derecho y la autoridad sobre sus hijos. De hecho, no podrá darse una relación de calidad entre las generaciones más distantes entre sí sin el consentimiento de los padres.

El deseo de los padres

Convertirse en padre no reactiva únicamente los recuerdos de la infancia. También reactiva al niño que, en palabras de Melanie Klein, siempre sobrevive a espaldas del adulto para dictarle algunos de sus comportamientos e ideas. Las dificultades entre las generaciones a veces tienen su origen en la infancia, de la que ya no se acuerdan, escondida bajo el velo de la amnesia infantil. Esto sirve para los jóvenes padres pero, a decir verdad, también para los nuevos abuelos. Todos experimentan sentimientos contradictorios de confianza y rechazo de unos por otros.

La joven madre reconducirá inconscientemente la actitud de su propia madre y, en consecuencia, ella le tendrá más confianza. De este modo, la abuela materna disfrutará de un estatus privilegiado gracias al apego y a la proximidad afectiva constante que compartirá con su hija. Pero cabe decir que estos sentimientos son muy ambiguos y podrían llegar a asociarse con el miedo a ser desposeído del bebé por una madre todopoderosa. Y, de hecho, en estas situaciones hay madres que se distancian de sus hijas.

Los consejos de los abuelos siempre corren el riesgo de no ser bien acogidos. Al seguir sus indicaciones, uno tiene la misma sensación que cuando tenía doce años. Parece evidente que los padres lo han hecho todo tal como lo hicieron sus propios padres. ¡Pero imitarlos en temas de educación es volver cien años atrás! Vale más la pena escuchar lo que digan en la tele y leer las revistas especializadas o seguir los consejos de compañeros más experimentados con los que, al menos, no habrá que lidiar tanta batalla.

Los abuelos que piensan que está justificado, con respecto a sus nietos, comportarse de manera similar a como ellos hicieron al ser padres tal vez se sorprenderán ante una actitud tan negativa. Pero respetar la conducta de sus hijos les permite tranquilizarlos: los abuelos tienen conciencia de ser educadores de segunda y evitan meterse en conflictos con los padres de sus nietos; tienen todas las de perder. Por ejemplo, en las primeras semanas, pueden oponerse dos tipos de comportamiento ante los primeros gritos del bebé. Algunos se precipitarían a consolarlo, meciéndolo o tomándolo en brazos; otros no se moverían pensando que así le «crecerán los pulmones». Si madre y suegra divergen en este punto, después será difícil que la madre confíe su hijo a alguien cuyos principios se contraponen tanto a los suyos.

Todo eso no impide que las jóvenes parejas se vean necesitadas de ayuda. Su vida, en los primeros meses especialmente, resulta difícil. Además de la sobrecarga de trabajo y fatiga, un bebé que llora por la noche implica que los padres pierdan horas de sueño. Hacen falta varios meses para que un bebé «se acostumbre a la noche». Si bien es cierto que existen diferencias entre los bebés. Cada uno acusa con facilidad al otro de no hacer nada. También resulta problemática la reanudación de las relaciones sexuales, lo que termina generando tensiones. Los progenitores del joven padre pueden jugar un papel nada despreciable animando a su hijo a ayudar más a su mujer y a tener paciencia.

Estos jóvenes padres fatigados estarán encantados de que alguien les cuide el bebé por unas horas: podrán ir de compras, a la piscina o al cine, donde se volverán a encontrar cara a cara como al principio de su enamoramiento. Pero no pueden esperar que se hagan cargo del bebé más tiempo mientras el bebé esté en periodo de lactancia. Más adelante, disfrutarán cuando los abuelos se ocupen una noche del pequeñín para aprovechar y, por fin, dormir hasta la saciedad. A menudo, no desean nada más, y tienden a dedicar el poco tiempo que pueden compartir a pasarlo juntos.

No será hasta más adelante que ambos tendrán una verdadera necesidad de vigilar a su hijo y, asimismo, aparecerán problemas distintos. Y entonces el discurso será otro: «Los tenemos todo el tiempo entrometiéndose. Y siempre quieren ver al bebé. Pero justo cuando se lo quieres dejar, entonces no están disponibles». O mejor aún: «No tienen nada que hacer, pero sólo piensan en ellos mismos: sus visitas a los amigos, sus viajes, su asociación para la escolarización de los pequeños amerindios. Nunca puedes contar con ellos. Demasiado o demasiado poco, en cualquier caso, nunca están cuando nos iría bien». Estas frases resumen a la perfección la amargura subyacente de la que adolecen los jóvenes adultos con relación a sus padres. Amargura como resultado de una doble contradicción: respecto de los hijos, ante los cuales rechazan admitir que constituyen una carga notable para la vida de pareja; y respecto de los abuelos, que dosifican su ayuda y no piensan sacrificar su propia libertad reencontrada. O quien tiene ocasión (afortunados) de vivir con los nietos en fechas señaladas, pero no durante el día a día, sin renunciar a sus placeres de adultos. Son los abuelos perfectos, unos mirlos blancos.

Algunas cuestiones prácticas sobre el papel de los abuelos

Su deseo va en función de varios factores, tanto personales e individuales como de tipo social y, por supuesto, materiales. Al contrario que lo que ocurre con los padres, los abuelos no están sometidos a ninguna obligación con respecto a sus nietos. Cada familia organiza la periodicidad y las fechas de sus reuniones y visitas. De aquí que parejas de jubilados se muden para acercarse a su prole o para evitar la soledad.

En efecto, si los abuelos no viven lejos, será fácil dejarles un bebé de corta edad con el que podrán establecer relaciones afectuosas en seguida. Todavía hay familias en la que abuelos y padres viven en la misma localidad, lo que permite a los niños ir solos y recorrer rápidamente el camino que va de una casa a la otra. De este modo pueden beneficiarse de la protección y del amor de varios adultos y son los grandes beneficiados de esta proximidad, siempre que exista un buen entendimiento entre los adultos.

La situación cambia radicalmente si las dificultades económicas han forzado a una convivencia en común. La llegada de varias personas reduce el espacio vital de todos y dificulta el buen entendimiento. A este respecto, Bourdieu afirmaba que la convivencia no ayuda a tener «disposiciones afectuosas». En el caso de los adultos, esta vida en común comporta también una serie de reacciones psicológicas complejas, habida cuenta de la tendencia a una regresión infantil en el caso de los jóvenes padres que viven de nuevo en casa de sus padres. Y los niños son criados por adultos de dos generaciones distintas. Y si es difícil alcanzar un acuerdo a dos bandas acerca de las actitudes educativas, un acuerdo a cuatro es francamente problemático.

Algunas viudas, es más raro en el caso de los viudos, son invitadas a instalarse en casa de su hija o hijo casados y, por consiguiente, renuncian a su autonomía y poder. Más ancianos que en el caso precedente, puede que sea más fácil de poner sentido común tal como comentaba una abuela: «A mí me parece bien ser una gota de aceite en medio de los engranajes y no una pieza básica del sistema». Los nietos también pueden decir que «los padres son el pan, y la abuela la mermelada».

Pero también los hay, aunque menos, que van a vivir a centenares de kilómetros, porque, según ellos, ya han criado a sus propios hijos y no tienen intención de «¡volver a pasar por lo mismo!». El reencuentro de cada año les parece un límite que no debe sobrepasarse. Les basta con contemplar una foto de sus queridos nietos encima de un mueble. Pero también en esta situación hace falta que sean coherentes y eviten vivir en un pequeño paraíso en el que las habitaciones de invitados tengan vistas a la piscina. De lo contrario, sus pretendidas soluciones no tendrán ningún valor. Y se encontrarán, a su pesar, con la posición de este otro abuelo muy orgulloso de haber enseñado a nadar a todos sus nietos. Sin embargo, sin que esto sirva de elección, ocurre que las obligaciones profesionales o los riesgos de la vida separan a uno de padres y abuelos. Y rara vez los niños verán a sus abuelos si han de tomar un medio de transporte, y más aún cuando el trayecto sea largo. Una hora en coche ya es un obstáculo para mantener encuentros cada semana. Por lo general, una distancia de varios centenares de kilómetros limita las visitas a una o dos al año. Pero los intercambios son posibles: enviarse cartas, fotos, telefonearse, escribir *e-mails* o *chatear*. Mejor aún: la *webcam* permite intercambios a distancia de imágenes y sonido. Y concede el placer de ver crecer a los nietos desde miles de kilómetros. Esta técnica también permite que los abuelos tengan una existencia a ojos de los nietos a pesar de la distancia. No se trata más que de una relación virtual, al amparo de los golpes de la vida cotidiana y de sus pequeñas decepciones, pero ¿por qué privarse de ella?

Sin tener en cuenta el lugar de residencia, la disponibilidad de los abuelos es bastante desigual. Algunos todavía están más absorbidos por su actividad profesional o bien son entusiastas de la vida asociativa y dedican su jubilación a un sinfín de actividades. E incluso están quienes tienen menos disponibilidad que cuando trabajaban. ¿Estarán dispuestos a privarse de sus distracciones favoritas para ayudar y ocuparse de los nietos? También los hay que, demasiado agotados o enfermos, no pueden contemplar la posibilidad de ocuparse de los niños, a pesar de sus ganas de hacerlo. La mayoría se permiten tener en secreto algún nieto predilecto al que dedican muchas más atenciones. Se dice que los padres tienen que querer por igual a cada uno de sus hijos. Pero en el caso de los abuelos el favoritismo está más o menos consentido.

Algunos abuelos en activo todavía conservan a sus padres ancianos que paulatinamente han perdido su independencia y requieren mucha atención y tiempo. Y se ven asediados por sus obligaciones con respecto de sus padres y las peticiones, a menudo mucho más tentadoras de atender, de su prole, y más aún si consideramos que la presencia de los nietos es el mejor remedio contra la pena anticipada del pésame venidero. De hecho, estos ancianos toleran mal la idea de que se les dediquen menos atenciones en favor de sus bisnietos. Se revelan, se muestran exigentes. En cambio, otros bisabuelos disfrutan ocupándose de los pequeños, jugando con ellos o acompañándolos a la clase de ballet o de esgrima.

Los abuelos modélicos

Alberto y Carmen están jubilados y viven en las proximidades de Madrid. Sin embargo, el pediatra de su hija en Alicante está acostumbrado a verlos. Cuando uno de los nietos enferma, la madre, que trabaja, les llama para pedir ayuda. Ellos se ponen al volante y cinco horas más tarde se plantan en Alicante. Siempre están allá los dos para llevar al nieto a la consulta, atentos y al corriente de todo. Pero un día el abuelo estaba solo. Durante la consulta el pediatra se extrañó, y el abuelo le contestó: «Ah, la señora no ha podido venir esta vez. Mi mujer ha tenido que volver porque nuestra nieta de Albacete también se ha puesto enferma. Y como mi nuera no puede faltar al trabajo, Carmen ha tenido que volver a coger el coche nada más llegar aquí. Cuando el pequeño vuelva a la escuela, yo me iré en tren a recogerla. ¡Qué suerte tienen algunos niños!».

Estos abuelos se llevan a sus hijos de vacaciones y mantienen el contacto con mucha frecuencia. Se puede apreciar que existe una buena relación intergeneracional y los padres están contentos de ver el cariño que sus hijos dispensan a sus abuelos. Pero es su elección. Por el momento, son muy felices con esta situación. Sus amigos han renunciado a reservarles entradas para el teatro o a planear salidas con ellos. En el taller de escultura, la gente echa de menos a Alberto: tenía mucha traza y era muy simpático.

La mayoría de los abuelos aceptan encantados ayudar en todo lo posible a sus hijos y disfrutan ocupándose de los nietos en la medida en que los jóvenes padres estén de acuerdo. Pero también en este caso existen múltiples opciones. Algunos abuelos tienen un poco de reparo cuando los niños son pequeños. Tienen miedo de no verse capaces de hacerlo tan bien como las mujeres o simplemente se buscan una excusa para no ensuciarse las manos. A algunas abuelas tampoco les gusta ocuparse de los bebés. Con todo, unos y otros serán unos abuelos muy oportunos cuando los nietos sean un poco más mayores.

☐ Un mundo diferente

Además, los abuelos tienen que enfrentarse a un mundo que no es el de su juventud y que requiere un esfuerzo de adaptación. El acceso a la condición de abuelo es, como hemos visto, una especie de crisis interior vinculada a la nueva imagen que los adultos más jóvenes se ven forzados a hacerse de ellos mismos. Hace falta revestirla de nuevas funciones, para las cuales los modelos con los que cuentan —sus abuelos— han dejado de ser útiles.

Nieta de campesinos

Marta se acuerda perfectamente de las maravillosas vacaciones que pasó en casa de sus abuelos en el año 1938 o 1939, cuando ella tenía cinco o seis años.

«Por la mañana, iba con María al jardín. Le ayudaba a recoger guisantes. Y después, jugaba con Matilde, la hija de la vecina. El abuelo volvía al cabo de un rato del campo para "tomarse el desayuno de las diez": cortaba el pan con el cuchillo de una forma muy graciosa, comía longaniza o panceta y bebía un poco de vino. ¡El vino de las diez! Y después me acompañaba. Yo estaba contenta de ir a trabajar con él. Me daba un poco de miedo cuando me subía al lomo de su caballo. Estaba muy alto. Pero después estaba muy contenta, y le decía "arre, arre". Así es como yo ayudaba a mi abuelo. Había aprendido a montar a caballo y cuando él le decía "arre", el caballo avanzaba enseguida. También iba a trabajar con María. Me colocaba en su carretilla con el detergente. Y la ayudaba a golpear la colada con un trozo de madera. Ella me decía que no me inclinara, y una vez me caí al agua. Rápidamente me sacaron del lavadero, pero todas las mujeres que había allí se rieron de mí. María tendió mi ropa para que se secara. Y desnuda esperé a que estuviera seca. Y cogí un ramo enorme de amapolas».

Marta se equivocará si piensa proponer a sus nietos unas vacaciones parecidas. Ya no hay caballos de tiro y los lavaderos municipales no tienen agua. Eso sí, siempre pueden ir a recoger guisantes. Pero todo lo demás, tendrá que inventárselo.

□ **¿A qué edad empieza la vejez?**

Los abuelos de hoy en día recuerdan perfectamente a sus ancianos parientes. Su aspecto y porte, la lentitud de movimientos y sus ropas oscuras eran sinónimo de fatiga y honorabilidad. Sin embargo, no tenían más de sesenta años. Actualmente las personas de esa edad practican deporte, descienden a toda velocidad las cimas nevadas, hacen senderismo. Tienen ilusión, saben divertirse y se visten como sus hijos. Y no experimentarán el cansancio hasta dentro de quince o veinte años. De hecho, afirman sentirse «en la plenitud de la vida» hasta los setenta años.

A finales de siglo XIX, Freud llevaba gafas de cristales sin graduar para parecer más viejo y darse así el aire digno y la confianza de un verdadero médico. Cuarenta años antes, Victor Hugo se dejó crecer la barba para convertirse en el abuelo de Francia. La gente envejecía en nombre de la dignidad. Hoy, por el contrario, rejuvenecemos. En primer lugar, la higiene y las condiciones de vida han cambiado de forma considerable. Cada vez menos «castigados» por el trabajo, estamos mejor alimentados, mejor cuidados y, sobre todo, no queremos envejecer. Desde teñirnos los cabellos hasta llevar tejanos, todo está concebido para mostrar una apariencia juvenil. Aquellos que no dudan en ir a bailar a las discotecas por la noche se habrían muerto de risa o de indignación si su padre hubiera hecho lo mismo a su edad. Pero se ha escrito tanto sobre la «sed de juventud» de nuestra sociedad... Cada uno vive en su día a día, ocupado entre la negación optimista y el batacazo real que supone la llegada del cansancio y los dolores. Son los «achaques de la vejez», a los que cuesta que los hijos se acostumbren o incluso que se den cuenta: nadie quiere ver envejecer a sus padres o, en todo caso, cuesta admitir que pierden coraje y ya no estén preparados para ayudarnos.

☐ **Las abuelas de hoy en día, activas o jubiladas**

El trabajo femenino se extendió por todas las clases sociales a principios del siglo XX. La mayoría de abuelas de hoy en día han trabajado de manera intermitente. De ahí que tengan menos disponibilidad para ayudar a sus familias; pero por la misma razón son más activas, más abiertas al mundo. Se han beneficiado de una doble influencia: la de sus madres, amas de casas y expertas cocineras, y la de sus mejores amigas, solteras curtidas y con carrera, no menos expertas. Ellas forman el contingente de mamás de choque de la actualidad. Es en el momento de jubilarse cuando descubren las satisfacciones de la ama de casa y dedican a los nietos un tiempo y una disponibilidad de la que no han podido disfrutar sus hijos.

Algunos problemas en la relación

También merece un comentario la delicada cuestión de las almas gemelas y las dificultades en la relación. El yerno o la nuera pueden crear otros problemas a su familia. Las razones por las que se forma una pareja siempre han sido misteriosas. Hoy, han perdido vigencia los criterios de tipo social o cultural. Las cualidades personales de la persona elegida permiten que a menudo los padres pasen por alto algunos prejuicios. Pero los encuentros con los abuelos pueden ser difíciles. Existe el temor a la mala influencia que pueda ejercer «esa gente» en «nuestro» nieto. Y el riesgo es mayor si esta familia ahora «aliada» presenta un origen geográfico y cultural muy alejado del nuestro. No es de extrañar que se hable de «familias enfrentadas». Estos calificativos más bien responden a prejuicios que a una apreciación objetiva acerca de unos extranjeros que han pasado a ser allegados. Aunque también es cierto que no se puede querer a alguien de buenas a primeras, siempre podemos esforzarnos para alcanzar un respeto mutuo que permita formar una alianza afectuosa y protectora para los pequeños: «Estos son los dos pilares de una arcada románica que nuestros hijos atraviesan silbando», afirmaba Stéphane Daniel.[2] Es este el objetivo al que hay que llegar por el bien de todos.

No obstante, en materia del corazón, las cosas no son tan simples. No son lo mismo los abuelos para la hija que para el hijo. Los abuelos paternos a menudo suelen estar bastante angustiados en que su hijo tenga un niño para así poder perpetuar su apellido. Pero si por casualidad alguien escucha a una abuela decir en secreto que ella no se sintió realmente abuela hasta que su hija dio a luz, ca-

---

2. *Au bonheur des pères* («Para la felicidad de los padres»).

be interpretarlo como que ella considera el vínculo con ese nieto directo y carnal. Los niños de los hijos «pasan» por otra mujer. Estos sentimientos legítimos no necesitan ser publicitados. Es mejor guardárselos para uno mismo, después de aceptar que son dolorosos. Al permanecer en secreto, no comprometerán las relaciones con nadie y el hecho de haberlos identificado permite gestionarlos mejor. Un sufrimiento del que conocemos la causa es más llevadero. Ocurre lo mismo cuando reconocemos una ilusión: tener un bebé en brazos y rejuvenecer de golpe, esperar revivir gracias a él lo que ya no volverá. Una pretensión inaceptable para los jóvenes padres que no tienen ninguna intención en dejarse desposeer y que quieren hacerse suyo todo lo que rodea a la paternidad. Así que una abuela muy entusiasta corre el riesgo de pagar cara su identificación con la joven madre, puesto que su comportamiento podría ser considerado como abusivo e intervencionista.

☐ El asiento eyectable

Algunos podrán decir que el lugar de los abuelos con respecto de sus nietos es un asiento eyectable. Ellos aceptan el placer y las obligaciones que comporta el cuidado de un nieto. Y, de repente, sin motivo aparente, dejan de confiarles el nieto o se lo dejan menos que antes. Con independencia de los posibles motivos, evaluables o no, los abuelos sufren, a menudo totalmente indefensos ante esta situación inesperada, y son más vulnerables, si cabe, que dan más muestras de amor y cariño hacia sus nietos. Asimismo, saben que si les privan de ellos, el sentimiento será recíproco. Los niños se verán injustamente castigados a causa de alguna discrepancia o de un malentendido entre las personas adultas.

La mudanza

Vicente y Laura, los padres de Tomás, trabajaban como personal de servicio en el mismo restaurante. Desde su nacimiento, la abuela se ocupó de Tomás en su portería de conserje, donde los padres lo encontraban al anochecer, dormido; a menudo ya era tarde para ir a acostarlo a su casa, dos pisos más arriba. Después, era ella quien iba a buscarlo a la escuela y le daba la comida. Tomás quería mucho a su abuela, y los domingos, cuando sus padres se despertaban algo más tarde, él ya se había marchado. Lo encontraban jugando o cantando con ella. Laura se quejaba una y otra vez de que el pequeño prefería a la abuela y que hablaba de ella todo el tiempo: «Por lo menos en casa de la abuela no tengo que jugar solo».

Todo terminó de repente. Tuvieron la oportunidad de ponerse a vivir por su cuenta al coger un restaurante, no mucho más lejos. Entonces era más cómodo acomodar al pequeño directamente en el piso que ellos tenían justo arriba. Tomás lloró mucho. La abuela propuso de ir a recogerlo a la escuela y de acompañarlo por la tarde. Nada que hacer. Los mismos padres rechazaron sus invitaciones para ir a desayunar los domingos: «Tenemos mucho trabajo con la contabilidad». Mientras ellos trabajaban en el ordenador, la abuela tenía por lo menos el derecho de llevarse a Tomás a su casa durante unas horas.

Algunos padres no ven con buenos ojos que sus padres o abuelos tengan influencia sobre sus hijos. Llevan mal esta connivencia por miedo a que se les escapen sus hijos y todavía llevan peor reconocer el acto caritativo de sus padres: la gratitud es una dura carga. Y prefieren soluciones extrafamiliares a la hora de cuidar de su prole: con desconocidos no hay riesgo de verse desposeídos. Otros padres no contemplan la posibilidad de que sus hijos disfruten de vacaciones lejos de su control. En último término, algunas mujeres acuerdan rigurosamente confiar el bebé a sus padres pero no a sus suegros. También ocurre que cuando uno de los cónyuges tradicionalmente ha tenido dificultades para relacionarse con sus padres y no desea verlos, el otro, para conservar el equilibrio y no evidenciar diferencias muy flagrantes, renuncia a ver a los suyos con los que, a pesar de todo, se llevaba bien, o termina viéndolos sólo de vez en cuando... «¿Por qué se ha distanciado de nosotros?», «Comprenderán que no tengo elección». Por dolorosa que sea esta actitud para los abuelos, revela la confianza infantil y ciega que su hijo pone en su capacidad de perdón. Este comportamiento priva de golpe a los nietos de los abuelos de ambas partes.

Aunque el problema sólo incumba a uno de los abuelos y se conserve la relación con el resto, el pequeño acusará el silencio que se generará alrededor del anciano ausente o ignorado a modo de tabú, de misterio peligroso. Sin saberlo, tendrá necesidad, debido a esta ausencia, de una explicación que le perfile los contornos de este fantasma.

☐ Golpe de frío

La relación blanca es otra manera, aparentemente menos agresiva, de romper sin romper con los abuelos. En este caso sólo se permite que los abuelos vean al nieto, y después a los hijos, unas horas convenidas y siempre en presencia de los padres. Una forma atenuada de este tipo de agresividad consiste en ignorar a uno de los adultos que viene de visita. Se mantiene una conversación normal con uno de los miembros de la pareja, al tiempo que se evita cuidadosamente dirigirse al otro y sólo se le responde con monosílabos. Esta situación desagradable para quien la sufre es percibida como una injuria por parte del cónyuge. Y los encuentros escasearán.

Hemos oído hablar de jóvenes muy celosos de su independencia: tal vez porque tengan que protegerse de padres muy intervencionistas o autoritarios y tengan que huir al fin del mundo. De hecho, algunos abuelos recurren al ingenio para inventarse exigencias inaceptables. Es imposible llegar a compartir algo con estas personas. Uno calla, pero ellos no cesan en su perorata. Los niños se alteran y las tonterías se suceden.

La distancia idónea

La armonía, al menos en apariencia, reina en la mayoría de familias porque los abuelos han sabido mantener la distancia idónea. Muestran su disponibilidad de corazón y no imponen. Han aprendido a no ejercer su antigua función de padres y a reciclarse de manera evidente a su nuevo estatus. Ahora se relacionan con adultos sobre los cuales no tienen ninguna autoridad. La conversación se desarrolla con naturalidad sobre el tema que entusiasma a todo el mundo: el bebé y la vida que se organiza a su alrededor. Intercambio de información, manifestaciones de interés, múltiples pruebas que hacen los abuelos que no tienen mucha intención de asumir el poder si ello no conlleva después que se impliquen en el cuidado del recién nacido. No se les pedirán consejos más que cuando exista la certeza de que tenemos pleno derecho a hacer caso omiso de ellos. En suma, guardar la «distancia idónea» consiste en comportarse con los hijos un poco como haríamos con unos amigos muy allegados y queridos, pero de quienes respetamos la independencia y de quienes no dependemos para vivir en paz.

Uno de los métodos más eficaces para mantener la distancia idónea es haber conservado, independientemente del nacimiento del bebé, intereses personales en pareja y/o fuera de ella. Unos abuelos activos corren un riesgo menor de sentirse abandonados si las relaciones se congelan un poco. De este modo, podrán armarse de paciencia y sufrirán menos. Visiblemente menos disponibles, además no pedirán tanto y, por tanto, estarán menos caprichosos. Hacer respetar su propio ritmo de vida y su autonomía a menudo es, a la larga, una buena política.

3

El bebé: cuidarlo, aprender a observarlo

Tener nietos

Durante los primeros años de vida, el niño cambia tan rápido que cada día que pasa hace que nos lamentemos por no haberlo aprovechado mejor, lamento que los jóvenes padres, absorbidos por el torbellino del día a día, acusan profundamente. En el caso de los abuelos les permite vivir su fascinación enternecedora o maravillarse por el desarrollo físico de los niños. Su emoción está ligada en buena parte a las reminiscencias de su pasado. De forma inconsciente reviven sentimientos pretéritos de su primera juventud. Con todo, para establecer una relación con el nieto, primero hace falta que los abuelos se entiendan lo suficientemente bien con los padres, pero además y por encima de todo deben adaptarse al niño, a su carácter y evolución.

Las madres que trabajan recurren cada vez más a la ayuda de sus padres o abuelos, en la medida en que esta es posible. Mucha gente confía de manera puntual o regular el cuidado de sus hijos a los abuelos. Los sociólogos constatan que la proporción del cuidado a cargo de los abuelos ha aumentado considerablemente en los últimos veinte años.

Las jóvenes que deben regresar a su trabajo cuando finaliza el permiso de maternidad se ven con la obligación de encontrar una solución. Existen muchas, más o menos seguras, más o menos costosas: la nodriza, la guardería, la niñera, la vecina. Una opción a la que optan muchos padres es la de confiar a su bebé a la abuela o incluso al abuelo si hablamos de un hombre que sabe dar un biberón, cambiar los pañales y soportar decibelios. Algunas voces afirman, y las estadísticas así lo corroboran, que cada vez hay más hombres de este tipo.

Cada fórmula presenta, según el caso, ventajas e inconvenientes. Si bien, como las plazas de guardería escasean prácticamente en todas partes, es muy extraño que un recién nacido pueda encontrar rápidamente una. Y tal vez esto pueda hacer un bien en la salud del bebé; muchos pediatras insisten en las frecuentes enfermedades contagiosas que los niños sufren en el primer año de vida. Las afecciones pulmonares o las otitis a menudo dejan secuelas permanentes y perjudiciales. Por este motivo una abuela disponible y competente representa la solución ideal. Aunque si al final optamos por la guardería, no se recomienda que un niño tan pequeño pase muchas horas con un colectivo de gente. Esto lo cansa físicamente, pero también psicológicamente. Si su casa no está muy lejos de la guardería, los abuelos pueden asegurarle un descanso.

Por lo general todo termina saliendo muy bien, o en eso confía la gente, en medio del buen humor y la alegría de descubrir al bebé y de entablar con él una relación que cuenta con todos los números para convertirse en un vínculo profundo y duradero. Hasta el punto que podemos llegar a preguntarnos: ¿quién se beneficia de estas soluciones? ¿Los padres que reciben la ayuda? ¿Los abuelos que se sienten satisfechos? Probablemente todos salen beneficiados. Y en especial el pequeño, que pasará sus primeros años rodeado por el amor de la familia.

Elogio del narcisismo

El amor —intuitivamente así lo percibimos y los psicólogos lo confirman— es un elemento indispensable en el desarrollo psíquico del niño. Es a través de esta relación de amor y de la red de relaciones que se entreteje alrededor suyo que él elaborará su *narcisismo*.

Todos conocemos la historia de Narciso: era tan bello que las muchachas y los muchachos se prendaban de sus encantos. Narciso los rechazaba a todos. Según una versión, un día contempló su propia imagen reflejada en el agua de una fuente y, sólo entonces, se enamoró. Y al querer alcanzar el objeto de su amor, se reclinó y terminó cayendo dentro del agua y se ahogó. El intento de fusionarse con esa otra persona que en realidad era él mismo y que pensaba que era el único digno de su amor fue castigado por los dioses. Y se supone que el narciso, la flor, habría brotado súbitamente en el lugar donde tuvieron lugar los hechos.

El *narcisismo* o el amor por uno mismo es una noción importante en el psicoanálisis. Es evidente que se necesita un mínimo de autoestima para poder amar a los demás: para sentirse el «alma gemela» de alguien, para experimentar el placer de encontrar en el otro algunos aspectos de uno mismo que nos permiten aceptar mejor las diferencias de la otra persona. El exceso de fascinación por uno mismo, en cambio, impide aceptar todo aquello que difiera de nosotros mismos. ¡Un bebé de varias semanas ya tiene tras de sí una larga historia de narcisismo que ha empezado antes de su concepción! El niño, al nacer —e incluso en el momento de su concepción— existe en el imaginario de los padres y abuelos. Y tendrá que enfrentarse a esa imagen suya, presente en el espíritu de los adultos, y luchar por intentar ser reconocido por sí mismo. Este imaginario familiar «toma forma» en el momento de anunciarse el embarazo. Todos, padres y abuelos, esperan una «maravilla» que se parezca a ellos.

En referencia al nacimiento, Freud escribió en 1914 en *Introducción al narcisismo:*[3] «El amor de los padres, tan conmovedor, y en el fondo tan infantil, no es otra cosa que su narcisismo que vuelve a renacer y que, a pesar de metamorfosearse en objeto de amor, manifiesta sin engaños su antigua naturaleza». Este sentimiento infantil que «vuelve a renacer» es el de cualquier niño que se «maravilla» ante la mirada de sus padres: la aparición del pequeño, incluso desde el embarazo, remite a las dos generaciones anteriores a lo que vivieron cuando fueron hijos y padres, respectivamente; despierta la chispa que, «esta vez sí», el pequeño será adorable, el fiel reflejo de sus progenitores, y que nada vendrá a importunar el placer puro de la relación narcisista. Una ilusión, ciertamente, que la experiencia confirma: el niño *real*, el que estará *aquí* en pocos meses, no aportará sólo placer: además, hará que los padres revisen su relación con el niño, como sus padres lo hicieron en su día. E incluso, además, disfrutarán descubriendo día a día que el bebé es *otro*, y ¡a lo mejor decepcionante! Cuando el niño haya nacido, a partir de los primeros meses de su vida, ¿cómo se da y cómo descubre, a su turno, el amor por sí mismo en la relación con sus ancestros?

En el mito, Narciso se ama creyendo amar a otra persona; y muere. El pequeño se quiere a sí mismo a través de la adoración que percibe en la madre, en esta relación

---

3. *La Vie sexuelle* («La vida sexual»).

de amor binario que les sitúa uno frente a otro. Necesita de la aprobación del otro para reconfortar su narcisismo. Por consiguiente, la adoración que proporciona la madre al bebé es la adoración que ella misma conoció en los brazos de su madre y así sucesivamente siguiendo la cadena generacional. Existe una herencia de la emoción vinculada a la maternidad. La abuela materna, extasiada, revive su propia maternidad al contemplar a su hija dar el pecho. En cuanto al niño, *Su Majestad el Bebé*, como decía Freud, sabe que todo se hace por su bienestar. Él aprende a quererse a través del amor que le prodigan sus padres y los adultos que se ocupan de él. Los padres, al proyectar sobre él su narcisismo, le permiten elaborar el suyo propio. Pero todos desean enardecidamente que el bebé se les parezca en el comportamiento. Haydée Faimberg resume esta idea en una frase lapidaria: «Quiero, existo; odio, existes».[4] Lo que vendría a decir: yo quiero en ti, hijo mío, todo lo que se parece a mí y me hace revivir a través de ti. Y detesto todos los aspectos de ti en los que yo no me reconozco y que te permiten existir fuera de mí.

Si el niño desea conservar el amor de sus padres, inspirarlo consiste en intentar que se parezca a ellos. Este intento está, por fortuna, condenado al fracaso; los padres no son personas exactamente iguales y son de sexos opuestos. La presencia de un *tercero*, el padre en este caso, permite también escapar del espejismo en el que el niño corría el riesgo de estancarse. Cada uno de los abuelos de ambas partes también se quiere a sí mismo a través del amor que profesa por el nieto. La imposibilidad de identificarse con todos estos personajes a la vez hace que el pequeño disponga de un espacio personal, en el interior del cual se puede construir una identidad autónoma.

---

4. En *La télescopie des générations...* («El telescopio de las generaciones...»).

Serge Leclaire es el autor de una obra de título provocador: *On tue un enfant* («Matar a un niño»). El niño al que hay que *matar*, en todos nosotros, es precisamente el *niño maravilloso* que nuestros padres esperan que seamos pero que no somos. Es necesario enterrar este ideal inaccesible concebido por el amor narcisista de los padres. El niño debe, a su vez, desarrollarse a partir del amor que le aporta una seguridad fundamental, pero también debe saber liberarse, para que no se convierta en un impedimento a su evolución. Conservar el amor por uno mismo gracias a la relación dual con su madre: de hecho, no habrá ningún proyecto posible, si uno no se quiere aunque sea un poquito.

Pero se trata de librarse de esta relación dual para aprender a vivir de espaldas al modelo que las generaciones de Narciso transmiten sin saberlo. El narcisismo de los abuelos se forma de la misma manera que el existente entre padres e hijos —lo mismo sucede en cada generación—, aunque él tuvo tiempo de secarse un poco. El anuncio de la buena nueva le concede un soplo de juventud. La abuela materna se encontrará, siguiendo en la misma clave de análisis, en una situación privilegiada: Monique Bydlowski presenta la hipótesis según la cual el primer hijo de una mujer será un *don* que concede a su madre, el pago de lo que podría considerarse una *deuda vital*. Este vínculo muy fuerte aporta a la banda materna la felicidad de estar en una posición privilegiada y, en especial a la abuela, la posibilidad de reavivar, con su hija alrededor del bebé, los recuerdos de la maternidad, que en la mayoría de los casos son felices y gratificantes.

No hay que olvidar, sin embargo, la ambigüedad de este *don* que siempre puede, en el inconsciente de la joven madre, volverse una acusación de *robo* contra la madre *anciana*, la persona con la que mantenía una rivalidad edificante y quien, habiendo salido victoriosa ya, vuelve a triunfar una vez más al tomar posesión del bebé. Esta acusación, sin duda, queda velada y subyace en el inconsciente, pero puede expresarse a través de conductas celosas o mediante el rechazo de la ayuda ofrecida por la abuela. Marcar la «distancia idónea» pasa porque la abuela recuerde a su hija la alegría que ella experimentó en la maternidad en otro tiempo; por expresar también la admiración que profesa por sus cualidades de madre y por la buena salud de su hijo y, muy importante, sin recurrir al bebé para colmar su nostalgia. De este modo, ella aprovechará el *don* simbólico sin despertar la angustia del *robo*.

Entonces hay que calcular el punto en el que podemos ayudar al bebé en su construcción de sí mismo, tanto por la fuerza como recurriendo a la sutileza de los mecanismos que pueden tejerse a su alrededor, de los cuales es a la vez el centro y el origen. La función de los abuelos en este aspecto es clave. Ellos han vuelto a experimentar una cierta proyección narcisista a través de la alegría de sus hijos, pero bajo modalidades distintas: tiene que aceptar la pérdida de su fecundidad, al tiempo que deben felicitarse por la continuación de su descendencia. Es una de las condiciones necesarias para que el pequeño crezca en un entorno de relaciones no conflictivas. En efecto, se requiere que las generaciones se sucedan unas a otras y que cada una encuentre su espacio de vida. Si la abuela, «siempre joven», activa y dinámica, no se resigna a la pérdida de su fecundidad genital, correrá el riesgo de imponerse de manera indiscreta en la relación entre su hija y su nieto. Y ¿quién es la madre entonces? Y él, el bebé, ¿de quién es hijo?

Con el paso de los meses, el bebé se afirmará como persona, estará allí, y estará bien. Llora, reclama, impone sus coacciones y tareas bastantes cargantes. Los jóvenes padres experimentan, después de soñar con el hijo ideal, el regreso al mundo real: el bebé empieza enseguida a «matar» al «niño maravilloso» elaborado a partir del narcisismo de los padres. También en este caso los adultos de varias generaciones tienen algo que enterrar, enmascarado y mitigado por el amor que aprenden a sentir por el «sorprendente niño» que ellos han creado y que tal vez no esperaban. Por su parte, el bebé está destinado a soportar y después a aceptar, adoptar más bien, gracias al amor de sus allegados, algunas reglas que le son impuestas.

El consuelo

Está muy bien tu bebé. Pero no, no bizquea. ¿Por qué quieres que bizquee? Los bebés tienen la base de la nariz grande. Es por eso que tienen esta apariencia. Y mira esas manitas, qué pequeñitas. Esto es muy tuyo... Tu marido tenía garras de leoncito. Lo esencial es que duerma por las noches. Y que, en definitiva, tú puedas dormir. Ya llegará. ¿Llora mucho? Cálmate. Al fin y al cabo mejor si es un quejica, ¡nadie le dominará! No te preocupes... Mira: ¡sonríe!

En cuanto a los abuelos, ya tuvieron en su día la experiencia de la obligatoria ruptura narcisista con el niño al que trajeron al mundo. Por tanto, son más tolerantes que los padres y resisten mejor la frustración que impone el niño desde el momento en que afirma su «diferencia»; más comprensivos, pueden contribuir a apaciguar a los padres y a que el niño pueda negociar la formación de su *yo* y su margen de maniobra en la vida familiar.

Abuelos y padres: matices y psicología

Las relaciones entre adultos pueden ser más delicadas. El nacimiento del bebé ha podido reactivar tensiones anteriores, latentes, entre la joven pareja y sus padres o abuelos. Se necesita tacto —y un buen conocimiento de uno mismo—, sobre todo en el caso de la abuela materna, que se sintió muy próxima a su hija durante el embarazo, y además al bebé, con el fin de saber desaparecer sin aprovecharse de su condición de consejera para «tomar el poder». La joven madre se encuentra, ciertamente, en una situación difícil que puede angustiarla: ella tiene que pedir consejo (a pesar de que posea amplios conocimientos en puericultura): su petición respecto de su madre la resitúa en una posición infantil, a pesar de que ella acaba de acceder plenamente al estatus de adulto y se responsabiliza de un bebé... Si la abuela abusa de esta situación, sin saber cómo animar a su hija para que se desenvuelva sola y sin captar la maternidad de la hija, esta última puede estar tentada de poner su atención en otra figura materna, menos peligrosa: una tía o, ¿por qué no?, la suegra. En el peor de los casos, experimentará una regresión y se someterá a su madre, poniendo en peligro el futuro de su familia.

Algunas jóvenes madres, en cambio, pueden experimentar la necesidad de asegurarse de que su madre sólo está para ellas, intentar compensar unos celos infantiles mal digeridos y que nos debería dar vergüenza expresarlos de este modo: «¡Puedes dar prioridad a mi bebé, si quieres!». Cuando el significado real es: «Con todo lo que tú siempre has hecho por mis hermanos, mi hermana...». Existe una revancha pendiente y la abuela deberá pasar una prueba de firmeza para no ceder a lo que podría rápidamente degenerar en una especie de chantaje...

Pequeños chantajes discretos

Es sábado por la mañana en casa de Marta, que se encarga de cuidar a Álex durante toda la semana, desde por la mañana hasta por la tarde. Su hija Estela la telefonea:

—Hola, mamá, a José le gustaría ir de compras esta tarde. Quiere comprar una mesa. ¿Podrías quedarte con Álex?
—Vale, pero es que había pensado ir a ver a la abuela.
—Ve a verla el domingo.
—Nos ha invitado.
—Bueno, ya se lo pediré a mi suegra.
—Escucha, puedo ir a la residencia por la mañana.
—Como quieras. Gracias. Te lo traeré al mediodía. Adiós.

Marta está absorbida por las obligaciones de su hija y su madre. Pero no duda en cambiar sus planes cuando su hija menciona la posibilidad de dejar a Álex con la otra abuela. Estela también hubiera podido llevarse a Álex de compras —de hecho, se puede ver a muchos bebés durmiendo en las bolsas tipo canguro, sobre el vientre de sus padres— o pedirle a su suegra que le hiciera el favor. Pero ella recurre una vez más a su madre. ¿No confía en su suegra o ya no se llevan bien?

También cabe preguntarse qué es lo que siente Marta. ¿Disfruta al sacrificarse? ¿El pequeño Álex le es indispensable hasta este punto? ¿O más bien le preocupa privar a la otra abuela de la posibilidad de pasar una tarde con su nieto?

☐ Respecto al abuso de poder

Los abuelos paternos, especialmente, pueden temerse esta forma de chantaje: «Ella utiliza a mi nieto de rehén», comentaba una señora acerca de su nuera. Cuando le confían al bebé maravilloso a esta abuela, que a pesar de todo había cuidado a cuatro hijos sin mayores problemas, se olvidaba de todo lo que sabía, vivía sumida en el terror al «jaleo» y observaba al pie de la letra las instrucciones de su nuera, hasta el punto de perder el sentido común y de reprocharse su falta de iniciativa...

Esta muestras de abuso de poder son la norma para muchas mujeres para quienes el embarazo, el parto y los primeres meses de vida de su bebé son el «gran acontecimiento de su vida».

Puesto que le ofrecen la ocasión, más aún que su vida profesional, de demostrar su coraje, competencia y autoridad; y, puede que además, su sed de poder y su susceptibilidad. Los hombres de la familia, además, corren el peligro de no hacerse escuchar.

Ellos pueden interponerse, ¡aunque es un ejercicio que exige mucho atrevimiento! Un abuelo encuentra más facilidades a la hora de negociar con su nuera. Recurriendo a un poco de encanto, una pizca de autoridad y mucho respeto para la mujer de su hijo, puede disfrutar de un cierto margen de maniobra y evitar llegar a dos situaciones extremas que en ambos casos serían penosas: unos abuelos explotados, o unos abuelos privados de ver a su nieto por temor a las represalias.

En cuanto al padre de la joven madre, también puede tener que defender su territorio si su adorable hija explota mucho a su madre, valiéndose de ella en cualquier circunstancia. Nunca es demasiado tarde para que el padre haga oír su voz. El límite de la siempre todopoderosa madre es el padre. Mientras que el límite del todopoderoso padre lo marca la madre.

La situación del hijo único criado en una familia monoparental merece un caso aparte. La «desaparición» de una de las líneas familiares, tanto si así lo desea el cónyuge que se hace cargo del bebé como si no, introduce un desorden en el árbol genealógico del niño. Primero, como afirmaba Françoise Dolto, el niño se arriesga a percibirse como alguien no deseado por los padres, aunque ellos hayan podido fantasear su existencia, al menos en el momento de concebirlo. Él es objeto de un amor narcisista más fuerte si cabe y exigente, puesto que un progenitor ha podido resultar efectivamente herido —y ver decepcionado su narcisismo— en la relación con el otro progenitor del pequeño.

El padre aislado a menudo tiene tendencia a refugiarse en su familia, a borrar al «otro»: la madre soltera da obviamente a su hijo su apellido, es decir, el apellido del padre de ella. La madre y sus padres corren el peligro de confinar al pequeño en un universo cerrado y de dejarle poco espacio para que este pueda elaborar su propia identidad.

Con independencia de la situación de los padres —pareja o familia monoparental—, los abuelos deben seguir un comportamiento bastante simple de concebir y que siempre deben aplicar. Tienen que aceptar la realidad: están en segunda línea, después de los padres. Ciertamente tienen responsabilidades, pero no conservan el poder, que está en manos de los jóvenes adultos. Los abuelos han de consentir un cierto sacrificio por su parte para ayudar; este sacrificio pasa básicamente por aceptar el narcisismo de la otra familia y por respetar las normas de educación e higiene que haya instaurado la nuera o el yerno, si es el tipo de persona que se preocupa por aquello que le concierne. Hace falta reconocer que por muy prudentes o precavidos que sean los abuelos y por mucho sentido común que tengan, no pueden hacer gran cosa si tiene que lidiar con los jóvenes adultos, quienes, ajenos a sus esfuerzos, sólo se tienen en cuenta a ellos mismos y permanecen encerrados en el propio narcisismo de pareja.

Saber observar al pequeño

Algunos abuelos se inquietan cuando les toca cuidar a un bebé de corta edad. Tal vez sea porque no saben aprovechar todo lo que un niño permite descubrir si uno se toma la molestia de observarlo. Trata de tomar conciencia de su cuerpo al mover sus manos y pies. Desde las primeras semanas, el niño observa, escucha, graba. Pasados unos meses, aprenderá algunas palabras, entonaciones y responderá al oírlas. El adulto que se asusta al oír sus gritos terminará distinguiendo los que indican dolor, hambre, angustia.... Por tanto, hace falta un esfuerzo para comprenderlo. Del mismo modo, pueden interpretarse algunos gestos, mímica: «¡Diría que me ha reconocido!». El niño que duerme también merece ser contemplado. Hace varios movimientos, parece como si soñara. Los abuelos saben estar atentos, también disponen de más tiempo que los padres para observarlo con ternura. Aprenden a conocer al bebé al prestar atención a sus nuevos aprendizajes. El niño perfecciona los gestos, aumentan la gama de balbuceos y expresa cada vez más interés por el entorno. Observar al niño no impide jugar con él ni profesarle gestos de ternura. Esta atención pormenorizada difiere mucho de la técnica de observación del bebé que describe Esther Bick en el método psicoanalista inglés, utilizada por varios terapeutas, durante su formación. Esta técnica consiste en observar de la manera más neutra posible, teniendo además los menos contactos directos posibles con la criatura.

De manera habitual, la gente se dirige al bebé diciéndole mil cosas que le servirán para aprender los fonemas de su lengua materna y probablemente algo más. En pocas palabras, a ser una persona, con sus alegrías, penas, necesidades, carácter y su identidad. Tomarse un tiempo para observarlo aporta una felicidad verdadera, si bien, absorbido por los quehaceres cotidianos, tal vez no tuvimos tiempo en su momento de hacer lo mismo con nuestros hijos. Hablar a un bebé, repetir su nombre en todas las conversaciones: existen tantas acciones tremendamente significativas y fundamentales, puesto que contribuyen a socializarlo, a hacer de él la personita en que se convertirá los últimos meses de este periodo al empezar a ponerse en pie.

Los abuelos también tienen ocasión de conducir o de ir a buscar a sus nietos a la guardería o al jardín de infancia. En los últimos meses del primer año, pueden constatar que los bebés que gatean en la alfombra no son capaces aún de jugar unos con otros. Juegan solos y se comunican mucho más con los adultos que entre ellos. Se observan mutuamente y si alguien se acerca a otro, en muchos casos será para quitarle un juguete o morderle. De vuelta a casa, la hora del baño es un momento ideal para compartir el placer con el bebé de pocos meses. Se le verá, entre los ocho y los nueve meses, explorar su intimidad con la mano, todo aquello que le deje hacer el adulto pero sin fomentarlo. Y el contacto de sus manos con el sexo del pequeño se limitará a las necesidades de higiene.

◻ El objeto transicional

Respetar las instrucciones de los padres también es tan necesario como ser consciente de que la relación que instauremos con el pequeño es única, que nosotros mismos somos una persona a tener en cuenta en su vida. Escasean los niños que no tienen un muñeco de peluche del que no pueden prescindir. Este objeto les permite soportar mejor los momentos de ausencia de la madre. El psicoanalista inglés Winnicott lo bautizó como el *objeto transicional*. Se trata de un compañero indispensable durante varios años en aquellos momentos en los que el niño necesita un sentimiento de seguridad.

A veces hay quien emplea un chupete a modo de objeto transicional. Su utilización libera las dos manos, pero más tarde será un impedimento para hablar. Aunque su utilización es controvertida. Algunos dentistas han abogado por la sustitución del chupete de goma por el pulgar, asegurando que el chupete podía deformar los dientes... Por desgracia, el niño se aferra al chupete: para jugar, a veces necesita las dos manos y deja de chuparse el pulgar; en cambio, el chupete permanece en la boca sin interferir en sus acciones. El pequeño crece con el chupete en la boca, siempre succionándolo. Pero llega un momento en el que se supone que debe hablar, articular. ¡Entonces el chupete es un estorbo! Y no renunciará a él con la misma facilidad con la que después rechace los chicles o los cigarrillos, de los que podríamos decir que también constituyen objetos transicionales, ¡como si permitieran hacer más llevadera la ausencia de mamá! Pero si los padres son partidarios del chupete, los abuelos poco podrán decir en el tema y se contentarán con una graciosa petición puntual: «No te entiendo: sácate el chupete y vuelve a decirme lo que has dicho, por favor».

☐ **Los aprendizajes precoces**

En el curso del primer año de vida, el niño ya adquiere numerosas competencias intelectuales y motrices. Al cumplir el año, es capaz de entender buena parte de lo que le decimos. En concreto, ¡sabe perfectamente cuáles son las intenciones de los adultos con respecto a él!

Permiso para prohibir

Aquella mañana, Alberto tenía que cuidar de su nieto, Víctor, de ocho meses. Todavía acostado, él intentaba leer el periódico mientras que el bebé trepaba a su lado por la cama, para coger una lámpara de mesa de cobre. Cuando estuvo lo suficientemente cerca, Alberto, que temía que se cayeran tanto el niño como la lámpara, cogió a Víctor por ambos pies y lo llevó hasta donde estaba él, a su lado de la cama. Al tercer intento, se dio cuenta de que el niño había modificado prudentemente la maniobra: ahora se detenía en el lugar donde temía que Alberto lo cogiera, con un ojo puesto en su abuelo para asegurarse de que seguía concentrado en su lectura; después seguía reptando con suavidad con la esperanza de alcanzar por fin la lámpara.

Alberto se decía para sus adentros: «Tú, pequeñín, eres más malo de lo que pareces». Y entonces decide levantarse y poner a Víctor en el suelo en medio de sus cubos de juguete. Si el bebé se alejaba un poco, Alberto, para atraerlo, levantaba una columna de cubos. Acto seguido, Víctor se precipitaba para hacerla caer en una exclamación de júbilo. Y el juego volvía a empezar. Súbitamente, el niño abandona el juego para reptar hacia un enchufe. Al momento de poner un dedo dentro, Alberto intercepta su mano y añade un gesto seguido de un enérgico «no». (Los enchufes de esta casa aún no estaban protegidos). Gritos. El abuelo coge a Víctor llorando y lo lleva hasta donde están los cubos, de espaldas al enchufe. Pero el bebé enseguida da media vuelta para gatear hasta el mismo enchufe. Un «no» enérgico no ha detenido la intención del niño, y un ligero cachete en la mano le impide poner el dedo dentro. Nuevos alaridos y la misma reacción del abuelo acompañada esta vez de un: «No, no tienes que hacerlo». Haciendo caso sólo de su coraje o de su entendimiento, Víctor empieza el tercer intento, pero esta vez se detiene ante el enchufe y se pone a llorar sin intentar meter el dedo. Alberto lo toma en brazos, le abraza y consuela, y lo felicita por detenerse a tiempo. Reanudan los juegos y Víctor todavía destruirá varias torres de cubos, puesto que juega con coches en miniatura. El abuelo pretende que en su casa Víctor no intente nunca más poner los dedos en un enchufe.

— El abuelo haría mejor en cambiar los enchufes o en poner algún protector. De cualquier manera, el gesto del niño comportaba un peligro.

— ¿Podemos creer que un niño de ocho meses interioriza una prohibición con sólo tres experiencias? ¿Es útil sancionarlo? Si el abuelo está en lo cierto, habrá hecho un gran favor a su nieto al protegerlo de una acción tan peligrosa y al aportarle a tan temprana edad la noción de prohibición.

— ¿Es imprescindible que comente a los padres este episodio? Es imposible establecer buenas relaciones sin hacer caso de este consejo sobre educación.

Pocos autores nos hablan de los abuelos con relación al desarrollo psíquico de un niño pequeño. Esta omisión se debe a Freud, quien evitó mencionarlos en la elaboración de sus teorías sobre el psicoanálisis. Los estudios psicológicos, centrados en la relación madre-hijo, han omitido deliberadamente otros factores del entorno. Estos trabajos no tienen en cuenta que los abuelos, aunque estén muertos o el niño no los conozca mucho, están ahí presentes cuando este llega al mundo. En primer lugar, porque los abuelos de ambas partes forman las cuatro ramas maestras del árbol genealógico del niño, un árbol que le otorga la base de su identidad. Después, porque son los progenitores de los jóvenes padres y, estos últimos, aunque hagan justo lo contrario de la educación que recibieron, siguen reflejando esa educación y continúan viviéndola. Cabe decir también que, desde los primeros semestres, los abuelos pueden contribuir al desarrollo de la estructura mental del pequeño a través de su presencia, manifestaciones de cariño o prohibiciones que imponen. En resumen, las relaciones privilegiadas que se dan entre las jóvenes madres y las suyas propias empiezan a ser consideradas como determinantes en la vida psíquica de un bebé.

4

Hacia la edad de la razón

Los aprendizajes motrices evolucionan rápidamente. Al empezar a tenderse en pie después de mucho tiempo, el niño aprende a andar sin apoyarse entre los doce y los quince meses de media, y la gracilidad de sus acciones se perfecciona en el día a día. Durante esta época, sus balbuceos van ganando en sofisticación pero, salvo algunas palabras, es extraño que lleguen a articular un verdadero lenguaje antes de los dos años o más. Captar en los juegos del niño las asociaciones de ideas que ya es capaz de elaborar es fácil para cualquier persona que disfrute observándolo jugar. De hecho, ya posee una aguda conciencia de lo que pasa a su alrededor y establece relaciones afectivas fuertes y diferenciadas con su entorno. Su carácter ya se manifiesta con claridad, así como sus exigencias. Empieza a representar su papel en la función, alejándose cada vez más de los deseos de la familia.

En la mayoría de los casos las madres se reincorporan al trabajo, y los abuelos, si también trabajan, no tienen la posibilidad de garantizar el cuidado de los nietos. Pero hay muchos que desean colaborar y disfrutar de la presencia de los bebés algunas horas al día. De este modo podrán reducir el tiempo que sus nietos pasen en la guardería. La guardería es un recurso muy valioso para cuidar y despertar a los niños. A pesar de que todos sabemos que los pediatras son reacios a la guardería durante el primer año de vida del bebé, sí que recomiendan su asistencia más adelante. Insisten en el contacto con otros niños de la misma franja de edad. La guardería recobra entonces su interés por favorecer la socialización y el desarrollo de aprendizajes. Los niños que van a la guardería por lo general desarrollan más rápidamente su autonomía. El buen hacer de los auxiliares en puericultura y los beneficios y obligaciones de la vida en grupo aportan a muchos niños una experiencia formadora que puede convertirse en una ventaja en el futuro: según varias estadísticas, los niños que han pasado bastante tiempo en la guardería encuentran menos dificultades en el inicio de la escolarización que los demás —si bien no se constatan diferencias al principio del primer año de parvulario—. Pero si los padres trabajan lejos, las jornadas en la guardería pueden resultar agotadoras para un niño de un año, más aún que para un recién nacido: este último es más activo y está sometido a la tensión social. No es aconsejable que el niño permanezca en la guardería desde las ocho de la mañana hasta las seis de la tarde. Se recomienda un descanso de unas horas antes de que los padres vuelvan a casa. Lo mismo podría aplicarse para cuando el niño vaya a clase cuando tenga tres años. Los abuelos también podrían de vez en cuando apañárselas para ocuparse del niño cuando esté enfermo. Ocuparse de los nietos, a partir de su segundo año de vida, exige mucha más atención y esmero. Ya no se trata sólo de alimentarlos y cambiarlos, sino también, y sobre todo, de ayudarles a aprender, a corregirles sus torpezas. La vigilancia en todo momento, tal vez agotadora si el niño es imaginativo, no impide que le transmitamos ternura al hablarle, meciéndolo en brazos y jugando con él. Rápidamente reclamará que le expliquemos o le leamos historias o cuentos de hadas.

La autonomía y sus peligros

A partir del momento en que la motricidad del bebé le dé autonomía, él la utilizará cada vez más ajeno a los peligros que entrañan sus iniciativas. Descubrir objetos nuevos, estudiarlos tanto con la boca como con los dedos y los ojos, antes de tirarlos al suelo, para recogerlos después. Cuántos tesoros por descubrir en el armario de debajo del fregadero de la cocina: lejía, acetona, sosa cáustica para desatascar los lavabos... Subirse a una silla, meterse debajo, escalar a los balcones: ¡la felicidad! Sería mejor que, antes que el bebé aprenda a andar, quitáramos de su alcance todo lo que sea peligroso y dispusiéramos sistemas de cierre efectivos en puertas y ventanas.

Se trata, pues, de una vigilancia constante, salpicada de muchos «no» y de precauciones vitales, aunque puedan parecer obsesivas. Los primeros aprendizajes comportan pues una buena parte de prohibiciones. El «no» es indispensable. El niño de dos años también dice «no» cada vez que alguien le pide alguna cosa. A buen seguro, repite una palabra que ha escuchado centenares de veces; pero sobre todo, la edad de dos años se corresponde en la mayoría de niños con una de las fases de oposición. Otros aprendizajes no presentan más que riesgos más limitados: cuando el niño empieza a comer solo a cucharadas, le cae más fuera que dentro de la boca. Que un bebé aprenda a bajar las escaleras exige un poco de paciencia. Con bastante celeridad, el niño aprende que para llegar, basta con colocarse en la posición adecuada, mirando al suelo, con las piernas también hacia abajo. La intervención de los abuelos en aprendizajes del tipo de hablar y, más adelante, de la propiedad, parecen formar parte de la misión de vigilancia que ellos han aceptado desempeñar. El diálogo con los padres suele ser útil para evitar que los adultos no mantengan comportamientos contradictorios que desconcierten al niño.

En el momento de cerrar la puerta, una madre dijo: «¡Manos a la cintura!». El niño obedeció y ella pudo cerrar con seguridad. Ella se sorprendió y quedó un poco contrariada al oír a la portera decirle: «Déjelo vivir, es usted la que tiene que ir con cuidado». La madre no osó responderla, pero siguió manteniendo la misma actitud, con toda la razón. Es evidente que la seguridad de las manos del niño es prioritaria. También es indispensable crearle actos reflejos como el de meterse las manos en los bolsillos cuando suba a un coche. Y el niño lo hace de forma automática, con independencia del adulto que lo acompañe. Y así nunca le aplastarán los dedos. Es evidente que si todos los adultos de su entorno próximo imponen la misma disciplina, la seguridad será mayor. ¿El niño se siente perseguido, como sugería la portera? Ni por asomo. Es probable que un niño llore al intentar rechazar una prohibición referente a su seguridad. Pero ¿constituye esto un motivo para renunciar a la misma? Las prohibiciones no tienen otro objetivo que el de velar por su interés y sería de cobardes renunciar en nombre de una supuesta demagogia. El pequeño experimenta rápidamente que el mundo está lleno de peligros y estas instrucciones las interpreta más bien como una manifestación de nuestro interés por él. Los abuelos son decididamente más prudentes que los padres, preocupados por devolver en buen estado a la personita que les han confiado.

Paralelamente a su crecimiento, todo lo que tiende al narcisismo y al amor sigue su evolución, pero a los problemas relacionales les siguen otras emociones y dificultades. A lo largo de su segundo año de vida, el bebé toma conciencia simultáneamente de su persona y de su voluntad. Al mismo tiempo, aprende en sus juegos a compartir actividades con otros niños o adultos. Y ciertamente disfruta con estos intercambios que piden que se repitan. Pero su perseverancia todavía no es mucha y se cansa con facilidad de una actividad para pasar a otra. La lógica de estos cambios escapa a la de los adultos. Algunos niños, al menor contratiempo, pueden acabar permitiéndose un «capricho»: gritar, tirarse al suelo, dar golpes. Todavía no pueden dominarse. La tranquilidad del adulto es la mejor respuesta a estos accesos de cólera, aunque tengamos que sujetar al pequeño mientras le hablamos con suavidad y firmeza para impedir que se haga daño. Cualquier manifestación de rabia que haga el adulto le hará perder su crédito. De hecho, se puede apreciar fácilmente que los niños no montan en cólera más que con determinados adultos y soportan mejor la frustración que le imponen aquellas personas cuyo comportamiento es más calmado y razonable. De este modo, podremos intentar comprender el estado emocional del niño, quien, lejos de permitirse un capricho, tal vez quiera descubrir otra cosa distinta de la que le proponen sus padres, experimentar su autonomía. Esta empatía con el niño puede permitir al adulto evitar un enfrentamiento directo. Para lograrlo, no debe identificarse con el niño enrabietado con el fin de entender al niño investigador. Este enfoque resulta difícil para los jóvenes adultos, todavía muy cercanos a su infancia y sus conflictos; en cambio, para los abuelos que deben retroceder más en el tiempo, ya queda más alejada.

Querer apaciguar al bebé con dulces es una opción condenada al fracaso y sólo alimenta el siguiente capricho del niño. ¿Pueden los abuelos castigarlo en algunos casos? Probablemente sí, pero con el consentimiento de los padres y lo menos posible. En efecto, la recompensa es más eficaz que el castigo. Con independencia de la naturaleza de esta: besarlo o hacerle un cumplido, darle una golosina o un juguete, el niño siente que el adulto lo quiere más porque él se ha comportado correctamente. Y también él obedecerá mejor las órdenes de un adulto al que quiera más. Por el contrario, un castigo corre el riesgo de reducir el amor del pequeño y, por consiguiente, su buena voluntad a someterse. Por otro lado, los abuelos tendrán que hacer como el resto de adultos del entorno del bebé y adaptarse a sus reacciones, que evolucionan muy rápido. El niño siempre querrá demostrar que es mayor y es por eso que encuentra insultante que le llamen «bebé» pasados dos años y medio. Uno se arriesga a una respuesta del tipo: «Yo no soy un bebé, soy Carlos».

Nombrar a los abuelos

«Mamá» y «papá» vienen del mismo balbuceo; en otras palabras: de los primeros sonidos que genera el bebé: «Mmmm» y «pppp». La inmensa mayoría de los niños que hablan castellano llevan utilizando estas denominaciones desde antaño. Se han constatado muy pocas variaciones individuales, con la excepción de algunas «coqueterías familiares» o costumbres regionales.

La denominación de los abuelos, en cambio, no está tan fijada. Esto se debe al imaginario individual y a la tradición. A menudo encontramos la *y*, como en *yaya* y su equivalente masculino, *yayo*. De hecho, todas las grafías son posibles puesto que se trata de una tradición oral. Si bien se pueden apreciar algunas variaciones vinculadas a la clase social: *abuelito*, en principio es más propio de la burguesía, así como otros nombres de origen anglosajón, como *daddy*, para los abuelos, y *granny*, para las abuelas, aunque estos casos son muy poco comunes en España.

Y también hay que nombrar a los bisabuelos. Aquí todo se complica, ya que el niño tiene que poder designar a cada uno con un nombre diferente. En algunas familias, al subir un peldaño en la «jerarquía», el abuelo cambia de nombre, como si su apodo designara una función en lugar de a una persona. La abuela se convierte en bisabuela y deja a su hija el título de abuela, salvo que esta no haya optado por la «jerarquía». También hay algunas abuelas que se inventan nombres... Otras se ven demasiado jóvenes para aceptar una denominación que las confinaría a una determinada franja de edad y se hacen llamar por el nombre.

Decidan lo que decidan los abuelos, el mayor de los nietos tendrá la última palabra, aunque a menudo suele aceptar la decisión sin discutirla. Tal vez, si vacila en la pronunciación, rechace una dificultad que él considera inútil y se busque otro nombre. Entonces, las risas de los adultos y su connivencia en este hallazgo ratificarán el nuevo nombre. Ya tenemos al abuelo bautizado de por vida. Los nietos que vengan a partir de ahora tendrán que aceptarlo. La nueva denominación queda inscrita en el folklore familiar.

Cualquier denominación ejerce una función simbólica, puesto que el nombre representa a la persona. «Papá» y «mamá» son nombres con una enorme presencia en el presente del niño y que lo asocian a todos los otros niños que conoce y que llaman a sus padres de la misma manera. A este nivel, no existen diferencias entre los niños de la misma clase. Por el contrario, el sobrenombre que se da a los abuelos simboliza la sucesión de generaciones. Suele estar muy connotado como una marca que reafirma la pertenencia del pequeño a su grupo familiar, y más aún si todos los niños de la familia utilizan la misma denominación para referirse a los abuelos comunes.

El niño, desde antes de su primer aniversario, pero sobre todo después, se someterá a los esfuerzos que haga su entorno para que pueda aprender los elementos básicos de la vida social. Todo lo que el niño haga bien desde este punto de vista pasará por su deseo de imitar a los adultos en los procesos llamados de *identificación*. Al mismo tiempo, su vida emocional es muy intensa, habida cuenta de que se encuentra atormentado por la problemática edípica. Es habitual describir estos dos procesos dentro de la tríada madre-padre-hijo. Pero eso sería menospreciar la importancia de todas las personas que, por su presencia y ternura, poseen implicaciones en la vida del bebé, tanto los abuelos como, por ejemplo, el personal de la guardería.

El complejo de Edipo

Freud recurre a este término para describir el amor apasionado que el pequeño de tres a cinco años siente por su madre, así como los celos del padre, a pesar de la admiración que le profesa.

Los sentimientos con respecto de su padre son, por tanto, contradictorios, y el niño se siente culpable del amor que rivaliza con el adulto al que ama su madre, lo que le lleva a temer un castigo que desembocaría en la amputación del pene y le privaría del placer que este miembro ya le proporciona. Este miedo se conoce como el complejo de castración.

En la mitología, Edipo mata a su padre, Layo, y se casa con su madre, Yocasta, pero sin saber quién es el rey al que ha asesinado y al que reemplaza en el lecho de la reina. Su castigo no será menos terrible. Ya lo abordaremos más adelante.

☐ El pequeño Hans

Aproximadamente un año antes de publicar su análisis del complejo de Edipo, Freud desveló la historia del pequeño Hans, de tres años: fue el primer psicoanálisis de un niño que se publicó. El pequeño sufría una fobia insoportable a los caballos, tan abundantes en las calles de la Viena de hace cien años como lo pueden ser ahora los coches. Y tenía miedo de salir a la calle y que le mordieran.

Freud rápidamente comprendió que Hans se imaginaba a su madre dotada de una «pilila» tan grande como la de un caballo. Ahora bien, esta fobia se había manifestado después del nacimiento de su hermana pequeña. Y ni tan siquiera la visión de la pequeña completamente desnuda no le persuadía de lo contrario: el niño afirmaba una y otra vez que ella pronto tendría una «pilila» inmensa.

Sus padres solían permitirle que durmiera con ellos en la misma cama cuando tenía pesadillas, lo que hacía que su pavor por los caballos aumentara porque estaba vinculado al miedo de que su padre le castigara por el amor que sentía hacia su madre y le cortara su «pilila». Una «pilila» con la que él solía jugar, a pesar de las prohibiciones y amenazas.

En el transcurso de su análisis, Hans imaginará una solución elegante para desembarazarse de la presencia intimidadora de su padre: casarlo con su abuela. Entonces, los síntomas desaparecen, y con ellos el último fantasma, lo que señalaba la conclusión del trabajo de psicoanálisis. Intuitivamente Hans comprendió el amor edípico de su padre y le propone concretarlo de una manera satisfactoria para ambos: su padre por fin podrá casarse con su propia madre, mientras que Hans podrá amar tranquilamente a la suya sin el temor recurrente de sufrir la venganza paterna. En sus fantasías megalómanas, el pequeño Hans encuentra una solución mejor que la de los adultos a un problema familiar: gracias a él, todo se soluciona. Mejor aún, identifica a su padre consigo mismo y le presta los mismos sentimientos de deseo por su madre. Su angustia se calma, los síntomas desaparecen porque ya no se ve como un intruso en la vida de su padre.

La lectura de este texto, publicado en *Cinco psicoanálisis,* es interesante por más de un aspecto. En esta historia, aparecen resumidas las bases de lo que después constituirá el pensamiento de Freud. Hoy en día, con todo, existe la tendencia equivocada a tener en cuenta la fuerza de los tabúes de la época que prohibían educar conjuntamente a niños de sexos diferentes, incluso en casos de patologías tan graves como la del «pequeño Hans». Cuando el niño afirma que la «pilila» de su hermana pequeña se hará más grande en el futuro, sus padres no reaccionan. A pesar de que son conscientes de que las convicciones del pequeño respecto de la anatomía femenina están relacionadas muy de cerca con su fobia.

En la observación cotidiana, por razones diferentes en el caso de los chicos y en el de las chicas, las pasiones amorosas respecto de los padres del sexo opuesto son conflictivas. El entorno familiar se opone: la ternura que el padre y la madre se profesan mutuamente ilustra perfectamente los celos y rabietas que, en el amor, impone el adulto a los pequeños. Pero la atracción de los niños por los adultos del sexo contrario no se limita únicamente a los padres y puede dirigirse a otras personas cercanas. La atracción apasionada de un nieto por su abuela o de una nieta por su abuelo es bastante frecuente. Otros adultos, a menudo presentes en el entorno del niño, también pueden ser el objeto de esta pasión. Y algunos niños incluso llegan a compartir su amor entre varios adultos.

☐ La inhibición

El amor edípico es demasiado conflictivo para ser superado con facilidad. Por fortuna, existe un mecanismo mental habitual gracias al cual el individuo evita obcecarse en sus pasiones y se ahorra parte de su sufrimiento. Se denomina *inhibición*. Las emociones, los recuerdos borrados de la conciencia no desaparecen del todo, permanecen en el inconsciente y pueden ser rememorados.

La *amnesia infantil* cubre con su velo la mayoría de los acontecimientos vividos en los primeros años de vida. Los pocos que perduran no se corresponden, en ningún caso, con hechos importantes: un rostro, el olor de una habitación que apenas sí se entrevé, la sensación de miedo. A menudo resulta muy difícil o prácticamente imposible revivir del inconsciente las emociones de la infancia, y Freud pensaba que la inhibición de las emociones edípicas era tan intensas que llegaban a absorber todos los recuerdos de la infancia. Este fenómeno de amnesia infantil reviste un interés mayor porque, aparentemente, entra en contradicción con la importancia que se atribuye a las adquisiciones del niño durante los seis o siete primeros años de vida. A esa edad, un niño está perfectamente socializado, ya ha adquirido sus mecanismos mentales y lógicos o está en proceso de hacerlo. Françoise Dolto decía que, a los seis años, el niño ya está desarrollado: no se acuerda de nada, pero ya está acabado. La paradoja de la amnesia infantil es que recubre y disimula en la conciencia la práctica totalidad de acontecimientos de la infancia, al tiempo que conserva los aprendizajes, los mecanismos lógicos y las adquisiciones de tipo intelectual de la misma etapa. La sabiduría popular sitúa en siete años la edad del razonamiento. La legislación española determina que la escolarización obligatoria empiece a partir de los seis años. Ambos ejemplos constatan, con una año de diferencia, la misma cosa, es decir, que sobre esa edad, un niño ya no es propiamente un niño. Si bien todavía está lejos de ser un adulto.

Así, cuando Freud se reencontró con el «pequeño Hans» al final de su adolescencia, este le recordó su patología y el análisis que Freud había publicado, pero todo aquello le pareció extraño. Apenas una ligera duda impedía a Hans afirmar que no se trataba de él mismo. El análisis no había podido evitar la amnesia infantil. Los procesos mentales para los cuales el espíritu inhibe un foco de interés para ceñirse a otro y regresar después durarán toda la vida. Estas inhibiciones sucesivas liberan el espíritu de manera transitoria para permitir que evolucione y se centre en otros centros de interés. En definitiva, estimulan el deseo por aprender.

Se considera que el *complejo de Edipo* ha sido superado cuando el niño termina por aceptar, gracias a la inhibición, la no correspondencia de su amor sexual por la madre y deja de sentir celos de su padre. El estado psíquico que alcanza le permite vivir con más serenidad su amor por ambos padres y aleja los temores de la castración. Y, sobre todo, el niño acepta su lugar en la familia, el de un hijo entre otros niños: mientras que si fuera hijo único, podría creerse dotado de un poder mágico para «hacer de padre». El nacimiento de hermanos menores le obliga a pensar que no controla este proceso y a redefinir su función a un papel más modesto. Es entonces cuando claramente se ubica dentro de su familia y, más tarde, en su árbol genealógico; en definitiva, en su identidad. Sabe «quién es quién» y «con respecto a quién». Vincent de Gaulejac, en *L'Histoire en héritage* (La historia en la herencia), compara por oposición, por un lado, la claridad racional, el orden que instaura un árbol genealógico bien entendido y, por el otro, el desorden, la indefinición y en último término la violencia pasional que rige el espíritu del niño cuando desconoce la regla de la sucesión generacional y la división de funciones en la familia. Esto le permite comprender mejor la prohibición del incesto, no sólo con el padre del sexo opuesto, sino también con otros miembros de su familia. Además, esta prohibición es, según los antropólogos, una de las características culturales esenciales en el ser humano. Y en todas las sociedades. Podría afirmarse que renunciar al amor edípico supone asumir el espacio —pero nada más— en el conjunto de la familia, acceder a la sociedad humana.

La señora mayor y su hermanito

Una señora de ochenta años acompaña a su nieta de tres años a la escuela. Un niño la para y le pregunta:
—¿Cuántos años tiene su hermanito?
—No es mi hermanito, y se llama Carla.
Podríamos pensar que este niño no ha resuelto su complejo de Edipo, ya que confunde a generaciones distintas. Su caso debe de ser más complicado aún, porque tampoco sabe hacer la distinción de género.

□ Edipo y los abuelos

Lo que experimentan los padres con sus hijos celosos supone una reminiscencia lejana de las emociones amorosas que ellos mismos vivieron en su infancia, pero de las que ya no se acuerdan. El nacimiento de un nieto puede hacer revivir en uno de los abuelos nuevas pasiones que tengan por objeto al bebé del sexo opuesto; esta atracción también puede vehicularse hacia el yerno o la nuera. Si bien resulta extraño que un exceso de muestras de cariño traicione estos sentimientos, ya que suelen contenerse. Por lo general, los abuelos representan para el niño un remanso de paz en el que las pasiones quedan atenuadas. Pero si los abuelos están muy presentes en su vida, el amor que el niño les profesará no estará indemne de sufrir alguna tendencia epídica. Cuando uno de los padres se ausente por largos periodos y el otro viva en casa de los abuelos del niño, la convivencia del pequeño con tres adultos puede favorecer una confusión generacional.

☐ **Los celos**

Es normal que todos los niños tengan celos cuando nazca un hermanito. Pueden considerarse como una manifestación del amor epídico; ahora será necesario compartir el amor de los padres con el recién nacido. El niño celoso lo pasa mal y los abuelos están en mejor posición que los padres para aportarle consuelo y otros estímulos.

Un peluche enorme para el joven Edipo

Arturo se hace pipí en sus pantalones desde que su madre ha dado a luz, hace tres días. Él era limpio, pero se ha vuelto gruñón, sin motivo aparente, desde hace algunas semanas. Cuando nació Matías estaba a punto de cumplir tres años. Desde que vio al bebé, se volvió enurético. Y se negó enérgicamente a comer durante dos días y le sorprendieron agitando al bebé con furia. Como si no estuviera contento de tener un hermanito.

Entonces, la abuela le compró un «peluche» enorme, casi del mismo tamaño que el recién nacido. Ella le explicó que un «peluche» era un muñeco especial para chicos y que el suyo se llamaba Óscar. A Arturo le gustó mucho: lo abrazaba, lo mimaba, quería darle el pecho como veía hacer a su madre con su hermanito. Pero Óscar, el peluche, también las pasó de todos los colores. Arturo lo insultaba: eres un vago, Óscar, cagón, tonto...; le pegaba y lo pisoteaba. Incluso un día se las ingenió para tirarlo por la ventana, para sorpresa de un viandante que lo vio caer justo delante de sus narices.

El muñeco era el destinatario de sus sentimientos contradictorios de amor y de odio que Arturo experimentaba respecto a su hermanito. Bien hecho, abuela.

La identificación

Las identificaciones están vinculadas tanto al complejo de Edipo como al narcisismo, como en el caso del niño que decía a su padre: «Cuando yo sea mayor y tú te hayas vuelto pequeñito, yo podré casarme con mamá». La rivalidad epídica queda manifiesta. El deseo identificativo no era para menos, ya que el niño se imaginaba grande como su padre, toda vez que fomentaba su narcisismo al aumentar de golpe muchos centímetros para cumplir su deseo y, al mismo tiempo, eliminar a su rival epídico identificándolo con lo que era él en realidad, un niño. El término *identificación* debería reservarse para aquellos casos en los que, como aquí, el niño se considera un adulto. En otros casos, se limita a imitar modelos, pero ¿cómo distinguirlos? En principio, el niño se identifica con un adulto del mismo sexo al que suele ver a menudo. Pero como hay más mujeres que hombres que se dedican al cuidado de niños pequeños, las niñas por lo general dispondrán de más modelos adultos con los que identificarse, a diferencia de los chicos, que tendrán que contentarse en la mayoría de los casos con su abuelo o su padre.

☐ La interiorización de la prohibición

La identificación con un adulto a menudo es sinónimo de la admiración que le profesa el niño: este *incorpora* una parte del *otro* para hacerla suya, es decir, asimila determinados rasgos del carácter o actitudes del adulto y las siente como propias. Este proceso se ejerce la mayoría de las veces con un adulto del mismo sexo, lo que nos lleva a pensar que desde muy temprana edad el niño sabe a qué sexo pertenece. Los abuelos, por su parte, son los blancos identificativos privilegiados cada vez que se desata un intenso conflicto epídico que previene al niño de identificarse con su padre. Es entonces cuando el pequeño prefiere identificarse con sus abuelos, a los que puede querer con mayor serenidad. Todos los procesos de identificación fomentan el narcisismo de las personas que el niño toma como modelos. De hecho, el deseo de su entorno de ser querido ejerce de estímulo de los procesos de identificación del niño.

Los mecanismos de identificación son muy importantes, en cuanto al aprendizaje se refiere. Mientras juega, el niño aprende a comportarse como los adultos que le rodean. El pequeño es muy gracioso cuando trata de imitarlos, si apreciamos el lado cómico que entraña un gesto, una actitud. Cuando sea mayor, querrá aumentar su participación en la vida: jugará a barrer, a poner la mesa... También disfrutará sentándose en un coche «de pedales» con el que recorrerá toda la casa. ¡Él también tiene su coche! Algunas identificaciones suelen permitir que el niño exprese su identidad sexual.

Ello no impide que una niña de cuatro años que pida una cartuchera de vaquero o que un niño que peine amorosamente a muñecas estén predestinados a ser homosexuales. Este comportamiento simplemente pone de manifiesto las múltiples posibilidades de identificación que existen, especialmente en modelos del sexo opuesto. Estas identificaciones pueden contrariar y asustar un poco al entorno, porque suelen creer, equivocadamente, que revelan un secreto muy fuerte, una «orientación contra natura». Con toda probabilidad, reconocer que en todos nosotros se da una cierta bisexualidad sería una mejor manera de afrontar el problema.

¿Una cuestión genética o cultural?

La bióloga Jean Rostand se pregunta en *El hombre* por los papeles respectivos de las hormonas y de la educación en la diferenciación sexual:

«La educación familiar y escolar, las relaciones con los padres y con extraños, la manera de vestir, el peinado, los juegos, la sugestión colectiva, la tradición afectiva o cultural: todo es distinto según seamos chico o chica. No viven la misma atmósfera, no habitan en el mismo universo...

«A fin de cuentas, ¿no tendrían más parte de culpa las muñecas y los soldados de plomo que las hormonas en el proceso de diferenciación psíquica entre el hombre y la mujer?».

Asimismo, las capacidades de identificación de los niños les permitirán desarrollar, a lo largo de su crecimiento, su personalidad social. Las estancias en casa de los abuelos les darán la posibilidad de vivir en un hogar distinto del de sus padres. Cada casa tiene sus reglas, implícitas para sus moradores: es entonces cuando el niño puede desarrollar sus facultades de observación y análisis; además, dispone de la posibilidad de ensanchar y diversificar sus modelos identificativos. Si observamos a niños de entre tres y cuatro años veremos que adoptan, casi de manera intuitiva, los hábitos de otra casa. Es así como aprenden que lo que ocurre en casa de sus padres difiere un poco de lo que sucede en casa de los abuelos. Por fuerza, existe una pequeña diferencia entre lo que está permitido y lo que está vetado. Es positivo que existan tales diferencias, siempre que no sean muy importantes ni den pie a conflictos graves entre los adultos.

5

Los niños mayores y los adolescentes: intercambiar y orientar

La edad de oro de los abuelos: los niños mayores

☐ Los abuelos-estrella

Llegados a este punto, los abuelos se ocupan ahora de niños que razonan y son autónomos y a los que de vez en cuando les gusta la compañía de los adultos que se ocupan de ellos. Sus conocimientos ya son bastante amplios y la comunicación con ellos es fácil y agradable: es la edad de oro de los abuelos que pueden beneficiarse al máximo de sus nietos durante esta etapa que, en líneas generales, abarca desde el principio de la escuela primaria a los primeros años de instituto. Marie-Claude Mietkiewicz analizó a un buen número de niños a partir de dibujos de sus abuelos que habían hecho. En el estudio que publicó,[5] estos últimos aparecían como los adultos con más predisposición a jugar con ellos. Después de los educadores, son el colectivo de quienes más cosas aprenden. Hacen actividades muy diversas: deportes, excursiones, cursos de cocina, jardinería y bricolaje, entre otros. Cuando los padres son muy severos, las estancias en casa de los abuelos constituyen una bombona de oxígeno,

---

5. *Les fonctions éducatives des grands-parents* (Las funciones educativas de los abuelos).

al disponer un sistema educativo menos rígido. No se puede considerar una oposición a la educación de los padres, pero sí hablaríamos de una cierta flexibilidad. Si cabe la posibilidad de discutir con los padres acerca de los problemas educativos, tal vez se les pueda hacer entender que a menudo se obtiene mejores resultados dejando más libertad al chaval. Algunos niños se bloquean cuando les someten a normas muy severas. Y cambiar los planteamientos de vez en cuando les viene bien.

Los abuelos acompañarán al niño a lo largo de esta etapa a la que los psicoanalistas denominan *periodo de latencia*. Se trata de un periodo de la vida en el que el conflicto edípico permanece suspendido y los niños están más predispuestos a cuestiones de tipo intelectual. Muchos, por identificación, quieren ser cada vez más «como los mayores» y manifiestan un gran deseo por aprender. Por su parte, los adultos se refieren a esta etapa en otras palabras: «Ya ha empezado la escuela primaria. ¡La cosa va en serio!». Los abuelos pueden ejercer plenamente su función de «educadores de segunda línea», ayudar al niño en sus aprendizajes y en el desarrollo de su conocimiento del entorno. Sus respuestas a preguntas embarazosas de cualquier tipo evitarán la creación de vacíos de incomprensión entre niños y adultos. Los abuelos que evitan mentir o recurrir a viejos estereotipos siempre prestan un gran servicio al dar una respuesta concisa pero suficiente. Si los padres tienen tendencia a sobreproteger al pequeño y a limitar su autonomía, los abuelos podrán ofrecer la posibilidad de ensanchar su campo de investigación.

☐ Abuelos cuentacuentos

A partir del momento en que empieza a hablar, al niño le encanta que le expliquen historias y cuentos de hadas, o que le lean libros cuyas imágenes contempla entusiasmado. Tal vez se las sepa ya de memoria, pero muestra una gran avidez por volver a disfrutar con su lectura. Incluso cuando empieza a aprender a leer, no cesa en sus exigencias: «Venga, abuela, ¡explícame la historia del cuervo!». De hecho, al empezar la escuela primaria, el niño empieza a salir poco a poco de un mundo dominado por la magia. Por eso los niños creen en los Reyes Magos durante la etapa de guardería y preescolar. Cuando tienen siete años, muchos ya no creen en esas cosas. Eso no impide que se beneficien de los distintos regalos que los Reyes Magos les traen en casa de sus padres y abuelos. Tal vez no se atrevan a confesar por prudencia sus dudas al respecto. De hecho, no dicen a los más pequeños que aquello sea verdad. Los Reyes Magos son la excepción. ¡Una mentira que podemos explicar a los niños sin hacerles daño!

¿Escuchar historias? La imagen del niño atento, con el pulgar en la boca y la mano jugueteando con sus cabellos, mientras la abuela va tejiendo a la vez una historia y una bufanda forma parte del álbum de tópicos familiares. ¿De qué historias se trata? El niño se convierte en un entusiasta de historias reales, historias que le han sucedido a la familia o que han acontecido en la región donde vive. Estos «cuentos y leyendas» ligados a la familia del niño por la narración de los abuelos forman parte de todo aquello que pueden transmitir los «ancianos». Pero también pueden explicarles su propia historia, recuerdos de «cuando eran pequeños»... y, en fin, hablarles de los padres del niño, de su aportación a la leyenda familiar —hazañas extraordinarias y grandes trastadas— que permitirán al pequeño realizar su propia investigación. Por ejemplo, descubrirá que sus padres han sido jóvenes, que han hecho travesuras y que además les han castigado por ello.

Estas narraciones tendrán repercusión en los procesos de identificación. Ya sea voluntaria o inconscientemente, los adultos continúan de esta manera vehiculando sus valores. A esta edad, el riesgo de que el niño se olvide de algo es menor. La amnesia infantil ha dejado de oscurecer la mayor parte de sus recuerdos. A través de estas historias, el niño hará suyos los mitos y leyendas de la familia, y los mezclará con sus propios recuerdos y con lo que le han explicado para elaborar lo que los psicoanalistas llaman *su novela familiar*. Al niño le encanta interrogar a sus abuelos por su condición de testigos de su nacimiento. Al preguntar, se acerca un poco más a lo que tal vez perciba como un tabú, la investigación sobre la realidad sexual: ¿de dónde demonios vienen los niños? Y la investigación sobre su propio origen: ¿soy en realidad el hijo de está gente y no un niño al que se encontraron, tal vez el hijo de un príncipe? En los últimos años de este periodo de latencia, cuando leen perfectamente, algunos niños dejan de pedir que les cuenten historias y prefieren leerlas solos.

Empiezan a tener una percepción crítica muy aguzada de su entorno. Un autor norteamericano, Kornhaber,[6] ha analizado dibujos de niños de seis a doce años en los que reproducían a sus abuelos. Suelen ser muy divertidos, incluso cómicos y caricaturescos, y enfatizan la barba del abuelo que no se afeita muy a menudo y que rasca. Estas ilustraciones sólo pueden ser expresivas si los ancianos tienen una verdadera presencia en el espíritu de los niños, porque los ven con frecuencia y se ocupan de ellos. En cambio, cuando el niño apenas tiene contacto con los abuelos, los dibujos son pobres y tristes.

Asimismo, hasta la adolescencia, el niño tiene tendencia a representar a su padre como un dios. Ahora bien, ve

---

6. *Grands-parents – petits-enfants: le lien vital* (Abuelos - nietos: el vínculo vital).

como este dios tributa respeto a un señor más mayor —su abuelo—. Así que él mismo puede deducir el temor de su padre, una aprensión a la reacción del señor mayor, lo que le lleva a relativizar la autoridad paterna. Sobre esta cuestión, Alain de Mijolla declaró que «los abuelos son los únicos que pueden imponer silencio y respeto a los omnipotentes padres del niño, los únicos que pueden explicarle las proezas y las travesuras de esos padres, recordando que también estos fueron en su día niños y bebés, en la investigación que cada uno hace de su origen».[7]

La consulta

La decepción del joven Ricardo, de siete años, fue mayúscula cuando le preguntó a su padre:
—¿Dios existe?
—Unos piensan que sí y otros que no. Nadie lo sabe.
—Pero ¿y tú, papá, lo sabes?
—No, yo no lo sé.
—Ah, bueno, se lo preguntaré al abuelo.

☐ **Los juegos, el ordenador, las actividades extraescolares**

A pesar de que hay niños que juegan solos, la mayoría piden a los abuelos que jueguen con ellos. A pelota, al pingpong, a la rayuela, tanto cuando están en la calle como en casa, son juegos sociales a los que es difícil negarse si se posee una cierta conciencia moral de abuelo. Algunos prefieren ayudar al niño a construir objetos o personajes de plastilina o a dibujar en una pizarra o en un folio. Si hay varios niños podemos dejarlos que jueguen entre ellos, vigilándolos de reojo. Entonces nos daremos cuenta de có-

---

7. *Les visiteurs de moi* (Los visitantes).

mo disfrutan en este intercambio psíquico y verbal. El profundo deseo de vencer a determinados jugadores ya demuestra el espíritu de competición tan desarrollado que presentan algunos niños. Niños y niñas no siempre quieren jugar juntos; de hecho, juegan más veces juntos en familia que en la escuela, especialmente en el caso de los juegos sociales. Los juegos van evolucionando según la edad del niño y, con la aparición de las nuevas tecnologías, han experimentado cambios notables, lo que puede generar en algunos abuelos problemas de adaptación.

Algunos anuncios publicitarios muestran a una abuela navegando por internet: una señora muy mayor —de esas que asociaríamos más bien a la elaboración artesanal de mermeladas deliciosas— de aspecto risueño, ante un ordenador sofisticado. Pero una imagen así no tendría que sorprendernos: las abuelas actuales han utilizado los ordenadores en su vida profesional. Sin embargo, en nuestro caso subyace un significado más profundo: primero, esta señora mayor da a entender que el mundo moderno no permite que nos detengamos mientras estemos vivos y, después, que las abuelas tienen que elegir entre seguir en el combate por la modernización o arriesgarse a quedarse estancadas. Los niños más educados halagan a sus abuelos al verlos todavía capaces de jugar con ellos al ordenador y, además, se convierten en unos excelentes profesores. Ahora bien, al aceptar que sus nietos los introduzcan en un mundo que es el suyo, los adultos más ancianos pierden el estatus de superioridad que las generaciones precedentes otorgaban a los valores de la experiencia y los conocimientos adquiridos a lo largo de los años. Unos valores que, seamos sinceros, no están demasiado al alza. Con todo, salen ganando al compartir con los más jóvenes la excitación de los descubrimientos; por otra parte, se les presenta la oportunidad de restaurar en el espíritu de sus descendientes los valores de la edad, al demostrarles que ellos, los abuelos, no son incompatibles con la aceptación de la novedad. Siempre que no olviden su condición de educadores de segunda fila, los abuelos pueden confiar en transmitir a sus nietos los conocimientos y valores que mejor expresen el espacio que han ocupado en su época.

Algunos de estos juegos informáticos estimulan la memoria, los reflejos, la toma de decisiones. Y no tienen equivalente alguno en los juegos tradicionales. Otros, más repetitivos, resultan atractivos por su insistencia, que resulta tranquilizadora, aunque no es del todo educativa. Los adultos tienen tendencia a criticar los juegos electrónicos de forma sistemática, con el pretexto de que coartan la imaginación e incitan a la violencia. La escenificación de un mundo virtual también corre el peligro de alejar al niño de la realidad y confinarlo a un mundo de ilusiones. Mejor seamos sinceros y volvamos a lo que hacíamos siempre, nuestros cuentos de hadas de toda la vida. Serge Tisseron es del parecer que los niños agredidos sistemáticamente en su vida tendrán tendencia a recuperarse mediante juegos repetitivos. Mientras que los que disfrutan de un mundo seguro se sentirán más atraídos por juegos estimulantes y enriquecedores.

Los niños de esta franja de edad se convierten de este modo en grandes consumidores de un sinfín de actividades extraescolares planificadas. Clases de danza, ping-pong, kárate o pintura, academias de guitarra eléctrica o teatro; y cada semana hay que acompañar a los niños inscritos. Sin olvidar la psicoterapia, la ortofonía y otros cursillos educativos. Sí, hay que acompañarlos. E ir a buscarlos. O morirse de frío mientras los esperamos en el coche si las clases están un poco lejos. El abuelo-taxi o la abuela-metro. Su uso intensivo está garantizado de fábrica. La mayoría de estas actividades aportan al niño otra perspectiva distinta de la de la escuela. Esta perspectiva es imprescindible para cualquiera, pero puede resultar especialmente útil en casos de niños precoces o superdotados. Así es, porque pasarle de curso como desearían muchos padres conlleva el riesgo de colocar al chico en una tesitura peligrosa: intelectualmente se sentirá a gusto con compañeros dos o tres años más mayores que él. En el plano afectivo el niño suele corresponderse con la edad real que tiene y no podrá hacer verdaderos compañeros en el aula. Más bien se recomienda intentar potenciar sus progresos, proponerle otra actividad extraescolar, deportiva o cultural, que le permita ocupar su tiempo libre. Y además, hay que dejar al niño, como a todos los demás, la necesaria libertad para que pueda soñar y jugar a sus anchas.

Después de la edad de oro, la travesía del desierto: la adolescencia

Un niño hasta entonces risueño y buen alumno empieza a crecer a pasos agigantados, a cambiar de carácter y modales. Deja de ser el mismo de siempre. Se vuelve mentiroso y adusto. Sus centros de interés evolucionan de forma brusca. Las hormonas han actuado. Durante varios años, el adolescente evolucionará mediante giros imprevisibles, pasando de una actitud a otra. Los abuelos se acuerdan mejor de la adolescencia de sus hijos que de la suya propia. Pero los adolescentes actuales presentan algunas diferencias. Antes de juzgarlos, es preferible intentar comprenderlos mejor.

☐ Rebeldía y fidelidad

Todos los esfuerzos educativos durante los doce primeros años de vida suelen conformar a un individuo bien adaptado socialmente. El niño también contribuye en gran parte a través de los procesos de identificación. Llegada la adolescencia, el chico ve lo que ha aprendido como un corsé. Se cree mariposa y quiere hacer abandonar la fase de crisálida. Y se apresura a rechazar sus identificaciones, los valores e incluso también una parte de los aprendizajes intelectuales.

Esta voluntad de rechazo se manifiesta con mayores energías si cabe cuando los padres y abuelos pretenden mantener a los jóvenes dentro de una tradición social determinada. Estos, y en especial en el caso de los chicos, tienen que cursar los mismos estudios o a lo sumo una carrera de la misma rama que la que hicieron el padre y los abuelos, bajo pena de «deshonrar la familia».

Algunas profesiones hereditarias aumentan esta presión. Un abuelo que dejó su granja a su hijo ve en el nieto el perfecto sucesor para continuar su obra. Y algunos ancianos todavía piensan de forma totalmente equivocada que el futuro de su nieta está en las tareas del hogar. Los jóvenes sólo se sienten reconocidos en su derecho a existir por sí mismos y seguir un camino adecuado. *A priori*, difícilmente se pueden condenar estas reacciones de hostilidad de los chavales. En el plano identitario, moral y cultural, se sienten ligados a un molde destinado a producir lo que ellos perciben como semi-robots al servicio de la familia y de la sociedad.

A pesar de rechazar ese molde o «corsé», los adolescentes se mantienen en todo momento fieles a su familia, si bien amenazan a su manera el modo que esta eligió para que imitaran a sus modelos. Cuando se les pregunta cómo viven su familia, la mayoría de las veces los adolescentes dan muestras de una gran fidelidad. Incluso los que ven poco a sus abuelos expresan el apego que sienten por sus mayores. Recuerdan perfectamente las acciones y los rasgos de cada uno de ellos. Y, en algún caso, pueden llegar a evocar su ternura y el miedo a perderlos. Raros son los casos en los que el adolescente se considera alienado por una educación demasiado orientada a un determinado ideal familiar con el que no se siente identificado.

Lealtad a la memoria

Gregorio murió en la batalla del Ebro de 1939. Hijo de un ferroviario, había sido un buen estudiante y se diplomó en Ingeniería. Trabajaba en el ferrocarril cuando le enviaron al frente.

Antes de la batalla, tuvo tiempo de decir a sus compañeros que tenía dos hijos, una niña pequeña y un chavalín de cinco años, Juan, que sería como él, ingeniero ferroviario.

Diez años más tarde, uno de los compañeros de Gregorio que logró sobrevivir a la guerra y se convirtió en jefe de la barcelonesa estación de Francia, escribió a la viuda y le propuso ofrecerle un trabajo a Juan.

Ella no se sorprendió. También ella era hija de ferroviarios y conocía el significado de la solidaridad. Desde Zaragoza tomó el tren con Juan, por supuesto, y con la pequeña María, puesto que ambos eran inseparables.

Juan permaneció en silencio, inmóvil durante todo el trayecto. Al llegar a Tarragona empezó a gimotear. Y confesó:

—Yo no quiero ser jefe de estación. Quiero ser historiador.

—Podrías haberlo dicho antes, por lo menos, y nos habríamos ahorrado tener que comprar los billetes–, protestó la pequeña María.

Al final Juan se hizo historiador, profesor y especialista en conflictos del siglo XX.

Cuarenta años después, María le comentaba a su hija:

«Si nuestro padre hubiera podido leer los libros de su hijo, habría entendido por qué murió».

Fiel a la memoria de su padre, Juan no lo fue con los ferroviarios.

La viuda, por su parte, faltó a la ceremonia de entrega de la Medalla al Mérito Militar que le concedieron a su marido en la Transición, puesto que pensaba que llegaba demasiado tarde. Sin embargo, la guardó toda su vida a su lado, en la mesita de noche, y no dejaba que sus nietos jugasen con ella. Y cuando, años antes, le entregaron el cadáver, ordenó que, según la voluntad de su marido, lo enterraran junto al resto de combatientes. «Así, siempre permanecerá con sus compañeros».

☐ El grupo de amigos

Los abuelos, al igual que los padres de hoy, serán rápidamente abandonados por los adolescentes, que ahora prefieren antes que a cualquier otra compañía la de su enamorado/a. Y todavía comprenden menos la atracción de su pequeño por la pandilla de amigos en que todo está permitido. En el periodo de latencia, a pesar de que las clases son mixtas y chicos y chicas comparten aulas, tanto unos como otros prefieren jugar con sus compañeros del mismo sexo, salvo alguna excepción. En cambio, ahora, forman pequeñas pandillas en las que resulta difícil distinguir a unos de otros, incluso su vestuario y su aspecto se confunden. De hecho, en según qué ámbitos, está bien visto lucir un aspecto desaliñado, con los pantalones roídos y deshilachados. Si bien la intimidad de estos jóvenes no tiene por qué desembocar forzosamente en mantener relaciones sexuales entre ellos. Si chicos y chicas buscan semejarse tanto, tal vez sea para vivir una relación a medio camino entre la homosexualidad y la heterosexualidad con varios compañeros a la vez. La elección de un compañero y la culminación sexual a lo mejor no llegan hasta una etapa posterior. Estos grupos de amigos no los podemos menospreciar, ya que pueden fomentar comportamientos de «delincuencia escolar» (absentismo y pasotismo escolar), el consumo de alcohol y de drogas de todo tipo. En cualquier caso, incluso sin tener que pasar por la delincuencia, queda claro que los miembros del grupo suelen estar más influenciados por los compañeros de más edad a expensas del individuo, lo que va en detrimento de una integración más diversificada y armónica.

Otros adolescentes tienen un amigo o amiga, su compañero del alma, al menos durante una temporada. Son grupos de amigos de dos compañeros que se aproximan a la pareja. Este tipo de relaciones, más clásicas, por lo general lo adoptan los adolescentes más integrados en la vida social, aunque a veces únicamente se limitan a personas de su misma franja de edad. Desde hace algunos años, se puede apreciar que estas manifestaciones diversas de la adolescencia empiezan a aparecer cada vez a una edad más temprana.

☐ Los abuelos y los adolescentes

Los abuelos ven mucho menos a sus nietos cuando son adolescentes que en la etapa anterior. Y sufren tanto que todavía disfrutan más cuando los acompañan o les vienen a ver. Pero esta autonomía es natural y deseable. Con todo, los abuelos ejercen una función insustituible durante este periodo. Con frecuencia los jóvenes tienen importantes problemas en sus relaciones con los padres, ya que se sienten obligados a oponerse a algunos deseos que ellos encuentran inaceptables. Una revisión, totalmente inconsciente, de las tendencias epídicas puede que todavía complique más las cosas. Aunque los padres sean razonables y de mente abierta, no caen en tópicos, aceptan hablar con franqueza, tienen un arduo trabajo por delante y, a menudo, sus hijos no entienden las decisiones que toman. Los abuelos cuentan con la ventaja de encontrarse en una posición que «carece de autoridad». Su «poder» únicamente es de tipo afectivo y moral. Por tanto, pueden ejercer de confidentes, siempre que sepan tener la boca cerrada. Si disponen de tiempo, podrán, de algún modo u otro, ayudarles en el trabajo escolar. La abuela habla inglés con soltura y es ideal como profesora particular. El chico también puede aprovechar para explicarle un poco su vida y pedirle consejo sin que se note.

El despertar de las rivalidades epídicas puede entrar en contradicción con las identificaciones con el progenitor del mismo sexo. Entre los posibles modelos, que abundan en esta edad, también figuran los abuelos, ya que su papel es importante tanto con respecto de los celos como más allá de ellos. Y, si son proclives a dialogar, más posibilidades tendrán de ejercer una influencia. Explicarles la verdad, sin refugiarse detrás de supuestas creencias, permite mantener la confianza de los adolescentes. La estima que les profesan corrobora la validez de las adquisiciones éticas de su niñez.

El diálogo privilegiado que establecen algunos abuelos con sus nietos, ya sean pequeños o más mayores, pueden ser muy fructífero, aunque es difícil de gobernar. Cabe matizar que hay que decir la verdad, aunque pueda resultar dolorosa. Eso sí, tampoco debe sembrarse la discordia: el lugar simbólico de los abuelos está en el de ejercer de continuadores de generaciones y no en un nivel de ruptura. Antes de responderles, por tanto, puede ser útil conocer la postura de los padres y, acto seguido, intentar comprender sus motivaciones. Hay que tratar de evitar tomar partido por una opción de buenas a primeras. Por el momento, un adolescente podría sentirse orgulloso de haber sido capaz de confrontar a dos generaciones anteriores a él, pero esta satisfacción será breve y desestabilizadora. Si bien es cierto que cuando existe un clima de confianza cuesta contenerse, cuesta intentar no expresar lo que sentimos. También aquí existe un peligro: el proselitismo de los abuelos respecto de alguna religión, opción política o una moral los convertirá en unos «pesados». Es mejor optar por un diálogo sincero, de igual a igual. Por otra parte, muchos jóvenes piensan que son las personas mayores los que mejor les comprenden. En épocas de crisis, el papel de los mayores también ayuda a conservar la idea de familia.

¿Un modelo o varios?

Jean Onimus afirmaba que nos pasamos la vida repitiendo lo que hemos escuchado y leído, que el hombre de un único libro es un esclavo, porque sigue la influencia de un «maestro» al que no puede replicar. Del mismo modo, si una persona sólo tiene un modelo con el que identificarse correrá el riesgo de verse encasillada; si dispone de varios, en cambio, no estará sometido a ninguno.

Los grandes ideólogos —los auténticos, los totalitaristas que dan cuenta del mundo con una sola idea— sirven de modelo identificativo —y su obra de un «solo libro»— a montones de «seguidores», que se desarrollan a partir de construcciones maniqueístas: estos no son de los míos, pues son mis enemigos.

Entonces cabe preguntarse lo siguiente: ¿estas personas se han vuelto paranoicas porque sólo han tenido un modelo a seguir o son personas que se han fijado en un modelo único porque son paranoicas?

☐ **Las dificultades**

La principal dificultad que existe es toparnos ante un adolescente callado, como en el siguiente ejemplo.

«Las torrijas»

(Un chaval está ante el ordenador. Una mujer mayor está detrás suyo. Ella le habla intentado establecer una conversación.)

Ella: —Cariño, es hora de merendar, descansa un poco, te quemarás los ojos, después te lamentarás, hay tantas cosas por ver, [...] sólo hay que aprender a observarlas. Vamos, ven, te he preparado torrijas, son muy buenas, con viejos picatostes, como yo las sé hacer, basta poner un poco de huevo y azúcar. El ordenador puede esperar, así tus guerreros descansarán. Todos esos números, letras y luces que se mueven, ya me dirás lo divertido que es...
[...]
(*El niño lanza un grito de impaciencia. La mujer calla.*)
—Lo siento.
(*La mujer desaparece un momento. Suspira. Vuelve. Su disgusto es evidente.*)
—Come un poco, Jaime.
(*El chico engulle el plato con voracidad sin apartar la mirada de la pantalla.*)
—¿Te gusta?
(*Se oye un gruñido de aprobación.*)
—Yo, cuando tenía tu edad, que me preparasen torrijas era una fiesta, como cuando hacían roscones. Si quieres, también te haré. Mañana. Después tú volverás al colegio y yo me tendré que esperar hasta las próximas vacaciones. Cantabas unas canciones tan bonitas. ¿No tienes nada que explicarme? Yo tengo tantas historias, ¿vienes a dar una vuelta? Vamos a dar una vuelta y hablamos, estamos en silencio juntos, descansamos, nos miramos, tranquilamente. Respiramos el mismo aire. A lo mejor un día te cansas de esta pantalla. En la calle, en un parque, viendo a una mujer mayor, y tú te preguntarás: se parece a la abuela, ¿dónde está la abuela? Y yo estaré allá, cariño mío, en tu corazón, en el color del cielo, en el olor de la lluvia, porque sí, la lluvia tiene un olor. Ay, Jaime... Te haré otra torrija.

El autor de este texto inédito, Alain Golomb, lo escribió para dos actores de una compañía de teatro de aficionados. Durante las representaciones, el joven actor que representaba el papel del adolescente introvertido experimentaba un malestar que se iba agravando; a pesar de los esfuerzos del director, se bloqueaba, como decía él, incapaz de encarnar a su personaje silencioso. Al final terminó diciendo que se sentía muy culpable de la relación que tenía con su propia abuela por haberse comportado como el chaval de la obra, que le resultaba muy cercano. Y se suspendieron las representaciones.

Los abuelos encuentran dificultades para ejercer de interlocutores válidos si no participan plenamente en la evolución de las tecnologías. Buenas historias del pasado suenan obsoletas a oídos de los jóvenes que sólo piensan en su ordenador. «Abuela, sería mejor si fliparas navegando por internet en lugar de machacarme con tus batallitas. Tus mermeladas molan, pero globalmente prefiero el McDonald's. Al menos para las mates, el abuelo tiene idea, y la otra abuela sabe callarse cuando yo le cuento mi vida». Los adolescentes no piden que los abuelos aprueben todo lo que hacen. Su opinión les importa en la medida en que estos últimos sepan mantenerse al margen de la «moda por lo joven» de nuestra sociedad, pero también eviten caer en la demagogia de sus comentarios. Ellos tienen la edad que tienen y hay que asumirla. ¿Qué podrían transmitir unos abuelos demasiados frágiles, cómplices de las peores trastadas, que llegan incluso a mentir para proteger a sus nietos y evitar que los castiguen? No merecerían ningún respeto y perderían toda su credibilidad. Y no está tan claro que los vayan a querer más por comportarse así. Cuando tienen cuatro años prefieren tener a un abuelo espléndido que, a los quince años, en cambio, despreciarán.

La crisis de la adolescencia, ya sea de gravedad o más leve, debería terminarse alrededor de los veinte. No es del todo habitual que los jóvenes sean verdaderamente adultos a esta edad. Por lo general, los que continúan estudiando suelen madurar más tarde que los jovencitos que se someten pronto a las reglas del mundo laboral, como mínimo si entendemos el término *adulto* como sinónimo de *responsable* y *autónomo*. A diferencia del adolescente, el joven adulto es capaz de interesarse por las aficiones y pasiones de sus abuelos. El nacimiento de su primer hijo puede modificar de manera acusada sus comportamientos. Los padres, convertidos en abuelos, sirven de gran ayuda, ya lo sabemos. Y para los recién estrenados bisabuelos, todavía sigue profesándoles su ternura.

Ellos han hablado de sus abuelos

La situación moral de los abuelos suele revestir una considerable importancia durante y después de la adolescencia. La figura más considerada en la vida de una persona puede que sea la de su abuelo o abuela, más incluso que la de su padre o madre. La rivalidad epídica es con toda probabilidad el origen de este fenómeno; dependerá de las circunstancias de la vida. Lo demuestra el ejemplo de tres celebridades de distintos ámbitos —la filosofía, la literatura y las ciencias: Jean-Paul Sastre, Louis-Ferdinand Céline y François Jacob, premio Nobel de medicina—. Los tres son un verdadero testimonio de una visión de conjunto del siglo XX.

Sastre, en *Las palabras*, recuerda a su padre que «tuvo la feliz idea de morirse», cuando él todavía era muy joven para sentir pena o culpabilidad. Dedica más espacio a hablar de su abuelo, Karl, profesor de alemán y rodeado de libros. Fue gracias a él como entró en contacto con la literatura.

«Entre la primera revolución rusa y la Primera Guerra Mundial [...] un hombre del siglo XIX impuso a su nieto las ideas de la época sobre Luis-Felipe. Así es como se supone que funcionan las dinámicas del mundo rural: los padres van a trabajar al campo y dejan a sus hijos al cuidado de los abuelos. Yo inicié mi camino con un retraso de ochenta años. ¿Tengo que compadecerme? No lo sé. En nuestras cambiantes sociedades, a veces un atraso te concede un poco de ventaja».

En el prólogo de *Guignol's Band*, Céline también nos habla de su deuda hacia su abuelo, también profesor:

«Tengo que hablaros de mi abuelo por su nombre, Auguste Destouches, conocedor de la retórica y también brillante profesor de esta materia en el instituto de Le Havre hacia 1855.

»¡Tengo que decir que desconfiaba de él terriblemente! ¡Tengo una inclinación innata a hacerlo! ¡Tengo todos sus escritos de mayor, sus fajos de papeles, sus borradores, cajones llenos! Ay, ¡terrible! Redactaba los discursos del prefecto, y os aseguro que tenían estilo! ¡Ese era mi abuelo! Conozco la lengua a la perfección, y no sólo de recuerdos. Enseguida me viene, y al detalle».

Tanto el uno como el otro reconocían su deuda, pero asumieron su libertad, no sin una cierta violencia intelectual y moral —extremo que confirma la obra y el estilo de ambos autores—. Podríamos precisar que en sus textos hay un proceso simultáneo de continuidad y ruptura.

La estatua interior que François Jacob nos describe en su libro homónimo es la de su abuelo materno, el general Franck. Lo recuerda montado a caballo, llevando un bello uniforme, presidiendo tanto una presentación de armas como sentado a su lado, enseñándole pacientemente caligrafía para que corrigiera su mala letra.

Y sólo después de la muerte del general, François se atrevió a abandonar sus estudios de preparación para ingresar en la Escuela Politécnica. Su admiración por un tío suyo, Henri, hizo entonces que se decantara por esa rama, pero con sus estudios recién empezados, se unió a De Gaulle a finales de junio de 1940. Al ejercer de médico practicante curaba a los heridos que su abuelo habría comandado. Terminada la guerra, finalizó sus estudios de medicina que había quedado a medias gracias a su condición de antiguo combatiente. Una vez diplomado se sintió indigno por ejercer en la medicina civil contando con tan pocos conocimientos. Ingresó en el Instituto Pasteur amparado por André Lwoff, se hizo investigador y en 1965 obtuvo el premio Nobel. Veinte años más tarde escribió el citado libro y declaró: «Entonces, cómo no reconocer que todos estos personajes de mi vida pasada han jugado un papel importantísimo, mayor si cabe por su precocidad, en la elaboración de la imagen secreta que, desde mi interior, rige mis gustos, deseos y decisiones».

Los descendientes de celebridades

Huelga decir que cada uno de estos abuelos, figuras identificativas, no eran personajes célebres. Y los hemos conocido gracias al testimonio de sus nietos.

Por contra, suele ser raro, por no decir excepcional, encontrar algún personaje remarcable entre los descendientes de algún hombre o mujer famosos. En la mayoría de familias, después de un periodo de gloria atribuido a una persona, se produce un descenso de tipo social, y tal vez moral, que se prolonga durante algunos decenios. A lo sumo, sus hijos intentarán seguir el mismo camino, pero es muy extraño que los nietos también lo hagan.

Podemos preguntarnos por los motivos de este freno al florecimiento personal, del efecto de parálisis causado por la figura de un abuelo al que es inimaginable que podamos igualar. Además, es más probable que alienemos a nuestros nietos si salimos por la tele que si les dejamos la empresa familiar.

6

La educación de los nietos

Cuestión de identidad

Educar a un niño no consiste solamente en enseñarle a comportarse en la mesa, a decir buenos días y a no explicar mentiras. Primero hay que formar su identidad, la conciencia de sí mismo, lo que le permitirá adquirir los demás conocimientos. En este aspecto, los abuelos también son educadores: simbólicamente, ya representan para el niño una de las bases sobre las que desarrollará su personalidad. Constituyen su genealogía. En consecuencia, tienen una función indiscutible en la formación de la identidad del niño, que, desde muy temprana edad, es capaz de tomar conciencia del lugar que ocupa en la familia y de las relaciones que mantienen los adultos entre sí.

Antes de aprender a hablar, el niño sabe cómo se llaman las personas importantes de su entorno. Es fundamental que estas se dirijan a él por su nombre o mote (en el supuesto de que todo el mundo lo utilice), de manera que él mismo pueda percibir que posee un nombre que es exclusivo de él y de nadie más, la primera conciencia de su identidad social. Al dirigirnos así a un niño de un año y al presentarnos como interlocutores que también tenemos un nombre, nos convertimos desde ese mismo instante en educadores, al hablar en nombre nuestro: mediante el *yo*. La utilización de la forma indefinida de la tercera persona del singular como en frases del tipo «hay quien no está del todo contento con lo que hace este bebé» no hacen más que confundir al niño. Esta forma impersonal, ¿qué significa?: ¿«los padres y yo» o bien «mi mujer y yo»? Quien la utiliza abandona su identidad propia y no asume la responsabilidad de su enunciado. Nadie ha mencionado al niño; ha sido cosificado bajo una denominación genérica y aparece en tercera persona, como si no estuviera allí.

Para que el niño pueda comprender su ubicación en el seno familiar debe saber qué relaciones unen a los adultos. Desde muy pronto sabe quiénes son sus padres y comprende con celeridad que él es el niño de entre todas las personas mayores, siempre que no le compliquemos la tarea y que le quede claro el orden que siguen las distintas generaciones. Un padre que se dirija a su esposa diciéndole «mamá» para simplificar se arriesga a sembrar la duda: entonces ¿mamá es la madre de papá? «¿Vendrá tu mamá?» resulta mucho más claro para el niño. El posesivo *tu* designa a la persona y su relación con el niño sin inducir a errores que puedan alterar la naturaleza de la relación entre mamá y papá. De este modo, pueden precisarse todas las relaciones familiares.

La posición de los abuelos que se hacen llamar por su nombre es, desde este punto de vista, discutible, si algunos de sus nietos no ubican correctamente su posición en la familia. Todos los niños no presentan la misma lucidez genealógica que esta niñita de dos años y medio cuyo abuelo era muy peludo. Ella le dijo un día mientras le acariciaba el brazo: «Carlos, eres un abuelo con plumas». Veinticinco años después, todavía ríen la ocurrencia de la pequeña.

La educación desde la segunda fila

Además de esta función identitaria que ejercen de manera natural por su presencia y discurso, el papel de los abuelos podrá diferir en gran manera según las responsabilidades que les sean confiadas y que estos puedan aceptar. Independientemente de las razones que motiven esta situación, algunos abuelos sólo podrán ver a sus nietos en presencia de los padres. En tal caso, su papel activo como educadores será prácticamente nulo: ¿podrán hablar después con sus hijos acerca de una actitud determinada? En cambio, si normalmente cuidan a sus nietos unas horas a la semana, resulta más difícil pensar que no tengan nada que aconsejar o que criticar. Y si además se ocupan durante varias semanas seguidas de sus nietos, parece inconcebible que simultáneamente no ejerzan una función de educadores.

Pero ¿son entonces libres de ejercer su acción? Seguramente no. A pesar de que se responsabilicen de los nietos durante una larga temporada, su función educativa queda relegada. Son educadores de segunda fila, colaboran pero no tienen que tomar decisiones importantes. Habituados desde siempre a que sus hijos les obedezcan, los abuelos ahora deben someterse a sus instrucciones. No será difícil si sólo se trata de una serie de medidas de poca monta. Proteger la cola del gato será mucho más peligroso: ¡habrá que ir con cuidado! Cuando tengamos que controlar los deberes del niño o trasmitirle las inmortales normas de comportamiento en la mesa, deberemos ser prudentes y remitirnos, a la menor dificultad, a la opinión de los padres, los únicos responsables de su política educativa. Pero siempre a posteriori. Nunca en presencia de los niños. El abuelo que aproveche el menor infortunio para soltar a sus nietos un extenso discurso rigorista rápidamente se ganará el apelativo de «abuelo sermoneador».

Los padres están contentos por poder confiar a sus hijos y les complace esta ayuda de los abuelos, pero pueden disgustarse si estos últimos autorizan todo lo que los padres pretenden evitar o si les dan mil y una golosinas con el único propósito de ganarse más afecto de los nietos. De hecho, algunos mayores aprovechan la autoridad que se les concede para atribuirse la transmisión de unos valores distintos de los de los padres. Y, por ejemplo, critican la «excesiva severidad» de una madre para ganarse las simpatías de un bebé. Igualmente, jactarse de la autoridad de los padres sólo puede conducir a la larga a una disputa familiar. Más aún, si acompañamos la trasgresión de una orden: «Tú esto no se lo digas a tu madre».

En efecto, como decía Maurice Berger,[8] «si te piden que guardes silencio sobre algún aspecto, es que no puede ser muy bueno para ti». Quien pide al niño que guarde silencio implícitamente le revela su culpabilidad y le introduce en una malsana complicidad. Y si el niño termina «olvidando» la consigna, no hará más que mostrar otra forma de vivir (la relatividad de las normas), incapaz de inducir la noción de falta o la dimensión perversa subyacente a este comportamiento. Los niños son sutiles, perciben perfectamente la diferencia y saben ser discretos. Podemos dar por seguro que si a los abuelos se les pasa la hora a la que deben acostar a sus niños y los dejan jugando más tiempo del permitido, corren el riesgo de caer «rendidos» ante los nietos, que conocen a la perfección el arte de aprovecharse de todo lo que les pueda resultar placentero sin sentir un ápice de culpabilidad.

---

8. *Mes parents se séparent, comprendre ce que ressent l'enfant* (Mis padres se separan: comprender los sentimientos del niño).

Cuando los abuelos explican cómo ha ido la estancia de sus nietos en casa, los padres están a la expectativa y les preguntan. También les demostrarán qué autoridad han delegado realmente en ellos. Los desacuerdos que salgan a la luz pondrán de manifiesto las opiniones sobre educación de unos y otros. Esta discusión puede permitir un acercamiento de posturas, siempre que tengamos en cuenta que son los padres los que tienen la última palabra. Los abuelos tienen que inclinarse ante la autoridad exclusiva de sus hijos.

Los abuelos que tengan ocasión de ver con frecuencia a sus nietos podrán ejercer en su totalidad su función de educadores: les enseñarán canciones que ellos aprendieron en su día, les explicarán historias, participarán en algunos aprendizajes... De manera implícita, los niños piden a los adultos que les enseñen todo lo que hay que saber, en todas las manifestaciones de la vida corriente, para poder prescindir de ellos. «Enséñame a hacerlo solo», decía Maria Montessori. Es importante que los adultos comprendan este deseo legítimo e intenten satisfacerlo. A los seis años, el niño ya entiende numerosos mecanismos lógicos y algunos tienen nociones de lectura, cálculo y escritura. A menudo, también se detecta alguno con talento de diseño: inventiva, buena mano para el dibujo, gracia, lo tiene todo. Estas aptitudes se pierden enseguida. La mayoría de los adultos reconocen que no saben dibujar y que no se acuerdan de las obras maestras que dibujaban cuando tenían cinco años.

El sentido moral

Alicia, de cuatro años y medio, rompe un tazón. Su abuelo la toma en brazos y la pequeña le dice despreocupada:
—No importa.
—Entonces ¿qué es lo que importa? —pregunta la abuela.
—No hacer daño a mi hermanita y no romper los libros.

La autoridad es territorial

En la experiencia diaria que comparten las tres generaciones, a veces los niños muestran un comportamiento muy hábil. Utilizan a los adultos buscando el punto en el que ellos opondrán. Y mientras tanto aprovechan para hacer lo que quieren.

Para contrarrestar esta actitud los padres pueden proponer a los abuelos una regla bien sencilla: «Cada cual es rey de su casa»; el pequeño tendrá que obedecer a los abuelos cuando esté en casa de estos y sus padres no intervendrán, en la medida de lo posible. Y viceversa. Los abuelos se abstendrán de pronunciar cualquier comentario cuando estén en casa de sus hijos.

Este pacto puede hacer más llevadera la vida familiar y resulta eficaz en el plano educativo, ya que invita a los niños a adaptarse a varios espacios. Asimismo hace que los adultos tomen conciencia de sus diferentes puntos de vista y los confronten. Este intercambio, que indudablemente debe producirse sin la presencia del niño, pone de relieve algunas tendencias y clarifica las posturas de cada uno con respecto del ejercicio de la autoridad.

Algunas de estas posturas aparecen con facilidad: los abuelos, por ejemplo, históricamente mantienen la autoridad sobre el niño ante la pareja de jóvenes adultos. Y pueden caer en el error de pensar que han vuelto a los viejos tiempos. Una abuela a la que todo le recuerda su «pequeño mundo» se arriesga a tratar a los adultos como si fueran niños. La variedad de intromisiones posibles es bastante amplia: «A comer. No olvidéis lavaros las manos» resulta algo infantil y puede dejarnos helados. «Ah, eso no. Te acabarás lo que tienes en el plato» ya deja entrever el conflicto a la vista. Es la práctica de una autoridad fastidiosa. Dirigida a un niño, la orden es terreno abonado para la discusión; a la nuera le resulta más intolerable si cabe cuando es la abuela la que se encarga de servir los platos. También aquí hará falta dialogar si se quiere respetar el pacto por el correcto uso de la autoridad.

Por tanto, hay que limitarse a ejercer la autoridad únicamente sobre los niños. Hay que distinguir bien entre lo que pertenece al reglamento interno de la casa de los abuelos y lo que es de precepto. El decir «no, esto nunca», no es tan fácil. Con todo, existe una regla de oro: en los grandes temas, son los padres los que ostentan la máxima autoridad. El abuelo siempre bendice la mesa antes de comer, mientras que uno de sus hijos es un agnóstico furibundo que se casó con una musulmana y no educan a sus hijos en ninguna religión. El abuelo tiene derecho a solicitar a la familia un poco de silencio durante la plegaria, pero no puede exigirle una participación activa. Sus hijos adultos ya no están sometidos a su control. Son simplemente invitados.

Los jóvenes adultos ya no se encuentran tan a gusto. A menudo muestran ambigüedades referentes a la autoridad paterna. Pueden expresar una actitud regresiva que, al tomar conciencia de la misma, les disguste tanto a sí mismos como al cónyuge. Los momentos de docilidad pueden alternar con fases de rebeldía. Esta alternancia suele apreciarse: cuando la abuela quiere arreglar el cuello de la camisa de su nieto... Los cónyuges suelen reírse ante estas divergencias, pero a veces el reír deja paso a la incredulidad en según qué temas.

La abuela y el McDonald's

Ella explica: –Mi hijo Marcos vive solo cerca de Granada, en una casa muy grande que quería para toda la familia antes de divorciarse. Está perdida entre las montañas, bastante aislada. Su ex mujer y su hijo, Fabián, viven en Sevilla. Cuando hay vacaciones, me llevo a Fabián a casa de su padre y, durante el día, mientras mi hijo trabaja, yo me ocupo del pequeño. Intento darle un poco de calor a la casa, «por eso me paso muchas horas en la cocina». Un día, había preparado caldo, pavo asado y pastel de manzana. Había abierto algunas puertas adrede para que el buen olor de la cocina sorprendiera a mi hijo cuando volviera a casa. Preparé la mesa y Fabián la decoró con unas flores que habíamos cogido durante la mañana.

Cuando Marcos entró, cogió por el brazo al pequeño y le preguntó: «A ver, Fabián, ¿qué prefieres, la pizzería o el McDonald's?». Yo me metí en la cocina, furiosa. Empecé a trajinar las cazuelas con gran ruido como hacen muchas mujeres cuando quieren expresar su cólera. Marcos vino a ver qué pasaba: «Pero ¿qué demonios pasa mamá?». Yo le respondí: «¿No tienes nariz tú? ¿No hueles la cocina? ¿No ves bien? La mesa está preparada». «Te pido perdón, mamá» replicó él. «Ven, le preguntaremos a Fabián qué prefiere». Por costumbre, yo siempre respeto la autoridad paterna. Pero aquello..., aquello era demasiado. Yo cogí a mi hijo por el brazo y le dije: «Para empezar, no le preguntes nada a Fabián. Después, cenaremos aquí en casa. Y cuando se vaya a dormir, ya hablaremos».

Fabián le mostró con entusiasmo las flores que había recogido. Durante la comida se lo pasaron la mar de bien. Su padre lo subió a acostar mientras yo ordenaba la cocina. Marcos bajó enseguida y me pidió disculpas por su comportamiento. Yo le contesté que no tenía por qué, ya que él había pensado una idea en el coche sin saber lo que habría pensado yo. Durante la noche, me comentó lo culpable que se sentía por no poder ocuparse de su hijo y que lo echaba mucho de menos. Yo pensé: «Si se vuelve a casar y le hace lo mismo a la abuela materna de Fabián, podría traer graves consecuencias. Pero no creí oportuno decírselo».

Esta abuela se encontraba en la tesitura de verse ama de casa ante la situación de su hijo. En cierto modo él le había delegado su poder territorial.

☐ Leyes y normas

Las leyes son principios importantes que no deben transgredirse. Está igual de prohibido tirar de los pelos a tu hermana que espiar a través del agujero de una cerradura, mentir o robar. Es la gravedad del hecho la que marca la diferencia. Pero todas estas conductas son reprobables, donde quiera que estemos.

Por el contrario, las normas cambian de un sitio a otro y nos remiten a un código vinculado a un lugar o a un adulto en concreto. Mamá no quiere que desayunemos solos. Y es ella la que nos sirve el chocolate caliente. En casa de la abuela nos lo podemos servir nosotros, si nos levantamos un poco tarde y no hay nadie más en la mesa. En su casa también podemos poner mermelada en las rebanadas de mantequilla. En casa, unas veces lo hace uno y otras otro. En cuestiones de educación es a la inversa. El abuelo pone cara de pocos amigos si nos olvidamos de abrazarlo por la mañana, mientras que papá no presta atención. Estas pequeñas diferencias favorecen el desarrollo del niño al mostrarle la relatividad de ciertas cosas. Pero es mejor que la mayoría de las prohibiciones coincidan, a fin de que el niño las reconozca y no tenga la sensación de que los adultos difieren.

☐ Cambiar el chip

Cada unidad familiar se cimienta sobre un buen nombre de reglas implícitas, comportamientos que hacen la vida más llevadera. El lugar que ocupan algunos objetos es inamovible al igual que puede ocurrir con el hábito de cenar a las nueve en punto. Precisamente es el cambio de estos hábitos lo que crea cierta sensación de exilio cuando uno está fuera de su hogar. Por este motivo a los abuelos les es más fácil ocuparse de sus nietos en su casa que si son ellos los que tienen que ir hasta la casa de sus hijos. Entonces, son los nietos los que hacen el esfuerzo de adaptarse. En su territorio, los abuelos se sienten cómodos y pueden organizar la vida colectiva. Cambiar de horarios y comer otra cosa puede constituir todo un acontecimiento. Una de las especialidades de las abuelas consiste en educar o reeducar el gusto de los pequeños: pescado al horno, pisto y judías verdes sustituirán al bistec con patatas y *ketchup*. Esta tarea en materia de hábitos alimentarios pertenece al ámbito asociado al poder territorial. (Un niño bien educado come todo lo que le ponen en el plato o, en todo caso, ¡eso debería hacer!). Las abuelas se preocupan por corregir los defectos de las dietas actuales, responsables de tantos casos de obesidad. Son las transmisoras del buen hacer familiar. De un tiro matan, no dos, sino tres pájaros. Desde que abandonan la cuna, los pequeños saben que las reglas no son las mismas para todos los hogares.

La pequeñaja y la reina

Mi abuela materna era americana, y yo pequeñaja. Era una abuela divina. Era viuda y yo creo que le servía un poco de consuelo. Me lo explicaba todo, lo compartía todo conmigo, seguía mi ritmo. Mis abuelos paternos no eran tan familiares. Eran cariñosos, por supuesto, pero no tan «solícitos», por decirlo así. Gracias a las dos ramas, aprendí los matices que distinguían «mi casa» de «la que no era mi casa». Un día, en casa de mi abuela americana, cuando yo tenía cinco años, abrí la puerta del lavabo. Ella estaba en la bañera y gritó: «¡No, no!» al tiempo que con los brazos se cubría los pechos... Yo me quedé de piedra: ¡si hubiera sido una pequeñaja me habría dicho de bañarme con ella! Esta imagen, junto con un soplo de aire frío en el corazón, era la que me venía a la mente cuando aprendí el significado de la palabra «pudor».

El abuelo me llamaba la «reina Ana», puesto que ese era mi nombre, pero ¿por qué reina? Gracias a él pude conocer la historia de Ana Bolena y supe que era bella como una reina. También fue él quien me explicó cómo se servían el vino y las bebidas alcohólicas; y dejaba a la gente boquiabierta al verme sujetar las copas en el aire, como hacen los camareros. Ahora, cuando sirvo una copa en la mesa, no puedo evitar acordarme de él. El abuelo murió muy joven. Fue a la abuela a quien aprendí a querer.

☐ Padres ausentes o presentes

El comportamiento del niño puede diferir mucho en función del entorno en el que evoluciona. Alguno puede resultar un tormento en clase y ser dulce como un corderito en casa. O a la inversa. Lo mismo ocurre en las estancias en casa de los abuelos cuando los padres no están presentes: los niños se comportan según los sentimientos que experimentan respecto de sus mayores y de la atmósfera que reine en la casa. Se dice en tono irónico que hay niños que son «buenos para ser exportados», porque fuera de casa se comportan de manera ejemplar. La ausencia de sus padres los hace perfectos, o casi.

Todo el mundo ha tenido ocasión de constatar el cambio de actitud de los niños cuando llegan sus padres. Además de su nerviosismo, también se aprecia el estado que Bettelheim denominaba el *vacío* (el baño y la cena, la educadora del día y la de la noche...), una situación que siempre generaba una cierta inquietud. Los abuelos que sólo se ocupaban de ellos se encuentran ahora monopolizados por sus propios hijos. Los nietos lo viven como un cierto abandono. Se sienten excluidos de la conversación en la que se habla de ellos como si no estuvieran allá, en medio de recuerdos del viaje. Y ellos intentan demostrar que existen. También cabe decir que, en este vacío, hay dudas acerca de la autoridad: los abuelos que la ejercían hasta entonces pueden querer eclipsar a los padres. En el territorio de los abuelos, los padres pueden tener tendencia a regresar a una posición infantil de sumisión a la autoridad paterna y no atreverse a asumir el control con la misma rapidez con la que lo harían en su casa. Ocurre que a los jóvenes padres no les suele gustar mucho que sus pequeños se acostumbren tan rápido y con tanta facilidad a las legumbres hervidas de la abuela. Y que, como reacción, cometan el error de sacar una bolsa de patatas chips sobre la que se abalanzarán los niños olvidando enseguida las legumbres.

Si los abuelos van regularmente al domicilio de los padres, no tendrán otro remedio que comportarse cual corteses invitados. Incluso en el caso de que hubieran reñido a sus nietos en su casa por un motivo u otro, en presencia de los padres, los abuelos deben permanecer impertérritos si los pequeños repiten la misma trastada. Si entonces los padres no hacen nada, los abuelos podrán lanzar una risotada socarrona, pero poco importará eso. Es evidente que cualquier intervención para aleccionar a los padres no será bienvenida. Pero ¡por ganas de hacerlo no será! Es difícil que un padre acepte la autoridad paterna de su propio hijo. Las discrepancias entre adultos delante de los pequeños son tan poco productivas como frecuentes. Pero que dos personas adultas discutan acerca de lo que podría ser una buena actitud sí que suele ser productivo. Cuando los adultos se ponen de acuerdo, los niños lo captan con rapidez. A diferencia de lo que podríamos pensar, el buen entendimiento entre los mayores, en lugar de contrariarlos, los tranquiliza.

☐ Saber decir que no

Los abuelos son por lo general benevolentes y buscan satisfacer a sus nietos de mil y una maneras. Ellos intentan aprovecharse para sacarles algo más, sobre todo aquello que sus padres no les permiten. Una política que a menudo adoptan los abuelos es someterse a todos los caprichos de sus nietos y comprarles cualquier tontería con tal de que estén contentos. Pero la espiral de peticiones nunca termina. El «no» no suscitará una aceptación inmediata. Algunos niños contrariados pueden manifestar su disgusto. Y entonces, ¿qué?

Abuelo, ¿verdad que no se lo explicarás a papá?

Están las pequeñas travesuras: derramar un vaso, pelearse con su hermana; después vienen las insolencias, que ya merecen una reprimenda o un castigo si se vuelven a repetir; y luego lo inadmisible: desobedecer deliberadamente, mentir y robar.

El abuelo se da cuenta de que le falta bastante dinero de su monedero. Aparte, su nieto Fran, de nueve años, un niño un poco difícil, presume de su nuevo juguete. El abuelo se queja delante de Fran de que le falta dinero y ve como el niño enrojece de rubor. Entonces le pregunta: «¿Eso que tienes ahí es un juguete nuevo?», Fran responde, con aplomo pero con la cara a punto de estallar, que lo traía consigo. El abuelo no le contesta, pero decide vigilar con cuidado su monedero y le dice a su mujer que haga lo mismo. Unos días después, la abuela echa en falta diez euros. Abrumado por las preguntas, Fran lo niega todo con rotundidad, colorado a más no poder, pero al final cede y termina confesando. Le sigue una gran reprimenda. Y lo encierran en su cuarto hasta nueva orden. Y el chaval responde: «De acuerdo, abuelo, pero no se lo cuentes a papá, ¿vale?». «No sé si tengo derecho. Me lo pensaré».

Si el abuelo denuncia el robo, es posible, aunque no es seguro, que su relación con el niño se empañe temporalmente. Por el contrario, reforzará la autoridad paterna.

Si se calla y castiga con más dureza de la que habría empleado el padre, gestionará a su manera un delito que se ha cometido en su territorio y no alterará su relación con el niño.

La única actitud inaceptable es la de callarse y contentarse con una simple regañina. Implicaría un cierto punto de connivencia y apoyo.

Cuando los abuelos hacen de padres

A veces ocurren tragedias, accidentes. Dos o tres huérfanos de corta edad: ¿quién se ocupará de ellos? Una madre soltera sin recursos: ¿qué puede hacer? Todas las miradas se dirigen a los abuelos que, de golpe, verán alterada su vida tranquila para tener que asumir una carga económica imprevista. Si los padres han fallecido, los abuelos que asuman el cuidado de los niños tendrán que responsabilizarse y procurarán no separar a los hermanos. Pero ¿acaso es sensato dejar a los niños al cuidado de una abuela a la que detestan si hay otra solución posible? La adaptación de los niños a otras reglas de vida será difícil por fuerza porque, al aceptarlas, tendrán la impresión de traicionar la memoria de sus padres. Mejor sería facilitar la transición hacia la nueva tutela consultándoles cuando tengan edad de razonar.

Por su parte, ¿pueden los abuelos desmarcarse del estilo educativo que emplearon veinticinco años atrás y tener en cuenta los hábitos de los niños de los que se harán cargo? El periodo de adaptación será más delicado cuando menor sea la intimidad de nietos y abuelos. La buena voluntad de unos y otros suele permitir que esta familia encuentre la armonía. Los abuelos se convierten en blanco privilegiado del amor epídico y de los procesos de identificación, lo que causa un cierto desorden generacional, que podrá atenuarse si los abuelos tienen la habilidad de recordar de vez en cuando a los padres de los niños y preguntarse en voz alta qué hubieran pensado o decidido en según qué situaciones. Si reconocen su condición de «padres sustitutos», tendrán todas las de ganar. A veces también ocurre que una abuela sola tiene que ocuparse de huérfanos (no es tan habitual que lo haga un abuelo). Estos casos requieren todavía más habilidad y equilibrio.

Una madre joven con problemas, sola con su hijo, acepta sin dudarlo la ayuda de sus padres. Además, en la mayoría de las veces, ejercerá otra ocupación, ya sean estudios o trabajo, y tendrá necesidad de salir. Entonces será su madre la que asuma parte de la función materna. Las relaciones entre las «dos madres» del niño entrarán en una nueva fase, puesto que ambas tendrán que colaborar en pos de la educación del pequeño. Si son conflictivas, la joven madre podría reprochar a su progenitora que le coarta toda iniciativa. Y a la inversa: podría estar muy contenta de confiarle a su niño, mientras ella vuelve a disfrutar de su libertad. En estas circunstancias, el abuelo ejerce la función de padre, a menudo con mucha autoridad después de varias protestas iniciales. ¿Cómo lo percibe el niño? También él se enfrenta a un desorden genealógico, sus abuelos maternos son al mismo tiempo sus padres. Es la situación que Jean-Paul Sartre describía en *Las palabras*. Él se preguntaba si su madre era en realidad su madre o si más bien era su hermana. Sobre esta cuestión dijo que no reprodujo el conflicto de Edipo en su obra, y que la relación entre hermano y hermana estaba cargada de ternura y deseo.

Criado por su madre y sus abuelos maternos, el niño se ve simbólicamente privado de su línea paterna, tanto si el padre ha desaparecido para siempre como si la madre no quiere volver a oír hablar de él. El niño tiene entonces dos madres y un abuelo que le hace de padre. Este último, si no tiene ningún otro nieto varón, se sentirá orgulloso de saber que no se perderá su apellido y a menudo se olvidará de recordar a su nieto que él no es su verdadero padre: en estos casos el niño adolece de un desconocimiento peligroso que puede conducirle a imaginar que es el fruto de una relación incestuosa entre padre e hija.

A raíz de un divorcio, los padres colocan a sus hijos en casa de algún abuelo y se van distanciando poco a poco. Esta situación lamentable tiene difícil solución. Los abuelos carecen del poder legal y están desprovistos de la ayuda de los padres, mientras estos últimos a lo mejor se gastan en sí mismos las pensiones de alimentación. Los niños terminan hartos de reclamar la presencia de sus padres que no vienen nunca, y son infelices y a menudo tienen un carácter difícil. Se niegan a pensar que, de hecho, sus padres los han abandonado. Sin entrar en los motivos de la ausencia de los padres, los abuelos tienen el deber moral constante de mantener o restablecer en el espíritu de los niños el valor de la imagen paterna. No cuesta mucho imaginar lo complicada que puede resultar esta tarea si los padres son los responsables de algún hecho grave que haya minado su imagen a ojos de los abuelos. ¡Da igual! Los niños tienen que respetar a sus padres.

Si los abuelos o los tíos y tías pueden cuidar al niño y hacerse cargo de la situación, este contará con una familia y con los puntos de apoyo que le permitirán seguir con su desarrollo. Si no, habría que confiar al niño a un internado o a una familia de acogida. En ese caso, tendría que recurrir a todos sus conocimientos anteriores para, en palabras de Boris Cyrulnik, «tejer su resistencia» y construirse una vida.

Vida común y compartida

☐ Vivir juntos

Los abuelos a veces sustituyen a los padres durante unos días o unas semanas cuando estos se tienen que ausentar de casa, aunque lo normal suele ser lo contrario: los nietos se adaptan a otro espacio y a otras reglas. El niño vendrá solo o con un amigo. Las dos soluciones presentan sus ventajas. A lo mejor, un niño solo puede aburrirse, mientras que si son dos siempre pueden jugar juntos y a los abuelos les basta vigilarlos de lejos. Un remanso de tranquilidad para ellos, pero también de frustración si esperaban disfrutar en exclusiva de su nieto. El niño solo, ciertamente, está encantado de que se ocupen de él y suele exigir realizar muchas actividades compartidas.

Si los abuelos llevan una vida muy distinta de la de sus padres, los pequeños podrán beneficiarse de toda una serie de descubrimientos. Los niños de pueblo podrán conocer los recursos culturales de la gran ciudad: teatros, circos, museos, zoológicos. Los pequeños urbanitas aprovecharán los tesoros del campo, como hasta las carreras de caracoles en días de lluvia. También aprenderán a recoger rábanos y disfrutarán del placer de comérselos si sus vacaciones se lo permiten. Ver crecer las verduras, recogerlas para la cena de la noche o ver alumbrar a un gatito son importantes lecciones de la vida.

La observación revela el tiempo al que fluye la naturaleza: hay que tener paciencia entre la siembra y la cosecha, o entre el nacimiento y el destete. Nada puede evitar estas esperas que enseñan al niño que no se puede tener todo enseguida y que hay que saber tomarse un tiempo para saborear el deseo. Sobre esta cuestión tan importante —la relación con el tiempo—, los abuelos de ciudad no son menos que sus homólogos del campo. Vagar sin rumbo fijo por diferentes barrios, mirar a nuestro alrededor, sentir el pulso de una ciudad y escuchar sus ruidos también resulta interesante si decidimos tomarnos un tiempo para hacerlo.

Los abuelos tienen que estar dispuestos a trasmitir estos conocimientos y saberlos disfrutar. De cualquier manera, verlos vivir a un ritmo distinto, reencontrarse con sus amigos, compartir sus menús (necesariamente diferentes), dan al niño la oportunidad de comprender que más allá de él y de su nido familiar existe todo un mundo. Como explicaba un abuelo no muy mayor: «Cuando Flora me pregunta sobre mi infancia, cuando me pide cómo era nuestra casa cuando yo era pequeño, si mis abuelos también hablaban castellano y cómo era todo cuando ellos eran niños... y cuando me pregunta si conocimos a Cervantes, el señor que escribió el Quijote, veo como en su interior se alumbra el inicio del concepto de Historia».

Por norma general, el niño se presenta en casa de los abuelos con su muñeco y su juguete preferidos. Son objetos que le dan seguridad cuando se encuentra fuera de su entorno habitual. Así que pondremos todos sus enseres encima de la cama en la que tenga que dormir. De esta manera, puede tomar posesión del espacio de sus abuelos para sentirse como en su casa. Además, y con suma facilidad, lo nuevo se convierte en familiar y descubre o redescubre los juguetes que hay en casa de la abuela para él, y a lo mejor también para sus hermanos, hermanas y primos. Así puede llegar a entender que cabe la posibilidad de disfrutar de algo sin poseerlo, jugar y dejar que también otros puedan jugar. A la hora de irse, seguramente tendrá problemas para desprenderse de un juguete determinado, que será su preferido. Los adultos tienen que explicarle que lo volverá a encontrar cuando vuelva otra vez. Con esta actitud aprenderá que, en la vida en sociedad, a veces nos toca renunciar a algunas cosas. Hace falta dejar una cosa para encontrarla de nuevo. Si un niño va regularmente a casa de los abuelos con su juguete preferido y con el mejor amigo de turno, lleva puesta su escafandra de seguridad. No sufrirá ningún «riesgo», pero se perderá muchos descubrimientos.

□ El hijo único

Puede llevar muy mal el hecho de verse privado de su madre y llorar todas las noches cuando llegue la hora de irse a dormir en casa de sus abuelos. También otros niños pueden reaccionar igual, aunque suele ser más raro que se comporten de malas maneras ante la ausencia de la madre. Unos y otros generalmente encuentran el cariño suficiente de la abuela y terminan adaptándose a esta nueva vida. Por contra, algunos hijos únicos, muy protegidos, casi asfixiados por su madre, disfrutan al encontrar un resquicio de autonomía, de libertad, en casa de los abuelos. Y a la mañana siguiente la madre descubre, contrariada, que no derramó ninguna lágrima. Otra ventaja para los abuelos cuando se trata de hijos únicos es que pueden cuidar de él y al mismo tiempo de sus otros nietos. Tener unos cuantos primos puede suplir la ausencia de hermanos en los niños mimados, «egocéntricos», y ayudarles a compartir. Una experiencia fundamental en sus relaciones futuras, tanto afectivas como laborales.

□ Los primos

La presencia de juguetes puede hacer que, además, otros niños vayan a jugar a casa de los abuelos: los primos. Jugar con ellos supone una gran alegría. Son unos amigos distintos de los compañeros de clase. Nunca los perderemos de vista porque son «de la familia». El primo no es un compañero: es un familiar que no forma parte del día a día. El niño pequeño sabe que un primo no es como un hermano. De hecho, no tienen los mismos padres. Tienen unos abuelos en común pero no tienen por qué llamarlos del mismo modo. Sin embargo, son la misma persona la que mi primo Alfredo llama «abuela» y yo «yaya». Los primos tienen otros recuerdos que difieren un poco. En resumen, son otras piezas del mismo puzzle. Esta relación es tan privilegiada que en las modernas familias reestructuradas se suele llamar «primos» a los niños a los que no une ningún vínculo de sangre, pero que comparten abuelos, uno de los cuales es político (segundo marido o tercera esposa). Cualquiera que sea, el propósito de los mayores al invitar a su casa a estos primos, naturales o no, es el deseo de verles tejer sólidos lazos que se prolongarán y fomentarán su apego al hogar familiar y a los propios abuelos.

Estos lazos sólidos no excluyen berrinches ni discusiones. Y los abuelos se preguntarán: ¿No son hermanos, primos o hermano y hermana? ¿Y se pelean? Peor aún, tiene toda la pinta de que no se soportan. ¿Cómo es posible? Porque yo los quiero a todos por igual, tanto a unos como a otros.

Si la tensión entre los niños no cesa, los abuelos se enfrentarán a esta espinosa cuestión. Una situación así es lamentable y genera inquietud: existe el temor que «todo esto acabe causando daños», psicológicos pero también físicos; nos lamentamos de aquel golpe con mala baba, del niño gravemente herido, aunque no fuera a propósito. ¿Y cómo podemos evaluar si el «yo te odio» significa realmente alguna cosa? La aversión entre dos hermanos —que puede incluso llevar a un caso de fraticidio— siempre ha estado presente en la humanidad y ha servido de inspiración de innumerables relatos legendarios.

La tolerancia de este tipo de situación difiere según los casos: habrá personas que conservarán recuerdos dolorosos de conflictos de graves consecuencias; otras formarán parte de una turbulenta caterva de hermanos en los que la agresividad se percibirá como algo normal, y no conservarán ningún tipo de emoción al respecto. La gestión de estos conflictos que hagan los abuelos irá en función, sobre todo, de su percepción del problema: un grave peligro para la buena armonía de la familia o un incidente totalmente banal.

A veces, también ocurre que las peleas entre hermanos responden más a un deseo de agredir a los padres que a una verdadera rivalidad fraterna. En estos casos, el buen entendimiento volverá cuando los padres se den por aludidos y pongan solución. Los abuelos, en principio, no tienen que ser objeto de estas disputas como pretexto de rivalidad. En cambio, las que se dan en su presencia sí que suelen ser más reveladoras de un conflicto real. Entre primos, los enfrentamientos pueden reflejar los antagonismos y odios o celos que dividen a los propios hermanos padres de los pequeños.

☐ **Los regalos**

A menudo los abuelos tienen necesidad de mimar a sus nietos y regalarles algo que les guste. ¿Hasta qué punto habrá que ceder ante estos deseos? Los regalos son, por definición, ambiguos. Quien hace el regalo disfruta al ver el placer de la persona que recibe el obsequio: la verdadera satisfacción del narcisismo. Entonces ¿tenemos que renunciar a este placer? Los regalos tienen sentido en una fiesta, también son una expresión de amor. Pero algunos utilizan los regalos, no para satisfacer o recompensar a la otra persona, sino para alcanzar el amor, el silencio o la sumisión del obsequiado. Estos regalos viciados no tienen sentido en la relación entre un niño y un abuelo: más vale pasar el tiempo juntos jugando o hablando para establecer una experiencia cargada de amor. De hecho, cuando llegamos a casa, ¿el niño nos mira a los ojos antes de saltarnos al cuello o inspecciona con avidez las manos? El regalo, y en especial el exceso de regalos, pueden causar tensiones en la relación. ¿Acaso ser un buen abuelo o una buena abuela no consiste realmente en congeniar educación y cariño?

7

Con delicadeza y sabiendo transmitir

Existen múltiples ideas y teorías que circulan entre el público acerca de la educación de los niños. Del papel de los abuelos, en cambio, no hay tanta variedad. Con todo, e independientemente de si ven a sus nietos ocasionalmente o con cierta regularidad, su influencia es notable. Tal como hemos visto tienen que desempeñar una serie de acciones educativas. Por otra parte, ejercen una función importante en la transmisión de recuerdos y valores morales, aunque el límite entre estos dos aspectos suele ser muy difuso.

De la educación a la transmisión

Si analizamos la etimología, «educar» a un niño consiste en sacarlo «fuera» del estado infantil, impulsarlo —¡o incluso arrastrarlo!— hacia un estado adulto. El verbo denota una intención de dinamismo. Transmitir consiste en comunicar una cosa determinada —objeto, mensaje u orden— de una persona a otra que, a su vez, es susceptible de continuar la cadena.

La educación pretende hacer salir al bebé del estado primitivo para que se adapte a las exigencias de la sociedad y que en el futuro se convierta en un adulto autónomo. Genera una tensión en el niño que debe aprender a «gestionar», primero con sus pulsiones primarias, después con las manifestaciones de su carácter y con lo que la sociedad espera de él. Su libertad final, su equilibrio y sus posibilidades de realización personal dependerán de su habilidad y de la seguridad con las que el niño negocie las relaciones entre estas fuerzas y de cómo ejerza sus decisiones. La transmisión también tiene como objetivo civilizar al niño, introducirlo en una determinada sociedad humana. Los «guardianes de la transmisión» le propondrán las preferencias, hábitos, objetos simbólicos, creencias, valores o las maneras de pensar propias de su familia.

Se puede apreciar que entre las dos acciones pueden existir contradicciones, conflictos de intereses... La educación de un niño lo proyecta hacia el futuro, lo individualiza: la transmisión le traslada una deuda de un pasado, lo convierte en heredero, le asigna un lugar dentro de un grupo. Es cierto que algunas educaciones tradicionalistas procuran retener al niño en el pasado y que también se puede transmitir al niño el gusto por la innovación, signo distintivo de la familia.

Esta tensión da vida al vínculo entre la pertenencia al pasado y la invención del presente. Es comparable a la oposición entre el geotropismo de la raíz y la pulsión del árbol hacia el cielo. Del mismo modo, los adultos más emprendedores experimentan la necesidad de tener unos referentes a través de la familia y amigos, una seguridad que a veces es indispensable para que alcancen su dinamismo inherente. ¿El trato correcto no sería entonces el esfuerzo de todos los adultos del entorno próximo del niño para darle al mismo tiempo un impulso educativo y la seguridad de pertenecer a un grupo familiar?

☐ **El trato correcto: una actitud y un intercambio de emociones**

Algunos comportamientos de los abuelos no forman parte de lo que propiamente consideraríamos la función educativa y más bien nos remiten al trato correcto que favorece el desarrollo del niño y contribuye a que se beneficie más, si cabe, de las aportaciones de su entorno. Los gestos maternos, dulces y envolventes de manera natural, permiten que el pequeño se sienta seguro. No hace falta aprenderlos de las abuelas, aunque algunos hombres encuentran algunas dificultades a la hora de tener a un bebé en brazos. Basta con sostenerle la cabeza y estirar el brazo en el que esté acurrucado, esto les relajará. Si lo manipulamos como si fuera un objeto, se contrae y pierde confianza. Estas sensaciones de calma y bienestar del pequeño son una buena base para que pueda convertirse rápidamente en un niño autónomo. No obstante, el pequeño tiene miedo al vacío y teme caerse. Unos movimientos apropiados le infundirán sosiego, en cambio otros lo atemorizarán y pondrán en duda su confianza en el entorno.

También hay que saber que el recién nacido se preocupa si pasa mucho tiempo solo. En el útero, podía jugar con sus manos, con su sexo, con el cordón umbilical, con la placenta... Al perder la libertad motriz asociada a su anterior medio líquido, durante las primeras semanas es incapaz de juntar sus manos, en lo que Geneviève Haag denomina el «autoagarramiento». Cuando está despierto y no oye ningún ruido, nadie lo viene a ver, no tiene otra cosa que hacer que contemplar un entorno inmóvil. Un niño pequeño disfruta al estar en compañía, que le hablen y que le manifestemos nuestra presencia mediante movimientos, palabras o canciones. Además, también podemos apreciar que, a diferencia de lo que ocurre con los niños occidentales, los de origen africano nunca están solos. Su madre o la hermana mayor se lo cargan a sus espaldas. De este modo, y salvo que se duerma, el bebé participa en todas las actividades de la persona que lo lleva a cuestas. No basta con satisfacer las necesidades alimentarias del pequeño. Además hay que atender sus reclamaciones en tanto que persona y, en especial, su deseo de contacto físico.

Estas interacciones muy precoces entre el adulto y el bebé le sirven de estímulo, le permiten interesarse con mayor rapidez por su entorno. Hay quien piensa que hablar a un niño pequeño, explicarle historias o lo que nos venga en gana viene a ser como hablar solo. Pero es falso. De hecho, no es por placer que el niño se pone a prueba cuando escucha. Sabemos que un niño aislado del que sólo nos ocupemos para satisfacerle sus necesidades mínimas corre el riesgo de desarrollar una personalidad psicótica. Y efectivamente le llevará más tiempo establecer vínculos con la demás gente.

Más adelante, los abuelos pueden ayudar a un niño a superar un trauma. El pequeño llora cuando se ha hecho daño o tiene miedo; y hace una rabieta cuando no entiende por qué lo han regañado. Si permanece aislado en su angustia y sólo puede expresarse llorando en un rincón, no podrá superar su dolor como debería al ayudarle a comprenderlo y a vehicularlo. Y el recuerdo de esta angustia se enquista en la memoria; y no lo relaciona con ninguna otra experiencia que le facilitara su comprensión y, por consiguiente, su superación. Es un cuerpo extraño. En cambio, si lo tomamos en brazos para que nos cuente sus miedos, el niño podrá incorporar varias experiencias a su dolor. Y el trauma se *interioriza*: el niño puede reflexionar y compararlo con otros acontecimientos de su vida, lo que le permitirá evolucionar y conocerse mejor. El contacto físico también es muy importante cuando el niño es muy pequeño y sus facultades de comunicación y comprensión son extremadamente limitadas. Refugiarse en el regazo de la abuela o en el sonido de su voz le aporta un consuelo al que él dotará de significado si todavía es incapaz de comprender el lenguaje. Si no cabe esta solución, el niño buscará un contacto cálido y dulce; se acurrucará debajo de las patas de su perro o junto al gato, en un intento por hallar un poco de alivio.

El niño pequeño que habla con fluidez, si le autorizan a hacerlo y le dan pie para ello, expresará su angustia, rabia y mal humor. Nicole Fabre[9] afirma que cualquier adulto que quiera dedicarle tiempo puede ayudarlo si accede a oír este sentimiento y lamento, es decir, si es capaz de aceptarlos sin «jerarquía»; el niño pone en el mismo plano todos sus objetos de duelo, de cólera o de resentimiento: una riña con su amigo, la muerte del hámster, la del abuelo, una mala nota en matemáticas y el tremendo enfado de papá. Sólo podemos ayudarlo si reconocemos este sufrimiento —con independencia de la causa que lo motive— y le permitimos que lo vehicule dejando que sea él mismo quien busque las palabras para expresarlo. Compartir, acompañarlo en su dolor o rabia, son los primeros actos que harán que comprenda lo que le sucede, que reflexione sobre lo ocurrido, de perfilar su percepción de los acontecimientos; en definitiva, de aprender a marcar distancias con la situación traumática... Sólo entonces podrá empezar a ser capaz de aceptar, paulatinamente, el discurso educativo: algunas razones de su tristeza son menos «graves» que otras, tal vez sería conveniente preguntarse acerca de la responsabilidad de cada uno en la discusión, en la reprimenda... Según Nicole Fabre, cualquier adulto atento —y es entonces cuando pensamos en los

---

9. *La vérité sort de la bouche des enfants* (De la boca de los niños sale la verdad).

abuelos— puede asumir la tarea del «terapeuta», o mejor dicho, la primera fase de la labor del terapeuta.

El niño también es muy proclive a prestar atención a las emociones de sus padres y abuelos. Si les ve llorar sin comprender él motivo, su imaginación se pondrá en marcha y puede inventarse una fantasía que lo explique, teñida de culpabilidad: «Yo soy el centro de su universo; si tienen tanta pena sólo puede ser por mi culpa». Esta culpabilidad podría poner en jaque a su inteligencia y capacidad de atención. Pero no dirá nada, aunque sea consciente de ello. También puede vivir este dolor de los adultos, incomprensible a su entender, como un tabú, un secreto inconfesable que arroja un velo de tristeza en su vida. Nicole Fabre explica la historia de un niño que veía como cada año su tristeza iba en aumento: «Te das cuenta, tengo seis años, y estoy triste...». Sentía una pena inconfesable, por lo que había que ayudarle, mediante una terapia prolongada, a encontrar la causa. Si los adultos son capaces de verbalizar su emoción, un comentario puede bastar para satisfacer la curiosidad del pequeño.

El regreso

La analista se acuerda de que cuando el Congo belga obtuvo la independencia ella sólo tenía doce años. Sentada en una mesa, hojeando un viejo periódico en el que salen tres fotos de aquel lejano conflicto, le viene a la memoria la imagen de ella misma.

En la primera, una multitud apagada, contenida detrás de unas vallas metálicas, contempla a los camilleros mientras atienden a heridos y moribundos, cada uno intentando reconocer a sus allegados. En primer plano, dos mujeres: una, bajita, de edad avanzada y bastante gorda, con las dos manos en el corazón; la otra, una chica joven, rubia, alta y delgada luce una expresión de profunda tristeza en el rostro que apenas puede disimular unas enormes gafas de sol.

La segunda fotografía es conmovedora: la mujer gorda reconoce a un niño que está en una de las camillas. Ella saca los brazos por encima de las vallas, casi parece como si su cuerpo tuviera que precipitarse hacia delante, grita, con una expresión desorbitada en sus ojos. La chica rubia simplemente ha girado la cara, impávida; ella la observa.

La tercera imagen: sacan a un niño por encima de las vallas. Su abuela lo ha cogido y lo aprieta contra su cuerpo convulsivamente. Su rostro expresa una cierta sensación de pánico. Todavía no es consciente de su felicidad. La multitud a su lado grita, aplaude, ríe y la abraza. La chica rubia no se ha movido. Con la punta de los dedos se toca la sien y se ajusta las gafas de sol.

La analista se ve envuelta en lágrimas, sollozando hasta la extenuación. Después se acuerda de que su abuela, apoyándose en su hombro, le dijo en otro tono de voz: «Ves, a esta mujer de aquí sí que le volvió». La niña sabía que, en el momento en que tuvieron lugar los acontecimientos del Congo belga, su abuela había estado esperando, en 1945, todos los días delante del hotel Lutecia, en París, a que regresara su hermano deportado o ¿tal vez lo colgaron tres años antes en Mauthausen? «Ves, a esta mujer de aquí sí que le volvió», y ahora al mirar estas fotografías ella siente exactamente el mismo dolor que experimentó su abuela. También añade que el torrente que la ha asaltado y la sumerge cuando ella evoca esta escena es la expresión de la pena insatisfecha y de la infelicidad transmitida. ¿Tal vez la presencia de su abuela que miraba las fotos detrás suyo hizo que las imágenes cobraran un significado inolvidable, una fuerza indestructible? ¿Tal vez se trata de un reencuentro fortuito, una comunión improvisada de una emoción portadora de vivencias y aspectos inconfesables?

La analista piensa que, gracias a su abuela y al mensaje que le transmitieron las fotografías, ella, que hasta entonces había vivido una confortable existencia en un país seguro, en un continente pacífico, sabe que el monstruo preparado para devorarnos no está tan lejos, que todos los días asalta a alguien, incluso ahora en este mismo instante, y que la libertad de ser feliz es impagable.

☐ Abrir el espíritu de los niños

Las alabanzas revisten una gran utilidad. Cuando el niño se deja admirar por lo que ha conseguido hacer él solo (aunque le hayan ayudado un poquito), los piropos y los ánimos estimularán la siguiente tentativa. Más incluso que los padres, los abuelos pueden trasmitirle su orgullo y entusiasmo ante sus proezas. Estas muestras de apoyo potenciarán el deseo del niño de saber hacer las cosas solo, es decir, de ser más autónomo. El reconocimiento de sus méritos por parte de los adultos le permite aumentar su autoestima y la confianza en sí mismo.

El amor, la benevolencia, la disposición a dialogar con los demás, le facilitarán muchas otras formas de útiles aprendizajes para la vida social. Si el entorno percibe al niño como un individuo de pies a cabeza, este encontrará normal aceptar las funciones de su entorno. Y de este modo comprenderá algunas normas de educación o conductas de la vida corriente, como saber comportarse en la mesa. Al someterse, el niño actúa «como los mayores», y al hacerlo disfruta.

Los abuelos, al multiplicar los signos de benevolencia, deben ser conscientes de que les pueden acusar de perder el sentido común por culpa del bebé. ¿Es grave? No, ya que estas expresiones de amor aumentan la felicidad del niño. Al reconocerlo como otra persona, él tiene confianza en sí mismo. Si tenemos en cuenta sus razonamientos, descubrirá además el placer de reflexionar. Al acceder a dialogar con el niño, se da cuenta de que necesitamos a los demás para razonar.

Paralelamente, los abuelos pueden ejercer una influencia mayor cuando llega el momento de escolarizar a su nieto. Existe la creencia —corroborada por las estadísticas— que el éxito escolar depende en gran medida de la herencia social que recibe el niño. Esta afirmación debe ser matizada: los niños de origen más desfavorecido pueden tener igualmente éxito en sus estudios tanto como en su vida, si su entorno potencia su despertar intelectual. Un abuelo que hable de «lo que sabe» o ha visto, que lo incluye en sus observaciones, infiere curiosidad en el espíritu de su nieto y le abre las puertas del éxito, aunque nada en su discurso corrobore lo que el nieto aprende en la escuela. Se trata de un «universo distinto» del de la escuela, pero poco importa: esto enseñará al niño que existe todo un mundo que está vinculado a las palabras de las personas que él quiere y que lo quieren. Y su curiosidad le concederá la posibilidad de acceder a este universo y también al conocimiento intelectual: el camino es el mismo. El abuelo que «explica su batallita» transforma la fría Historia de los libros hasta el punto que podemos apreciar su «calidez». Por medio de las palabras y de narraciones llenas de emoción, podemos suscitar el interés del niño por aprender más cosas y evitar la tentación de despreciar estos conocimientos en beneficio del «placer de vivir».

La formación en el ejercicio de reflexionar está ligada a la transmisión de contenidos y mensajes que potencien la reflexión. Aquí podemos constatar la dificultad que entraña disociar educación y transmisión. Son dos caminos que en la práctica están íntimamente relacionados. Si enseño a mi nieta a coger la cuchara «como es debido», la estoy educando en aras de la autonomía, la limpieza y la vida social, puesto que le transmito un acción. Nadie me reprochará esta iniciativa pedagógica. Pero al mismo tiempo también le transmito un principio de los hábitos de conducta en la mesa a los que mi familia siempre ha concedido una importancia mayor que otras familias. Si años después mi nieta me pide un libro, mi elección no será neutra ni estará desprovista de contenido educativo, por no decir ideología.

La transmisión

☐ Libertad y alienación

La educación ideal prepara al niño para encontrar su espacio en la que será la sociedad del futuro. La transmisión le inculca el respeto de los valores del pasado y de la tradición. Es por eso que, llevada al extremo, puede llegar a ser antieducativa y alienadora. «No andes descalzo, que podrías tener un ataque de asma» revela una «creencia» familiar, tal vez contrastada por algunos miembros de la tribu, asmáticos y sensibles al frío. Tantas veces se lo han repetido que le han condicionado hasta el extremo de «sufrir una crisis» cuando alguien va descalzo. En esta familia, el frío siempre ha sido considerado el causante del asma; se ha convertido en un dogma. Cuando un nuevo personaje, un extraño, se integra en la familia (un yerno, por ejemplo) y se enfrenta a esta mera transmisión, podrá manifestar una actitud crítica ante lo que él considerará como una superstición decididamente oscurantista.

La selectividad

Mis abuelos tenían dos hijos, mi madre y mi tío, quien, a su vez, tuvo tres hijos. De pequeños, a menudo oíamos que nuestro abuelo decía: «Cuando una persona es inteligente, no necesita hacer la selectividad para triunfar en la vida». Él había hecho fortuna en el comercio teniendo como único bagaje escolar el certificado de primaria. Dentro de la familia, ejercía un papel dominante, más incluso si tenemos en cuenta que nuestros padres evocaban a menudo la autoridad de nuestros abuelos a pesar de que no solíamos verlos mucho.

Mi primo mayor, un alumno muy brillante, un mes antes de la selectividad decide no presentarse. ¡Nadie se opone a su decisión! Los otros primos dejarán de estudiar al terminar la ESO.

Yo, por mi parte, al regresar a casa después del primer día de exámenes, derrapé con la moto en una curva sin motivo aparente y me tocó hacer los últimos exámenes con muletas. Tal vez era el precio que tenía que pagar por querer finalizar mis estudios.

El apego extremo a determinadas ideas o creencias transmitidas, como a los bienes materiales, puede resultar muy nocivo en según qué casos. Por ejemplo, si la fidelidad a esta herencia anula el debate interior cuando hay que tomar una decisión importante. Algunas personas llegan a morir por defender ideas que ni tan siquiera se han tomado la molestia de analizar por lealtad a sus antepasados. Son esas personas que han permanecido acollados en sus casas por no quitar los muebles de la familia, que se encuentran encadenadas al pasado de su clan.

Puede darse el caso que el abuelo de una familia resulte nocivo por el contenido de sus enseñanzas en el plano moral, intelectual o incluso material. Por esa misma razón los padres protegerán a sus hijos contra esta patología mental.

☐ **La transmisión de valores y recuerdos**

No obstante, es totalmente legítimo que los abuelos que quieren a su nieto deseen también transmitirle alguna cosa de ellos mismos, de su familia y de los valores a los que están vinculados. Sucede con el nieto al que ya de muy pequeño quieren enseñarle la canción que ellos cantaban de niños. Y también cuando quieren hacerle partícipe de su amor por las flores, la belleza, el arte...

Muchas veces los abuelos son la memoria del último eslabón visible de la cadena generacional. Saben decirte quién es el personaje que aparece en una foto antigua y, aprovechando la situación, tal vez expliquen su historia, hablen de la familia de esa persona y recuerden el nombre del perro. Sólo quedan ellos para recordar los episodios más interesantes de la vida de sus padres y abuelos, y las historias aún más antiguas de sus antepasados. A veces cuesta ubicarlas, con todos esos nombres olvidados pero que suenan muy vivos en sus bocas. Se acuerdan de tal historia que vivieron ellos mismos o de aquella otra que oyeron explicar; y esa historia que para ellos resulta «cálida» se transmite de viva voz a todos los que la escuchan. La generación siguiente la percibirá con mayor frialdad y puede que la olviden. Hasta que una bisnieta descubra en un baúl del desván una carta escrita procedente de Londres, y pregunte a la bisabuela y resucite la memoria de un joven que falleció cuando tenía veinticinco años y que permanecía en el olvido. Además, los abuelos han sido testigos de grandes avances tecnológicos y de sus repercusiones en la vida cotidiana. Y pueden asombrar a sus nietos al recordarles que antes la gente no escuchaba música con auriculares. En cuanto a las recetas del pastel de cerezas y del estofado de rabo de toro, estas son de la tatarabuela.

Esta colección de recuerdos, hábitos y gustos que son compartidos por varias personas les otorga la pertenencia a la familia. Gaulejac relata la sorpresa que le produjo a un hombre su visita a la casa de un tío al que nunca había visto. Reconoció las fotos en las paredes, las butacas, iguales que una que tenía él, y un retrato que hace tiempo había visto antes en casa de la abuela. De repente se sintió muy próximo a su tío: era de la familia. En su casa, a pesar de todo, podía sentir los vínculos sin conocer de nada a esa persona.

Los hábitos alimenticios forman parte de los aspectos que son más fáciles de transmitir. Hay familias que no prueban el pescado; en otras, los menús son muy monótonos. También las hay que, a la inversa, disfrutan comiendo variado. Los rituales alimenticios de las familias también difieren en cuanto a la cantidad. Así, es posible ver por la calle una familia en la que todos, abuelos, padres e hijos, rivalizan en cuanto a obesidad. Del mismo modo que habrá otra en la que todos estén extremadamente delgados. Como si, en la constitución de las parejas, la afinidad en materia de hábitos alimenticios fuera un factor de elección.

Sobre esta cuestión, como en muchas otras, al haber dos familias por cada rama de abuelos cuyos hábitos suelen diferenciarse mucho, cada uno está obligado a elegir, a acercarse a una de las familias para alejarse de la otra y, por consiguiente, traicionarla. Cuando fallece un anciano, no lloramos sólo a la persona, sino también todo el pasado que él se lleva y del que sabemos que gran parte ha quedado por descubrir. «Nunca me atreví a hacerle esa pregunta que periódicamente me remordía la conciencia. Ahora es demasiado tarde». Estas situaciones se dan en todas partes. Lépopold Sédar Senghor decía: «La muerte de un viejo es como una biblioteca en llamas». Por otra parte, la cultura familiar se transmite mayoritariamente por tradición oral.

Por tanto, más vale resistir la tentación de querer suprimir la distancia que impone la diferencia de edad y desmarcarse un poco de los nietos en cuanto a lo de querer parecerse a ellos: de lo contrario podría pasar que al final seamos incapaces de transmitirles gran cosa. Tenemos que compartir con ellos lo cotidiano; o no les podremos servir de raíz. Los adultos no se merecen el respeto por su altura o por su calvicie ni por sus enfermedades de viejos. Desde los primeros años de la infancia hasta la adolescencia, los jóvenes tienen necesidad de amor, de cariño y, a partir de allí, necesitan tener ante sí adultos dignos de ejercer de modelos de identificación por sus cualidades, por la veracidad de sus palabras y por los recuerdos del pasado. De este modo, el amor, la confianza y el respecto mutuo podrán reproducirse hasta el límite que fije el destino.

☐ **Mis ejemplos se transmiten**

El deseo de transmisión de los abuelos está ligado tanto al cariño que profesan por sus nietos como al deseo de sobrevivir en el espíritu de los jóvenes en su condición de representantes de la tradición familiar. En el transcurso de sus vidas, también ellos han tenido que superar dificultades y han sabido forjarse una personalidad que les ha ayudado a vencer las tentaciones. Y quieren transmitirles su fuerza de carácter. Por su parte, los niños se identifican con el padre o con otro adulto del mismo sexo y disfrutan imitándolo, ya sea a modo de juego o para conseguir su estima. Es así como aceptan las prohibiciones. Es el principio del desarrollo de lo que Freud denominó el *superego*. Hay que recalcar la importancia del cariño, del amor que intercambian el adulto y el niño y que permite a este último interiorizar las obligaciones en lugar de vivirlas como si se tratara de heridas de un narcisismo destructor. El *superego* se opone a las pulsiones, a los deseos y apetitos de vivir, que Freud llamaba *ello*. El *ego* aparecerá como un compromiso entre las exigencias del *ello* y las del *superego*. Y se desarrollará lentamente durante la infancia y la adolescencia. Cabe destacar que el *superego* de cada uno de los padres se constituyó de la misma manera: los adultos llevan consigo sus padres, de ahí que no sea nada descabellado evocar la presencia de los cuatro abuelos en la formación del *superego* del niño. Existe una herencia del *superego*, no de tipo genético sino más bien educativa.

Así, los abuelos que intervienen en parte de la vida del niño le dejan ver sus comportamientos y reacciones, su prudencia o cólera, dureza o caridad, en resumen, cómo negocia su propio *superego*. Y, mediante procesos de identificación, le transmiten aspectos de su *ego* cotidiano, a menudo muy distintos de los maravillosos consejos que le dan. Estas transmisiones se llevarán a cabo durante los primeros años de la infancia y su origen caerá rápidamente en el olvido por la acción de la amnesia infantil. El niño se someterá a reglas sin saber cómo las ha adquirido ni quién se las ha dado a conocer. Pero si el discurso de los abuelos no lo refrendan con su comportamiento, quedará sin efecto, sin poder de transmisión. De hecho, se transmiten mejor las actitudes sin necesidad de hacer discursos que aquellos discursos que no estén refrendados por el comportamiento. Los abuelos, muchas veces sin saberlo, enseñan lo que son. Por ejemplo, aquella abuela que vive con alegría, canturrea, y disfruta cada minuto que pasa del sol sin quejarse mucho. O aquel abuelo, amante del bricolaje, que se pasa el tiempo en su taller ante la asombrada mirada de un nieto que disfruta como pocos cuando el anciano le deja ayudar y participar en su trabajo.

El *superego* de la abuela

María José se quedó viuda muy joven durante la guerra civil (1936-1939). Su esposo luchó con gran valentía; ella era muy guapa y rechazó a todos sus pretendientes con tremenda frialdad y dignidad. Si ya «hacer según qué cosas» era reprobable con un marido al que adoraba, ¡cómo iba ahora a hacerlo con algún desconocido! Como tenía que trabajar, dejó a su hija, la pequeña Margarita, a las religiosas de un convento para que la educaran en el rigor de una madre y esposa cristiana.

Margarita se casó, llevó una vida feliz como ama de casa y educó a la pequeña Laura en el pudor y en una cierta desconfianza de la «realidad». Margarita tuvo una vejez dulce que pasó en casa de su hija y pudo intervenir en la educación de su nieta Marga. Ella se desmarcó de las monjas y de lo que ella consideraba una «educación basada en el miedo».

Un día, Marga pidió a su madre que dejara quedarse a un joven amigo suyo, Nicolás, durante un par de noches. Ella accedió, pero con la condición de que durmiera en el sofá-cama del salón. Laura lo tenía muy claro en este tema, Marga era muy joven para según qué cosas... El segundo día, el sofá-cama del comedor estaba vacío y Laura, furiosa, se preparó para lo peor cuando la abuela, Margarita, le dijo: «No te hagas la puritana. Este chico le enseña a hacer el amor y, por lo que he podido oír a través de la pared, sabe bastante. Es la mejor ayuda que le puede prestar».

Entonces Laura pensó en su abuela María José, que debía estar retorciéndose desde su tumba. El *superego* de una abuela recuerda a algunos riachuelos que circulan por la superficie sobre grandes corrientes subterráneas.

☐ Transmitir objetos

Dar a un niño o a un adolescente un objeto familiar, cualquiera que sea su valor económico, puede ser un acto cargado de simbolismo. Por ejemplo, una mesita trabajada a mano que era de la abuela de su actual propietaria. La persona que hace el obsequio tiene ganas de revivir. La leyenda familiar explica que la mesita le servía para guardar tanto las cartas de amor como las agujas de coser. Y la marca oscura que hay en la parte superior la hizo un cigarro que alguien se olvidó de apagar. No fue por casualidad que la abuela se lo dio a su única nieta que, con veinticinco años, no tenía novio ni tampoco sabía coser.

Cyrulnik explica que él y su perro no tenían la misma percepción del armario normando que había en su oficina. El perro captaba su olor, cierto, pero lo encontraba impenetrable y, por extensión, insignificante: hasta cierto punto era difícil saber si se había percatado de él. Por el contrario, para el maestro, era un mueble cargado de historia, antiguo, auténtico, normando y, en especial, era de una antigua tía suya a la que quería mucho. Era mucho más que un simple armario: era un objeto plagado de recuerdos, de cultura y de afecto. Uno de los rasgos distintivos del ser humano es el de dotar de sentido al mundo que le rodea.

☐ **Transmitir, únicamente con el consentimiento de los padres**

Los padres pueden «malinterpretar» algún comentario dirigido al pequeño e interpretarlo como un intento de asumir el poder, un abuso de su posición, un golpe de fuerza educativo. Y tal vez con razón. Es necesario que los adultos intercambien sus puntos de vista y que los abuelos acepten someterse a la autoridad de los padres. Ello no impide que tengan que renunciar a sus posturas: personas que difieren entre ellas pueden querer por igual a un niño, ¡su futura personalidad será más plural! Además, no se recomienda para nada el adoctrinamiento político de un niño. Pero si un adolescente presencia una discusión política entre personas adultas y esta transcurre por los cauces normales, le puede servir de utilidad para relativizar sus propias opiniones y para poder intervenir si ya sabe hablar. De este modo aprenderá a formular una opinión y a defenderla, un aspecto muy instructivo. Una educación satisfactoria presupone tensiones, fuerzas opuestas, que el individuo tiene que gestionar en todo momento, pero siempre con conocimiento de causa, y debe asumir, cuando proceda, las inevitables contradicciones y dilemas que se le presenten. Un niño conoce la diversidad del mundo y el sitio que ocupa en él a través de las diferencias y de las divergencias que experimenta su propia familia, siempre que estas no rompan la unidad. Una tensión, por definición, no implica ruptura. Algunos padres pueden limitar la influencia de los abuelos por envidia mezquina. Tienen miedo de «perder» a sus niños si los abuelos están demasiado presentes, por lo que estos últimos tendrán que ser prudentes y diplomáticos.

Principales representantes de su rama y de la familia ampliada, los abuelos cuentan con la ventaja de no tener que recurrir a la autoridad en las relaciones con sus nietos. Incluso sin querer, participan en su educación, pero su función en esta cuestión hace referencia más bien al modo que conciban (tanto por medio de gestos como palabras) para tratar a los niños lo más correcta y afectuosamente posible. A lo largo de toda la infancia, los abuelos pueden transmitir toda clase de nociones, tradiciones y recuerdos que den la posibilidad a los jóvenes de sentirse partícipes de una familia. También pueden ejercer una función importante a la hora de ayudarlos a desarrollarse moral e intelectualmente. Una vez entren en la adolescencia, es más factible que los nietos escuchen el consejo de un abuelo que el de un padre. ¡Una recomendación sin autoridad, qué maravilla!

8

Sombras, discusiones y rupturas

Enfrentarse a la agresividad

Las abuelas pueden desempeñar su función respecto de los nietos siempre que mantengan una relación cordial con los progenitores. Para la mayoría de abuelos, constar y seguir el crecimiento de los pequeños es fuente de alegría. Pero hay que ser prudentes y reservados incluso en los casos habituales: el buen entendimiento entre generaciones es un bien tan preciado como frágil. Como en cualquier relación humana, hay que gestionar la susceptibilidad de unos y otros. Ninguna familia puede creer que está al margen de según qué situaciones desagradables.

Ser abuelo no sólo significa tener nietos; también comporta mantener una relación con los jóvenes adultos que hemos criado y a los que les ha llegado la hora de hacer de padres. Por tanto, hay que afrontar una transformación en la familia que hemos creado y que se ha desarrollado de manera autónoma, aumentando su número (ya sea en un yerno o en una nuera) y sin que tengamos opción de escoger. En una familia con nuevos miembros, las relaciones de fuerza, las alianzas y los equilibrios no serán los mismos. Algunos abuelos encontrarán dificultades a la hora de aceptar que sus hijos ya son adultos, responsables y que pueden ejercer de padres. Mientras que estos últimos podrán herir a sus progenitores con su afirmación de la independencia. Cuando las nubes acechan la relación entre abuelos y padres, los nietos raramente son los culpables de la situación, si bien es su presencia la que puede desencadenar las discrepancias. Los verdaderos motivos remiten más bien a un enfrentamiento de caracteres o al ajuste de cuentas pendientes.

El bestiario o la historia natural de la agresividad

El búfalo arremete con la cabeza gacha contra su objetivo: ha visto que algo se movía en una esquina, y eso desencadena toda su furia. El león dice: vamos a ver de una vez por todas quién manda aquí; coces y rugidos.

El gato: por favor, no cerréis ante mí las puertas a una salida honrosa; tratadme con diplomacia, dejad que abandone el terreno de juego a mi aire; de lo contrario, puedo ser muy peligroso. Para el cocodrilo, la venganza es un plato que se sirve frío: «Espera, Juan, ya verás qué te espera bajo el árbol».

Si habéis pisado la cola de una serpiente, sin ni tan siquiera daros cuenta, os picará y después desaparecerá: «¿Qué le ha pasado a tu madre? Primero me insulta y luego se vuelve dulce como la miel: no puedo decir nada más».

El perro ladra al oír nuestros pasos, gruñe, nunca está contento, y siempre echa por tierra cualquier progreso.

La hormiga roja es discreta: no nos percatamos de la urticaria hasta al cabo de una hora.

Estos animales simbólicos tienen sus equivalentes en las familias. En función de la edad, carácter y posición en el linaje, cada uno expresará con total libertad su agresividad para defender el territorio en una geometría variable contra un agresor real o hipotético. Para algunos lo esencial es combatir. Cualquier excusa sirve. Existen muchas ocasiones; las razones, por el contrario, escasean más.

Padres y abuelos no tienen la misma edad

Las familias se componen de individuos de edades que van desde los 0 a los 100 años (incluso más). A veces cuesta entenderse y soportarse, en parte por los diferentes ritmos de vida de unos y otros: horas de comida, de sueño, fragilidades diversas. De hecho, podemos constatar que en el trabajo no hay tanta diferencia de edad. Y todavía hay menos en los grupos de amigos, que suelen crearse básicamente a partir de una misma generación. Es en estos grupos donde uno se siente más a gusto y sin tensión.

Cada vez que se reúnan padres y abuelos pueden temer por su autonomía. Tras el abandono del hogar familiar, los jóvenes han asumido progresivamente su independencia desde todos los puntos de vista. El nacimiento de sus propios hijos les acerca de golpe a la posición de sus padres. Estos suelen estar orgullosos de ayudarlos, de cuidar a los pequeños, de «echarles una mano» en el aspecto económico, al ofrecerles su colaboración en cosas superfluas, pero también en algunas necesarias. Este nuevo acercamiento corre el riesgo de reactivar antiguos conflictos y crear nuevas tensiones que no son más que las anteriores revestidas de la pátina de los nuevos tiempos. Y aunque resulta agradable recibir ayuda, admitir su necesidad ya es otra cosa. No hay nada como la ausencia del reconocimiento de la gratitud. Todo el mundo lo evita siempre que puede. Y además lo adornan con sutiles comentarios del tipo: «Tu marido me cae bien. ¡Si sólo pudiera evitar carraspear la garganta cada tres frases!». Por no decir: «Y diera las gracias de vez en cuando». Esta escaramuza puede desencadenar un episodio de la «guerra» familiar, en la que todo el mundo participa, lo que incluye a los niños que «disfrutan» con las disputas familiares entre los adultos, siempre que sus padres estén en el mismo bando.

Siempre Edipo

En la problemática edípica, una suegra puede pensar para sus adentros que su nuera le «ha robado» a su hijo, mientras que esta tal vez esté celosa de la relación privilegiada que existe entre su marido y la madre de este. Estos sentimientos no impiden que exista un buen entendimiento gracias a la complicidad femenina. Los suegros, por su parte, pueden estar celosos de los yernos, como buenos padres edípicos, y a lo mejor también de su hijo si la nuera es encantadora. Estas rivalidades pueden emponzoñar de repente el clima familiar si se produce algún incidente que sirva de detonador, y también de revelador de lo que hasta entonces permanecía en silencio.

La consecuencia de la rivalidad entre suegra y nuera —y así lo corroboran las estadísticas— es que los abuelos maternos tienen más contacto regular con el nieto que los abuelos paternos. Los acercamientos geográficos se producen sobre todo entre los padres de la madre y la joven pareja. La complicidad madre-hija es uno de los pilares de la relación entre generaciones, mientras que los hijos suelen alejarse más de sus padres cuando viven en pareja, a veces para no enfrentarse a las reticencias de su esposa. Puede llegar a suceder que para evitar cualquier conflicto, la joven pareja rompa a medias con los padres de alguna de las bandas. Al aceptar esta situación para evitar los conflictos edípicos, privan a los abuelos de sus nietos y a estos últimos del cariño y la pluralidad que las personas mayores pueden aportarles por su experiencia en la vida.

Los «mimitos»

Me gusta mucho la voz melódica de mi suegra. Es una campesina aragonesa. Tiene su casa, sus gallinas, sus conejos, todo esto está muy bien. Pero a veces, si nos descuidamos, se cuela algún corderito en casa. Y la verdad, ¡es bastante desagradable! El máximo lujo es tener un plato de ducha. Yo no dormiría allí ni una noche. Lo único que podemos hacer es en vacaciones dejarle los niños de vez en cuando.

Yo no entiendo cómo les gusta tanto ir allá. No hay nada que hacer en ese pueblucho. Y la vieja es estricta: se lavan las manos, las comidas siempre a la misma hora, no ven la televisión más que una hora de vez en cuando, si sabe que es un programa apto para niños. Yo soy más tolerante. Mientras están embobados ante la pantalla, al menos yo descanso. Y les confisca sus consolas; ella dice que idiotizan a los niños. No se ha visto al espejo.

Cuando vuelven de su casa, están insoportables: en su granja, la abuela nos hacía pastel de cerezas, ¡qué bueno! ¿Por qué no nos haces nunca tú? La abuela por aquí, la abuela por allá. Ya no te obedecen. Ella les debe dejar hacer lo que quieren. Yo, a eso, lo llamo los «mimitos» y me encantarían que no volvieran jamás. Pero mi marido insiste.

En el caso de los hombres, rara vez suelen expresar estos sentimientos. Dejan que las mujeres lo arreglen entre ellas y de manera prudente optan por no intervenir. Las rivalidades masculinas se trasladan sobre todo en las ideas y las técnicas demostradas: el fútbol, la política y las prestaciones de los coches. Con todo, las discusiones pueden ser violentas: la familia es un remanso en el que no hay lugar para más de un cocodrilo macho.

El narcisismo

El narcisismo es otro resorte esencial del comportamiento. A veces los abuelos no llevan bien el hecho que su juventud los abandonó y se niegan a reconocer que sus fuerzas ya no son las mismas. Y por mera identificación intentan hacer las tareas que siempre han asumido, aunque ahora les puedan resultar excesivas.

La pierna de cordero

—Mamá, por favor te lo pido, siéntate. Adriana lo hará.
—No vas a ser tú quien me impida ocuparme de esta pierna de cordero. Y Adriana no sabe cómo hago yo las cosas.
Adriana la sigue, pero al cabo de poco vuelve y se sienta.
—Me ha echado.
Mientras, el padre aprovechó para retomar la conversación con sus hijos sobre la abstención en las elecciones:
—Dejadla, pues. Es su cocina.
—Sí, pero bueno, papá, a ver si al final cae enferma.
—Si siempre tiene que ser así, prefiero no volver más –añadió Adriana–.
La madre regresa, con el pelo alborotado, sujetando una bandeja con la pierna de cordero.
—Me ha costado cortarla y además no estoy muy bien de la ciática. Sírvete lo que quieras, Adriana, es mi especialidad. Dale la parte menos hecha a tu marido. Es lo que más le gusta.
—¿Y vosotros qué parte queréis?
—Déjame, no tengo hambre.

Los mayores conservan las tradiciones, los hábitos, los valores... La imagen que han elaborado de su familia es como una imagen narcisista de la pareja fundadora a la que sus hijos se adhieren, al menos al principio de su juventud. En la adolescencia suelen revelarse contra algunos aspectos, pero siempre les queda alguna cosa. A pesar de que provengan del mismo extracto social y sean de una región vecina, los yernos y las nueras son ajenos a esta cultura. Y no pueden dejar de compartir con los nuevos congéneres sus vivencias, de las que no son del todo conscientes aún; así que aportan a su nueva familia la mirada de un extraño que, a pesar de sus buenas intenciones, obliga a esta cuestionarse a sí misma si no quiere dar a entender que rechaza al recién llegado. Por ejemplo, una familia naturista. Padres e hijos de ambos sexos desde siempre han vivido la circunstancia con total libertad. La llegada de la nuera cambia las cosas y también al hermano pequeño, todo un provocador, tal vez celoso de la conquista de su hermano mayor, y que pretende que la recién llegada a la familia adopte los mismos hábitos. El hermano mayor no está seguro del todo de querer imponer a su esposa este modo de vida. Pero, de no hacerlo, la convertirá en una extraña. La ocasión sirve de pretexto para que ambos hermanos se las tengan intensamente.

El problema todavía será más complicado si la recién llegada procede de un entorno cultural, social o racial muy distinto y da la sensación de que puede herir el narcisismo de los guardianes de la tradición familiar. Las «buenas costumbres», el comportamiento en la mesa y los buenos modales, beben tanto de la fuente de las costumbres como de la buena educación. En algunas familias, revisten un valor de indentidad. Una abuela puede estar tentada de reprender verbalmente al yerno pero fingir que se dirige a su hijo: «Aquí no rebañamos el plato. ¿Quieres que te ayude?». El chico dejará el pan, el padre hará lo mismo, confundido, y la madre, furiosa, empezará una defensa de su marido contra los prejuicios sociales de su propia madre.

Los jóvenes adultos viven un conflicto entre las consignas de sus padres, marcadas por el sello del narcisismo, y el propio rechazo a estos valores heredados. Este rechazo puede venir motivado por un antiguo sufrimiento, vivido en algún momento de la infancia, por la intransigencia de los padres —con motivo de una reprimenda en público, por ejemplo—; el sufrimiento también pudo originarse del cariño que profesaron sus progenitores a un compañero malcriado y al que criticaron duramente, lo que llevó al hijo a repudiar los valores sociales de sus padres. Estos rechazos a menudo son conscientes, pero parecen imposibles de formular salvo en calentones surgidos durante alguna crisis, cuando la cólera rompe barreras. La mayor parte del tiempo, nos morderemos la lengua: «Ya conoces a mi madre...».

☐ Narciso y el dictador

El narcisismo no es criticable en sí mismo: ¿cómo podemos vivir y ser felices si no estamos bien con nosotros mismos? Cuando se asocia a la libertad de poder, existe el peligro de que genere graves conflictos. Ahora que la noción de dinastía familiar dominada por la figura del patriarca —o la matriarca— se difumina en beneficio de la familia nuclear en la que cada joven pareja es dueña de sí misma.

> Casa en venta
>
> Alguna vez pidieron permiso para ir a pasar unos días del mes de julio con sus amigos en la casa de la playa. La respuesta de la abuela siempre era la misma: «Una vez, dejé mi casa y la encontré hecha un desastre. No me volverá a pasar. Cuando estemos todos allí, haced lo que os diga y podréis volver a la casa. No es cuestión de que vayáis cuando yo no esté». Cada vez cambiábamos de habitación: lo echaba a suertes para que nadie tuviera celos de los demás.
> Cuando uno de sus hijos tenía que quedarse con la casa, nadie la quiso, a pesar de los buenos recuerdos vividos. Nadie la sentía como su casa.

Algunos abuelos nostálgicos, dictadores venidos a menos, pueden crear conflictos de autoridad. Les cuesta admitir que sus hijos son adultos y que deben respetarlos por su condición de padres que merecen toda la confianza. Un padre ya mayor que no respeta la condición de padre de su hijo lo infantiliza, un hecho que la nuera lleva peor todavía que el propio hijo. De manera similar, una madre abusiva puede intentar anular al yerno para conservar el poderoso vínculo que la une a su hija, a quien trata como si fuera una adolescente permanente, a pesar de que tiene cuarenta años y cuatro hijos. Este abuso de la autoridad de origen narcisista provoca sufrimiento al cónyuge de la persona que lo recibe: ¿cómo soportar ver a tu pareja a quien tienes en cuenta y a quien has transmitido tu deseo y confianza siendo tan mal considerada por sus propios padres? Las represalias son para echarse a correr. Si el pequeño toma conciencia de estas tensiones y percibe el sufrimiento de los padres, en seguida tomará parte con el/la anciano/a al que considere responsable.

Aun sin ser los patriarcas, es evidente que los abuelos considerarán normal que les pidan consejo antes de tomar una decisión importante. De un tiempo acá, esto es mucho pedir. Exceptuando los problemas económicos, sólo se consulta a los mayores cuando se trata de algún asunto en el que su competencia queda fuera de duda y en la medida en que no se hieran sus sentimientos si no seguimos su consejo.

Cualquier abuso de poder no se identifica como tal. Así, algunos abuelos llegan a estar tan satisfechos de la visita de los domingos que la perpetúan hasta la eternidad. Como interrumpe su soledad, siempre encuentran alguna excusa para impedir a hijos y nietos recobrar su libertad. «Sabemos cuándo llegamos, pero no cuándo nos iremos», decía el mayor de los nietos que soporta mes a mes los encarcelamientos del domingo en casa de la abuela. Otros, en cambio, practican otra forma de intromisión. Critican el comportamiento de los padres delante de sus hijos. «Tú deberías...», «No quiero entrometerme, pero si...». Nada les parece bien. Si la crítica recae sobre detalles íntimos de la vida cotidiana —elección del vestuario, corte de cabellos, elaboración de los menús...—, sólo podrá suscitar la irritación del joven adulto que sufre la agresión. Pero también para el niño pequeño es grave: estos detalles «nimios» revisten una tremenda importancia para él; son los múltiples apoyos de su confianza en la competencia de sus padres que saben lo que es bueno para él. Minar esta confianza significa destruir la seguridad del niño —exponerlo a su aversión al atacar a sus «dioses»—.

Este abuso de poder intrusista es más típico de madres que son «más madres que mujeres»,[10] en palabras de Carolina Eliacheff y Natalie Heinich. Ellas no pueden renunciar al poder sobre su hija y su descendencia: es su propiedad. Estas madres-lobas conocen bien a esa parte masculina de la humanidad que sólo sirve para engendrar hijos y desaparecer, ya sea muriéndose o divorciándose o incluso ocultándose detrás de un periódico abierto. Ahora bien, el sacrificio afirmado de su vida de mujer sólo será posible si obtiene la compensación narcisista que le proporciona el sentimiento de pertenecer a una especie superior de mujeres, de quien ella misma es la madre fundadora.

Una hija con una madre así, cuando llega al matrimonio y, milagrosamente, se casa, envía a su madre de regreso a la soledad de su decisión errónea, a ese mercado de desengañados de la vida: «No tenía marido y tú me has abandonado». Las escenas son pavorosas: reivindicaciones constantes, reproches repetidos tantas veces que nunca termina de formularse con claridad, intentos de des-

---

10. *Mères-filles, une relation à trois* (Madres-hijas, una relación de tres).

tronar al yerno que no puede defenderse, cuando su mujer, cegada por la culpabilidad, se interpone para impedir que lo corte en rodajas. Nadie hará nunca lo suficiente para una madre digna de admiración; nadie compensará jamás todos los sacrificios que ella ha hecho. Es muy probable que los nietos conserven por vida esta sensación.

☐ Narciso y la ausencia

Aquellos abuelos que han elegido la libertad, la suya, se convierten en una obsesión debido a su ausencia. Dan muestras de su desamor. Así, las madres que son «más mujeres que madres» satisfacen con devoción sus pasiones (éxito profesional o de cualquier tipo) y, aún más, su narcisismo, sin preocuparse de su descendencia, salvo muy de vez en cuando, para hacer el paripé, con un gran espectáculo.

Algunos abuelos divorciados que se vuelven a casar con mujeres más jóvenes que ellos con las que tienen más hijos, prefieren mantenerse invisibles. «Si no telefoneo a mi padre una o dos veces al año, no sé nada de él. Y nunca me pregunta cómo están los niños. Creo que no sabe ni si tengo uno o tres». Esta mujer está indignada y acusa la ausencia deliberada de su padre, que ocupa en la vida de su hija un lugar sobredimensionado y obsesivo, por no haber aceptado el papel que le correspondía.

☐ Los «terroristas»

El abuso de poder no es exclusivo de los abuelos. Los jóvenes adultos en la plenitud de la vida son capaces de imponer su voluntad al resto de la familia. Estos excesos morales, psicológicos, no se expresan mediante muestras de violencia real, pero denotan una falta de respeto a los demás, una afirmación egoísta de sus derechos, una pérdida de las referencias que delimitan la distancia lógica de la convivencia. Condescendientes, hacen como si el ofrecimiento de su presencia fuera un regalo. Y se dignan a presentarse para dar una sorpresa, a las diez de la noche, con todos los niños. Y se sienten orgullosos de darles una alegría tan grande a sus padres ya mayores, y que se verían reducidos a la soledad más oscura sin estos «placeres». ¡Hacía tres meses que no sabían nada de ellos!

El quinto pino

> Si te cansas, dímelo mamá. Si venimos a verte al quinto pino es para que estés contenta. Julia me ha dicho que las niñas están un poco hartas de mojarse bajo los chaparrones. Y tú no dices nada. Además, los Gómez nos han invitado a su casa de la playa. Escucha, ¿sabes qué nos gustaría de verdad? Que te quedaras con el «pack» de las niñas, y Julia y yo nos iríamos a la playa.

El chantaje consiste es aprovecharse de una situación en la que el contrario no tiene posibilidad psicológica de negociar. Es el caso de los abuelos muy unidos a sus nietos, que temen que a la mínima queja no se los vuelvan a dejar. Al final, los niños, ajenos al embrollo que les supera, se divierten enfrentando a los adultos unos con otros: la pequeña María, que pasaba unos días en casa de la abuela, explica de vuelta a casa que esta la había regañado por haber ido a pasear con una amiga a la salida del colegio sin avisar. Cogiendo a la pequeña en brazos, la madre le dijo: «¡Has hecho muy bien, demostrando tanta autonomía!». María ha ganado. Indirectamente se ha vengado de la reprimenda que, con todo, ella había aceptado en su momento. El regreso de su madre le permite reintroducir la guerra de los clanes al reavivar la cizaña entre las dos generaciones de adultos. Peor en realidad la pequeña es la que tiene más que perder. Su madre ha destruido la autoridad de los abuelos gracias a la cual María se había sentido segura los días anteriores. La madre ha aprovechado la ocasión para reafirmarse ante sus suegros como una madre moderna, libre e independiente, cuando en realidad se ha dejado manipular por su hija. De ahí que se haya desvalorizado. En este juego, ella se arriesga a poner a María en una situación poco agradable: agobiada por la culpabilidad y sin saber de quién fiarse.

Un campo de batalla ideal: la educación de los niños

La cuestión de la educación es un punto neurálgico de la relación entre padres y abuelos. Están en una evidente situación de rivalidad. Un abuelo —o una abuela— que desea influir en la personalidad y el destino de sus nietos revela su voluntad de poder asociada al narcisismo y corre el peligro de atacar frontalmente las mismas aspiraciones por parte de los padres. Estos conflictos son perjudiciales para el desarrollo psíquico de los pequeños en la medida en que les hacen vivir unas exigencias de identificación excesivas e ilegítimas. Más si cabe cuando los motivos irracionales pasarán desapercibidos ante la nobleza y la importancia de lo que hay en juego: el futuro del niño, su desarrollo psíquico, su éxito, su felicidad... Querer darle las mejores oportunidades es la preocupación de todos los educadores que lo rodean y lo aman. Pero ¿qué método hay que utilizar? Es aquí dónde empieza el problema.

☐ Prejuicios de base

Algunos critican gustosamente la educación que han recibido pero se apresuran a calcarla en sus aspectos básicos.

En medio de una contradicción interna, diríase que descontentos de ellos mismos, terminan reproduciendo lo que, a su modo de ver, no ha debido ir tan mal del todo. Otros, en nombre de su libertad, marcan distancias con sus progenitores al hacer sistemáticamente lo contrario de la educación que recibieron y afirmar de manera sólida el rechazo a transmitir la «deficiente educación» de la que fueron víctimas, a menudo sin tener un mínimo de sentido común. Estas actitudes sólo causan sufrimiento a los padres mayores que no se percatan necesariamente de la imitación que entrañan tales disputas verbales y que se sorprenden de estos posicionamientos que encuentran absurdos. Y esta perplejidad se tiñe de culpabilidad. Se preguntan: ¿qué le hemos hecho a nuestro/a hijo/a para que él/ella reaccione de esta manera? Otros padres jóvenes, al inspirarse en otros modelos de amigos o en consejos de los medios de comunicación, buscan innovar, hacerlo mejor, dejar su propia impronta, de manera inconsciente, para marcar distancias con el modelo parental.

El aprendizaje de los buenos modales suele ser objeto de disputa entre padres y abuelos. Los abuelos de la generación progre del 68 lo ven como un sometimiento humillante y contra natura. Otros, más clásicos, lo consideran indispensable para la creación de automatismos que harán de la cortesía la segunda naturaleza del niño. Podemos oír las quejas de una joven madre: «Mis padres, que han amargado mi infancia con los buenos modales, ahora encima se permiten fastidiar a Vicente si no les dice buenos días. Sólo tiene tres años. Y ya les da un besito, pero no le gusta decir buenos días y yo lo dejo tranquilo. Y no paran hasta que lo consiguen. Después me dicen que no es tan difícil». La madre, en un acto de reacción contra la educación recibida, se niega a enseñar a su hijo buenos modales. Los abuelos no hacen más que atosigarla al intervenir sin prudencia y con malas maneras. Estas diferencias, en principio ligadas al respeto o al rechazo de la tradición, son en realidad fruto del narcisismo y de la voluntad de poder.

☐ La escuela

Hay abuelos que se preocupan mucho por las buenas notas de sus nietos, las cuales les llenan de orgullo y son sinónimo de un ascenso social. Es por eso que animan al niño haciéndole regalos cuando saca buenas notas. Pueden encontrar consuelo al fracaso experimentado por su hijo, que no supo, no pudo o no quiso satisfacer su ideal y asemejarse al niño que ellos tenían en mente. Las malas notas también pueden generar un cataclismo si vienen acompañadas de un comentario hiriente del tipo: «En nuestra casa, todos los niños aprendieron a leer perfectamente a los cinco años», que resultan humillantes para el yerno o la nuera y, de rebote, a la «familia que no es la nuestra». Así, hay quien utiliza los resultados mediocres para criticar la educación de los jóvenes adultos o para extenderse en consejos que tienen todos los números para ser mal acogidos, ya que en realidad ponen el dedo en la llaga narcisista de los padres.

La presión ejercida por los adultos, sea cual sea su generación, o la ausencia de ella en materia escolar o en las orientaciones del niño, a menudo dependen de su opción personal de vida. Quien ha adoptado un modo de vida tranquilo, en el que los placeres cuentan tanto como su salario, defenderá una postura muy distinta del que tenga un temperamento de «joven tiburón», capaz de trabajar setenta horas a la semana para subir en la pirámide jerárquica y aplastar a cualquiera que interfiera en su ascensión. Estas opciones opuestas crearán de manera natural tensiones entre padres y abuelos, puesto que cada uno deseará que el joven adopte su propio estilo de vida, por no decir su misma profesión. Tal como escribió Herni Laborit, en *Éloge de la fuite* (Elogio de la fuga): «Así, cuando los padres se percatan de que la felicidad se obtiene mediante la sumisión a las reglas impuestas por la estructura socioeconómica, es comprensible que impongan a sus hijos la adquisición obligatoria de los automatismos de razonamiento, juicio y actuación que defienda tal estructura. Pero si piensan que la felicidad es una cuestión personal, que el equilibrio biológico se obtiene con relación a uno mismo y no a la estructura socioeconómica del momento y del lugar en el que se encuentren, serán sin duda, para el conjunto de la sociedad, unos malos educadores, pero tal vez serán unos buenos padres para sus hijos, si estos últimos no terminan cayendo en el conformismo que a lo mejor les podría llevar a reprochar a sus progenitores no haberlos educado bien». ¡Un bonito y difícil tema para discutir!

Vida eterna y el atardecer de la vida

Las opiniones en materia religiosa carecen de cualquier base racional. También ocurre lo mismo en política: la lógica de un posicionamiento no es absoluta y a menudo se basa en factores personales y afectivos. Cuando un análisis intelectual lo refrenda, no hay espacio para la discusión. Estas creencias u opiniones pueden heredarse de la familia o del entorno. Pero el individuo también puede rechazar la herencia, según el recorrido vital con el que se identifique. Tanto en caso de fidelidad como de ruptura, las creencias terminan por formar parte de la identidad de una persona. El esfuerzo que haga para difundir una verdad sobre la que construir un mundo mejor o sus intentos por acercarse al objetivo que haya elegido pueden constituir la principal motivación de su vida. La nobleza del objetivo propuesto vendrá edulcorada por la idea que pueda hacerse de sí mismo. Jamás cuestionará el objetivo en cuestión, que para esa persona será irrefutable. Sus padres le han impuesto leyes morales que él ha hecho suyas y que forman su *superego*. Podemos concluir que este proyecto ambicioso, satisfactorio a la vez para el narcisismo del sujeto y para su *superego*, conforma su *ideal de ego*.

El deseo de transmitir a los niños o nietos estos valores a los que se está estrechamente unido, en los que uno milita, es un deseo legítimo y honorable. Es propio de la naturaleza humana querer compartir con los seres amados aquello que consideramos como nuestra razón de vivir. El lado «ideal» de estos posicionamientos puede comportar, al intercambiar puntos de vista, un apasionamiento mal entendido, por no decir mal tolerado, por los demás, si las posturas son más o menos opuestas. En una misma familia, pueden darse enfrentamientos entre personas con un *ego* muy elevado y exigente, mientras que habrá otras que vivan el día a día sin preocuparse tanto de sí mismas. Tal vez sea entonces cuando la exasperación sea mayor, porque habrá en liza dos *superegos* de naturaleza incompatible.

Los problemas religiosos son seguramente los más dolorosos, aquellos en los que los mayores más padecen al no poder transmitir su fe a sus descendientes. Si profesan una creencia muy apasionada, resultará en vano intentar suplicar tolerancia. La salvación se dará a la fuga.

Barras y estrellas

En una película de Sydney Lumet, uno de los personajes, un hombre de rostro sensible y fino, que hablaba un inglés muy cuidado con acento europeo, explica que se sorprendió muy gratamente de que lo hubieran «llamado» para ejercer de jurado. Estaba entusiasmado.

Este relojero, un personaje simbólico, representa a todas aquellas personas que abandonaron el viejo continente huyendo de los totalitarismos para disfrutar en América de la vida y la libertad. Él quería mostrarse digno de la confianza que le había sido depositada ejerciendo lo más fielmente posible su deber cívico. Así que participa en los debates demostrando una concentración y una corrección sin fisuras, hasta que la pasión se desencadena.

Ante él, un americano simple, amante del béisbol, que sólo desea una cosa: terminar lo más pronto posible con la deliberación antes de que empiece el partido para el que tiene las entradas, que le «queman en los bolsillos». Este personaje está convencido de su derecho y de su identidad. El ciudadano nacionalizado tiembla de rabia y de indignación al ver ridiculizados unos valores que sabe el precio que hay que pagar para conseguirlos. La discusión es breve pero intensa. Esta película, *Doce hombres sin piedad*, como su título indica, ofrece una sucesión preciosa de posibles conflictos entre las pulsiones y el *superego* a las exigencias contradictorias.

La candente cuestión del sexo

Desde un punto de vista sociológico, hay pocos ámbitos en los que las ideas hayan evolucionado tanto en medio siglo. Las personas nacidas en la década de 1940 fueron educadas siguiendo preceptos morales y religiosos tradicionales, en una época en la que la virginidad tenía un valor de tabú. El acto sexual tenía entonces muchas posibilidades de acabar en embarazo; se había organizado un férreo control de las chicas jóvenes para evitar tentaciones. Muchos de los abuelos de hoy en día pertenecen todavía a esas generaciones. La libertad de la que gozan actualmente los jóvenes está lejos de ser aceptada por todo el mundo y aún crea tensiones en el seno familiar. Con todo, a menudo se puede ver, de forma paradójica, que muchos abuelos son más liberales que los padres.

Desde una óptica psicológica, existen dos clases de tensión. Todos vivimos la sexualidad, por nuestra condición de seres sexuados, como una tensión entre las exigencias más o menos severas de las prohibiciones morales y las derivadas de las pulsiones interiores. Por otra parte, intentamos dar de nosotros mismos una imagen que a veces difiere bastante de la realidad que vivimos por dentro. La vida sexual es un espacio en el que el narcisismo de cada uno está muy presente: es más fácil reconocer que somos unos negados para las matemáticas o que tendríamos miedo si saltáramos en paracaídas que admitir que nuestra vida sexual es insuficiente, enfermiza o sosa.

Esta necesidad de aparentar conduce a posicionamientos radicales, bien muy permisivos, bien muy rigurosos, lo que genera conflictos graves en las familias. Su gravedad puede ser mayor si los implicados defienden gustosamente posturas que difieren de su experiencia vivida, pero que se adecuan a la educación tradicional o a la imagen favorecedora que quieren dar de ellos mismos y en la que intentan creer.

Alegrías y desventuras de la convivencia

Los periodos de convivencia entre una pareja de abuelos, sus hijos y nietos están sometidos a un gran riesgo. Los caracteres y las pulsiones destructoras de unos y otros se muestran al descubierto durante unas semanas. Los nietos tienen ocasión de, a lo largo del día, mostrar, o incluso exhibir, las imperfecciones de su educación. Asimismo, manifiestan un notable talento para favorecer las tensiones entre los adultos. Paralelamente a su crecimiento, los niños, espectadores inocentes, se convertirán en actores de una obra que tiene como objetivo la obtención del poder. Ellos pueden, desde su condición de tercer Estado, alinearse tanto contra los abuelos como juntarse con ellos en contra de los padres.

Un chalé muy divertido

Este año, los abuelos han alquilado un chalé: tiene vistas panorámicas, una chimenea de verdad, piscina climatizada, es perfecto. Nada más descargar las maletas, los niños se lanzan a la piscina. Laura, la abuela, llama a su hijo: «Pablo, ¿vienes a ayudarme?». Tres minutos después: «Pablo, no puedo sola». Pablo va corriendo a ayudarla. «Pablo, si estás todo el tiempo así...», le grita Aída desde lejos.

Después de una sesión de piscina y de una merienda, todo está lleno de agua. Todos conservan sus esperanzas. Pero a las siete, Andrés se indigna cuando los niños empiezan a quejarse de hambre: imposible cenar antes de las noticias. Para que no se impacienten, Pablo les unta unas tostadas con mantequilla: «Estás loco, después no tendrán hambre. Sólo tienen que esperar un poco». Bostezando incluso antes de sentarse a cenar, los niños, agotados, se duermen sin probar bocado de sus platos.

Laura, una gran admiradora de George Sand, rellena su pipa. A la primera nube de humo, Aída saca su frasco de Ventoline. En vano, sus pulmones empiezan a silbar y tiene que salir de la habitación.

—Pero ¿qué le pasa?

—Es el asma, mamá.

—Entonces, ¿todas las alergias de María le vienen de eso?

A partir de ahí, un infierno de baja intensidad. Todos se esfuerzan en evitar las tensiones y los comentarios que las desencadenan. Salvo para dar órdenes a los niños:

—Abuelo, ¿puedo ir ahora a la piscina?
—No, no hasta que no pase un rato después de comer.
Tres minutos después: —Paco, sal de ahí, te he dicho que no te bañaras.
—Sí, pero papá sí que me deja. Ja, ja, ja.
No les volverán a ver juntos. Con todo, los vecinos de al lado sí que repiten cada año las convivencias. Al otro lado de la verja, sólo se oyen risas. ¿Cómo lo harán?

Los adultos pueden adoptar una actitud respetuosa con respecto a los demás: pueden guardarse para sí mismos las pulsiones epídicas, sus fantasmas narcisistas y sus ansias de poder. Es un error pensar que en familia se puede decir y hacer lo que a uno le venga en gana o expresar sin tapujos lo que le pase por la cabeza —a diferencia del trabajo, donde hay que ir con cuidado—. Este respeto elemental por el otro no es un impedimento para la alegría ni la ternura.

Dominarse no siempre es posible. La familia del caso anterior siempre pasan juntos el mes de agosto, veintitrés personas en la misma mansión familiar. El 15 de agosto, intentan retrasar lo inevitable. Pero al final del día, todo se desata, es la explosión. Los adultos se lanzan miradas que denotan los reproches acumulados durante la primera quincena. Los niños, aterrorizados o bien socarrones, se refugian en el granero. La abuela anuncia la hora de la comida algo más pronto que de costumbre, cuando cree que la cosa ya se ha alargado bastante. Y la gente se reconcilia antes de sentarse a la mesa. La atmósfera es excelente durante la segunda quincena. No faltéis el 15 de agosto del año que viene a otra «limpieza general». Tampoco conciben pasar las vacaciones de otra manera. El ritual catártico les permite evitar que la situación derive en rencores y malentendidos.

Para poner fin a las hostilidades

Es normal que las opiniones de los padres y de las dos parejas de abuelos difieran en numerosos aspectos. No obstante, parece que en principio esto podría ser beneficioso para la formación psíquica del niño. Françoise Dolto abordó esta cuestión en *Los abuelos*:[11] «Es positivo que el niño comprenda que sus abuelos no piensan igual que sus padres, puesto que es una etapa importante de su desarrollo».

Las discusiones son más peligrosas. Pero no siempre podemos evitarlas. Lo esencial es solucionarlas y procurar que no se enquisten. «Me he puesto como un toro, pero no había para menos»; toro o pulga, el niño aprende, como si de un libro abierto se tratara, de los rostros tensos y mudos. Sufre el «desamor» de sus seres queridos. En familia, triunfar no significa ganar si perdemos la confianza de los nietos. Hay que recurrir a todos los medios de reconciliación y emplearlos de buena fe. Hablar, explicarse, pero primero tenemos que intentar reflexionar acerca de las —tal vez correctas— motivaciones del adversario. Cualquier negociación empieza con el silencio del recogimiento individual.

Los malentendidos y las crisis familiares acarrean consecuencias. La relación entre los abuelos y los nietos siempre se expone a ser la primera que salte por los aires: por norma general, el niño preferirá renunciar a los abuelos antes que a los padres. Es extraño que los pequeños quieran oír críticas hacia sus padres, aunque estos estén equivocados. Estos últimos tendrán que adquirir una madurez que, por definición, no poseen para permanecer alejados del conflicto y profesar a cada «clan» la misma ternura. Si es difícil que los adultos alcancen esta altura de miras, más todavía lo será para niños y adolescentes.

---

11. *Les chemins de l'éducation* (Los caminos de la educación).

9

Un cataclismo en la vida del niño: el divorcio

En la década de 1990, la gente solía decir: «En mis tiempos, la gente se resignaba». No era cuestión de divorciarse. ¿Cómo «confesar» que uno se divorciaba a la tía monja o al cuñado sacerdote? Y, ¿de qué vivir? ¿«Volver a casa de la madre», como en los culebrones? En Francia, entre 1965 y 1975, se produjo lo que Évelyne Sullerot denominó la «gran separación», cuando los divorcios pasaron a ser mucho más frecuentes. Terminada la sumisión a la moral religiosa que se oponía al divorcio, terminada también la dependencia material de la mujer respecto de su esposo que la mantenía, las mujeres se sentían por fin libres al poder trabajar.

La contracepción hizo que la maternidad se convirtiera en una elección y no en una fatalidad. Sólo faltaba que el legislador, al suprimir la noción de cabeza de familia, diese a las mujeres su parte de poder. Por defecto, el divorcio no es más que la solución menos mala en el proceso de disolución del matrimonio. Así, la sociedad ha ofrecido a las parejas un camino más cómodo hacia la ruptura y la libertad, pero en detrimento de la estabilidad de los niños.

En efecto, la separación de sus padres constituye todo un drama para ellos. Sus padres declaran que no quieren sacrificar su felicidad de adultos, mientras que ellos pierden el nido familiar y su seguridad. Ellos no «reharán su vida»: no reencontrarán su paraíso perdido. Deberán aprender a renunciar a su pareja de padres, su único bien, deshecho para siempre. ¿Qué pueden hacer los abuelos a lo largo de las distintas etapas de la crisis para ayudar a sus nietos?

Un huracán sacude a la pareja o un lento deterioro

La separación de una pareja puede producirse en unos días o alargarse semanas, por cualquiera que sea la causa. Los enfrentamientos, aunque sean violentos, pueden permanecer en secreto, hasta el punto de que los niños, aturdidos, incluso no vieron irse a uno de los padres, que se marchó sin decir adiós, y permanecen estupefactos, desamparados. Los abuelos suelen estar al corriente de las dificultades del hogar. Sabedores de que el divorcio es una catástrofe para los niños, tienen tendencia a suplicar paciencia. El consejo puede ser bueno. A menudo algunos hogares superan una crisis, e incluso varias, manteniendo un buen entendimiento de base.

Por otra parte, incluso cuando reina la discordia, el amor no termina de morir. Algunas parejas no llegan nunca a separarse a pesar de sus graves conflictos, o lo hacen cuando ya es demasiado tarde. No se atreven, dicen, por los niños, pero terminan haciéndoles vivir años de crisis. Les hacen vivir en una atmósfera de odio y de incesantes discusiones, a veces rematadas con intercambios de golpes. Los niños pueden asistir a estas escenas violentas, cuyo epílogo en forma de reconciliación podrán oír debajo de la almohada. Todo esto les supera y les hace sufrir. Pierden confianza en sus padres, que se contradicen todo el tiempo, y no es la mejor experiencia de su vida.

Más adelante, el adolescente, exasperado por estos dramas originados por nimiedades, pedirá a los padres que se separen antes que envenenen la existencia de todo el mundo. Pero ya sea pronto o tarde, una separación comporta problemas materiales difíciles y duros de costear. Uno de los dos tendrá que mudarse y habrá que resolver el tema de la manutención, además de otras cuestiones por las que se volverán a pelear.

La reforma de la Ley del Divorcio en España data de 2006 y pretende extender los derechos de ciudadanía en la disolución de esta institución civil. Durante mucho tiempo, los tribunales han basado sus sentencias en la noción de «falta», que ahora, en su gran mayoría, han abandonado en beneficio de los procedimientos de consentimiento mutuo. Su preocupación esencial es el futuro de los hijos, mientras que los litigantes se obsesionan con el odio. El deseo de ganar no tiene mucho sentido en una causa de divorcio, ya que los verdaderos perdedores son más bien los niños que los cónyuges. Y más adelante, si no se paga la pensión por manutención, si se pasa por alto el derecho de visita o se exige con violencia, la guerra seguirá, y con ella el acoso moral, al tomar a los hijos como rehenes.

☐ **Calma después de la tormenta**

En el momento en que se hace efectiva la separación de la pareja, los niños permanecen juntos con uno de los padres, que suele ser la madre la mayoría de las veces. Es la calma después de la tormenta. Pero también supone una pérdida. Los niños han perdido, al menos en su vida cotidiana, al otro padre, que no tenía por qué ser el menos importante de los dos. Raramente tendrán posibilidad de darle sus opiniones. Muchas veces también se deja de ver a algunos abuelos. Entonces se encuentran como si les hubieran amputado la mitad de su genealogía.

El niño se siente culpable de la separación de los padres. Y piensa: «No me he portado bien, ha sido por mi culpa». Cierto, alguna de sus tonterías ha podido originar una discusión, pero no es la causa subyacente de la discordia. Aunque tal vez el niño la conciba como la única esperanza para consolidar una pareja ya frágil; y no es más que el origen de nuevos problemas. En el caso de que haya esperado, deseado, la separación de los padres que se pelean todo el tiempo, puede estar asustado, cuando se produzca el divorcio, de su mágico poder destructivo. En cambio, algunos niños, más adelante, no abandonan la esperanza de llegar a reconstituir la célula familiar. Acontecimientos como las segundas nupcias de los padres, sumados al nacimiento de hermanastros o hermanastras, convierten esta hipótesis en poco menos que improbable, pero no les impiden confiar secretamente en ella. Los abuelos ayudarán mejor a sus nietos en estas dificultades psicológicas si mantienen una relación cordial con los dos padres y los otros abuelos.

Los niños son muy ambivalentes en su amor hacia sus padres. Y no pueden odiar realmente a alguno de los dos sin sufrir muchísimo, y fácilmente acusarán a uno u otro de haber destruido o de haber dejado que se destruyera el nido en el que ellos se sentían tan a gusto. Con todo, la lealtad respecto de cada uno de los padres es un fenómeno bastante generalizado. Los niños prefieren que uno de los padres no conozca la vida privada o amorosa del otro, por cualquiera que sea, y ellos no dicen nada al respecto. Si se les pregunta sobre el tema, afirman con sangre fría que no saben nada y resisten por todos los medios las presiones a las que se les pueda someter. Hay que respetar esta lealtad. Si empujamos al niño a la traición será una especie de acoso moral que lo agobiará mucho y que empañará en su espíritu la imagen de sus abuelos. Pero hay que ir más lejos todavía: si uno de los padres ha actuado verdaderamente mal, los abuelos del otro linaje deberían esforzarse más, si cabe, para recordar a los niños las virtudes y los buenos recuerdos que conservan de esa persona.

La lealtad no impide que el niño tome partido por uno de los padres al que considera abandonado. El pequeño buscará protegerlo y, en algún caso, llegará a hostigar al otro progenitor para intentar reconducirlo a mejores sentimientos. Hay padres que no dudan en aprovecharse de esta tendencia. Maurice Berger denuncia el «terrorismo del sufrimiento»:[12] el padre abandonado conserva a sus hijos a su alrededor y, debido al espectáculo de su depresión, se esfuerza por inspirarles el odio hacia el padre que se fue. Y llega incluso a modificar los recuerdos del niño y a convencerlo de la nocividad, desde el principio, de este «mal padre» quien, además, no ha dudado en abandonarlo también a él, al niño. Los abuelos que gocen de mucha presencia podrán limitar en gran medida estas influencias y permitirán que los niños reencuentren la ambivalencia normal en su relación con ambos padres.

Algunos niños expresan el sufrimiento derivado de la ruptura matrimonial a través de problemas en su carácter o mediante trastornos del sueño. Los educadores saben que los resultados escolares suelen verse afectados en tales situaciones. Es lo que se conoce como la «vergüenza» de ser un hijo de padres divorciados: vergüenza de ver la intimidad familiar esparcida en público, vergüenza por las desavenencias de los padres. El niño también sufre por el colapso de sus apoyos naturales. Esta vergüenza queda

---

12. *L'enfant et la souffrance de la séparation* (El niño y el sufrimiento de la separación).

atenuada en la medida en que se trata de una situación relativamente habitual, pero no por eso llega a desaparecer. Y el sufrimiento del divorcio permanece. Los abuelos saben que los problemas existen y que son una reacción normal a la frustración cuando escasean los encuentros con uno de los padres. Basta con su presencia y afecto, para demostrar a un niño que no toda la familia ha desaparecido y que su entorno permanece sólido y le permite llevar una vida social digna con el resto de sus compañeros.

«Tu padre se sentiría orgulloso de ti»

Los padres de Miguel, de trece años, se han divorciado después de muchos años de vida en pareja y no se llevan bien. Rara es la vez en la que el niño ve a su padre, que vive lejos, y nunca habla de él, como si no tuviera derecho a recordar su existencia.

Miguel pasa las vacaciones en casa de su abuela materna, que lo trata con cariño y lo quiere mucho. El niño rompe una baldosa jugando con la pelota, lo que hace enfadar a la abuela: «Tendré que pedirle al vecino que venga a cambiarla, me molesta que todo esté siempre desordenado». Miguel dice que puede arreglarla él. La abuela le deja hacer, aunque tiene miedo de que se haga daño. El niño toma las medidas, va a comprar la baldosa y masilla y se pone manos a la obra. El resultado es impecable. «Pero ¿quién te ha enseñado?» le pregunta la habuela. «Papá». «Ya le diré lo bien que lo haces. Se sentirá orgulloso de ti».

Los días siguientes, Miguel empieza a hablar de su padre, de sus paseos, de las tareas de bricolaje que hacían juntos cuando lo iba a ver y de cómo disfrutaban los dos.

Un simple comentario de la abuela permitió poner fin a una situación de bloqueo. Ahora Miguel se atreve a hablar de su padre, ya que ha podido ver que su relación le beneficiaba.

Algunos abuelos perciben como una injuria personal la idea de que alguien haya podido dejar de amar a su hijo o hija. Entonces hay que recoger el guante tendido e intentar vengarse. No ven otra solución que precipitarse a socorrer a su propio hijo y tomar partido de una manera apasionada por él: víctima de la infidelidad, de la violencia, del alcoholismo o de cualquier otro acto deleznable; infelizmente abandonado o forzado a tomar la decisión de divorciarse para poner fin al calvario de su día a día. Esta tentación de tomar partido sistemáticamente por el hijo corre el riesgo de violentar más todavía la separación y, por tanto, de hacerla más nociva para los nietos. También impide escuchar el sufrimiento de los demás y, por extensión, de formarse una opinión más matizada. «Pero si me encuentro con su ex pareja y me paro a hablar con ella, traicionaré a mi hijo». En efecto, esta madre se arriesga a vivir este encuentro como si fuera una falta de respeto. Pero esta conversación puede evitar una ruptura brutal con el yerno o la nuera y preservar el futuro de las relaciones con los nietos.

Una de las maneras de ayudar a su propio hijo en el divorcio consiste en escribir una carta de declaración al juez. Muchas personas están tan convencidas de la influencia de estos escritos sobre la decisión del magistrado que no dudan en manchar la reputación de la parte contraria a base de injurias y calumnias de todo tipo. Estas cartas, al estar escritas por los padres de uno de los litigantes, no tienen mucho peso en la decisión. Más razón todavía para que el padre que tenga la tutela se oponga a que sus hijos se reúnan con sus antiguos suegros convertidos en difamadores. Los padres se sienten castigados por la actitud pasional de estos últimos y, lo que es peor, privan a sus nietos de una parte de la familia, ya sea imaginaria o real, olvidándose que la mediación de los padres siempre es indispensable en la relación entre abuelos y nietos, más aún en los casos de divorcio.

«A nosotras, las abuelas, ¡no conseguirán separarnos!»

Ella explica: –Cuando mis padres se divorciaron, yo tenía trece años. Mi padre se fue con otra mujer, no mucho más joven que mamá, pero sí algo diferente. A mí me dio mucha pena, claro. Yo iba a casa de mi abuela materna y mi abuela paterna me venía a buscar. Ellas habían dicho delante de mí, llorando y riendo a la vez en un abrazo: «A nosotras, que somos viejas amigas, ¡no conseguirán separarnos!». Gracias a ellas, seguí viendo regularmente a mis tíos, tías y primos de ambos lados. Aquello me parecía normal; nada había cambiado en mi vida, salvo lo esencial, pero nada más. El año siguiente, al empezar el curso, cuando les expliqué a mis amigos lo que había pasado, vi que aquello no era tan normal: «Qué majas, tus abuelas», me dijeron mis amigos.

Los abuelos y el divorcio: el salvavidas

Los abuelos habían aceptado al yerno o a la nuera y ya se habían habituado, y al final le profesaban afecto y cariño. Al afrontar la destrucción programada de una parte de su familia, el sufrimiento es inevitable y pasarán por un periodo de angustia e incluso de depresión. Su reacción, ante el anuncio del desastre puede diferir mucho. Pueden adoptar la estrategia del caracol: no entrometerse en nada y tomar un avión e ir hasta las antípodas hasta que amaine la tormenta. Así no aportarán ningún tipo de ayuda ni a los padres ni a los nietos.

La mayoría se preocupan por sus nietos y buscarán, por todos los medios, defenderlos. Consideran esencial ayudarlos y protegerlos y por tanto construir una especie de «salvavidas» para permitirles escapar al naufragio. Pero para ello necesitan varios esfuerzos, entre otros mantener unas relaciones cordiales con la ex pareja. Esta actitud demostrará a los niños que, a pesar de todo, las dos familias sólo han sufrido una separación parcial.

Abuelos mediadores

«Nuestros hijos ya estaban separados y lo llevábamos mal. Mi mujer y yo estábamos desesperados con el divorcio. Queríamos a nuestra nuera y le teníamos mucho cariño. Nuestro hijo nos había dicho que no quería seguir viviendo con ella y que amaba a otra mujer. La idea que se nos ocurrió fue la de vernos todos juntos y ayudarlos en la separación para que no fuera tan traumática. Entonces, reunimos al uno y al otro para intentar discutir reposadamente la cuestión. Allí estaban los dos, a la hora prevista. Pero nos llevó casi todo el día. El acuerdo al que llegaron no nos parecía satisfactorio ni a mi mujer ni a mí. Nos habíamos equivocado. El sistema de tutela compartida que habían adoptado funcionó mucho mejor de lo que esperábamos y los dos niños, muy solidarios ante los padres separados, evolucionaron bien y sus notas fueron satisfactorias. Acordamos seguir viendo a nuestra nuera y, unos años después, a su segundo marido. Incluso pasamos en más de una ocasión alguna tarde agradable en compañía de las dos nuevas parejas y sus dos nuevos hijos».

Estos abuelos demostraron una confianza casi temeraria en su capacidad de gestionar una situación tan conflictiva. Su testimonio parece que da la razón a su atrevimiento. De lo contrario, ¿su fracaso no habría agravado el conflicto y dificultado más aún la relación entre los nietos y sus abuelos? La calidad de la relación anterior entre la suegra y la nuera permitió mantener una actitud tan arriesgada.

Un salvavidas de esta índole, concebido y acordado por los cuatro abuelos, todavía será más eficaz. Los nietos se sentirán más protegidos de la crisis cada vez que busquen refugio en casa de los abuelos. Desde esta óptica conciliadora, parece bastante deseable que estos últimos se comporten con neutralidad con respecto del divorcio. Los nietos difícilmente podrán soportar que unos y otros critiquen a uno de sus padres. Por el contrario, es mejor que los abuelos digan frases como: «No estés triste porque se hayan querido tanto y se separen como han acabado haciendo». De este modo demostrarán a los nietos que sus padres se han amado de verdad y que han deseado tenerlos, aspecto importante para los hijos. Si los nietos encuentran en casa de los abuelos un medio, un amor estable, la separación de los padres les parecerá menos catastrófica.

Este salvavidas ofrecido por los abuelos también puede servir para restablecer con mayor rapidez una cierta estabilidad en la vida de los niños. Los procedimientos que se eternizan son nefastos para los pequeños. El buen entendimiento entre abuelos puede permitir ejercer una influencia común para evitar enredos de fatales consecuencias. Los adolescentes son especialmente sensibles a la disminución del nivel de vida que implica el divorcio. Si la pensión por manutención, aunque su importe sea el adecuado, no se paga como es debido, ambos padres pierden todo el crédito: uno por ser un mal pagador, el otro por pedigüeño. El desprecio por uno y otro se hace extensivo a todos los adultos. Los abuelos tal vez puedan intervenir para hacer respetar la sentencia o para prestar un anticipo que salve la cara del padre que ha decepcionado a sus hijos. Igualmente, a menudo los abuelos tendrán que salvaguardar o restablecer la autoridad moral de los padres que habrán enturbiado algunas escenas y disputas entre ellos.

Pero también están las repercusiones prácticas —la mudanza, pedir alojamiento a los abuelos— que, a su vez, comportarán varias alteraciones de tipo psicológico. En casa de sus padres, la joven madre se reencuentra con la dependencia propia de una hija: ella regresa a la infancia ante los ojos de sus hijos y, tal vez, de los suyos propios. Al menos durante un tiempo, tres adultos participarán en la educación de los niños. Por lo demás, la mayoría de las mujeres reorganiza rápidamente su vida, a menudo asumiendo a los niños a su cargo, pero no siempre.

Y acaba sucediendo que son los abuelos los que cuidan de los nietos. Algunos profesionales de la educación son bastante reacios a esta situación. Prefieren confiar al niño a una institución antes que a los abuelos. Destacan el hecho que el abuelo materno ejerce a la vez de abuelo y de padre, lo que provoca en el espíritu del niño una confusión en la sucesión generacional. De ahí que habría que prestar atención a este riesgo, pero tampoco pueden pasarse por alto las carencias afectivas derivadas de la vida en un internado, el consumo de drogas, relacionado a veces con la ausencia de una imagen paterna fuerte, o los peligros de sufrir desviaciones sexuales más importantes fuera del seno familiar. A veces, que los abuelos asuman de manera responsable la carga familiar y de vez en cuando sean relevados y ayudados por tíos y tías, es la menos mala de las soluciones. Pero es muy raro el caso de que los niños se críen con sus abuelos y se desarrollen de manera armoniosa... En fin, los profesionales suelen pasar por alto con demasiada facilidad lo que se escapa a su campo de experiencia.

La planificación de la tutela

La decisión de los jueces concede a la madre, en un 85 % de los casos, la tutela de los niños. En el 15 % de casos restantes, es el padre quien la asume o bien esta es compartida. Una cuarta parte de los hijos de divorciados pierde el contacto con su padre. Un dato que habría que tener en cuenta.

La decisión de confiar a la madre la tutela de los niños viene justificada por el sentido común. En efecto, el bebé ha establecido, durante el embarazo y el periodo de lactancia, vínculos muy fuertes con la madre. La considera como más segura que su padre y, en caso de peligro, es a ella a quien se dirige durante su primer año y medio de vida. Si lo separamos unas horas de la madre, el niño rápidamente empezará a pasarlo mal. Algunos padres, cada vez más, se levantan por la noche para dar el biberón al bebé y cambiarlo. El hecho de ejercer su paternidad de esta manera los ubica en una posición prácticamente idéntica a la de la madre en la psique del bebé, pero sólo después del primer año.

Cuando se trata de decidir el derecho de tutela, las partes implicadas, ya sea los padres o los funcionarios de justicia, deberán tener necesariamente en cuenta la edad del más joven de los niños. Cuanto más pequeño sea el niño, más nocivo podrá ser el hecho de separarlo de su madre. Para un recién nacido, podría ser la catástrofe. Privado de su madre durante largas etapas, existe el riesgo de que sufra una depresión severa que podría no manifestarse hasta la adolescencia y causarle daños de por vida. Maurice Berger insiste en el hecho que el niño, en los primeros años de vida, tiene que dormir necesariamente en la misma cama todas las noches y bajo el mismo techo que su madre. Asimismo, se recomienda que el padre vea a sus hijos varias veces a la semana, si es posible, cuando estos sean muy jóvenes, pero siempre respetando esa sensación de seguridad que representa su madre. Los abuelos paternos tienen que recordar a su hijo que debe tener paciencia. Deben hacerle valorar que en todas las sociedades humanas, los hombres protegen a las madres y a los bebés.

☐ El derecho de visita

El derecho de visita es la afirmación legal del hecho que, a pesar del divorcio, el niño sigue teniendo dos padres y sigue viéndolos. De ahí que sea importante que la persona que tenga este derecho lo ejerza para dar a sus hijos, en poco tiempo, los gestos de interés y amor a los que tienen derecho y que les son necesarios. Françoise Dolto comentaba, sobre este derecho, que en realidad es un deber, porque contribuye a formar la identidad del niño.

El padre muestra al niño otros aspectos de la vida, se ve con otra gente. También favorece la formación de la identidad sexual del niño: el aspecto diferente de su cuerpo, su olor diferente, su comportamiento diferente... Además, propone juegos distintos. Y no instaura la misma clase de convivencia, ni ríe de las mismas gracias, ni expresa el cariño de la misma manera que su madre. Las funciones de los dos progenitores, así lo ha querido la naturaleza, se complementan estrechamente. Los estudios sobre comportamiento muestran que al principio el padre incordia al niño y suele dirigirse a él por su nombre, mientras que la madre lo acaricia y lo llama con un mote. Ya desde el momento de nacer, el niño necesita tanto los cuidados del padre como los de la madre. Un recién nacido tiene que ver a su padre con frecuencia en todos los casos. Todo lo que le aleje de él será nocivo para el bebé.

Este derecho de visita concede al progenitor que posee la tutela de los niños un provechoso tiempo de libertad. No hay nada tan perverso como jugar a ser impuntual o renunciar en el último momento a quedarse con los niños, dando explicaciones folclóricas. Igual de terrible es aquel padre que, para impedir que su ex pareja vea a sus hijos, alega en el último momento una supuesta enfermedad o una actividad escolar o deportiva. Los abuelos pueden sustituir al agotado padre para asegurar el cuidado de los niños en cualquier circunstancia. Asimismo, pueden recordar a su propio hijo su deber de respetar el acuerdo pactado con su ex cónyuge. Es por eso que el entendimiento y la confianza mutua entre los cuatro abuelos pueden tener un gran valor. También es deseable que el niño establezca de manera precoz vínculos con todos los abuelos y con el conjunto de la familia.

La ley actual no prevé ningún derecho de visita para los padres que han reconocido a sus hijos pero que no están casados. Estos sólo tienen una obligación: pagar una pensión de manutención sin que ello les conceda el derecho de ver a su hijo. Se trata sin duda de un aspecto del derecho poco conocido y bastante objetable.

□ La tutela compartida

Los padres asumen la tutela de los niños escalonadamente y siguiendo un orden pactado de antemano. De este modo, cada uno de los padres puede mantener el contacto regular con los niños y puede eventualmente pedir ayuda en esta tarea, y si lo estima conveniente, a sus propios padres (y tal vez también a sus antiguos suegros). Así, los adultos más cercanos a los niños se sienten implicados tanto en la vertiente afectiva como en la moral. Teóricamente es ideal y, tras una o dos décadas, cada vez hay más casos en los que se pide la tutela compartida. No obstante, no es la solución más idónea si el hijo más pequeño es menor de seis años.

En efecto, este sistema es catastrófico para los niños más pequeños, que necesitan en todo momento la seguridad que les aporta la presencia de su madre. A nadie se le ocurriría proponer la tutela compartida para un bebé que estuviera en periodo de lactancia. Pero también la persona que no disfruta del privilegio de este contacto corporal íntimo con su madre debe, igual que el bebé, beneficiarse de la presencia cotidiana de su progenitora.

Tanto los litigantes que solicitan la tutela compartida como los magistrados que se decantan por ella deben ser conscientes de la necesidad imperativa del bebé de estar en contacto diario con su made. Ciertamente, este hombrecito también tendrá necesidad de estar con su padre. Entonces, que este último venga a verlo, lo observe, juegue con él o lo saque de paseo varias veces a la semana, si es posible, ya que le será muy provechoso. La relación dual con su madre deberá abrirse por necesidad a otras relaciones desde las primeras semanas de vida. Es entonces cuando el padre ejerce una función capital.

Hacer entrar en razón a una pareja en pleno divorcio no es fácil y tampoco es la obligación de los abogados interesarse por la psicología infantil. Los abuelos son a menudo los únicos que están en posición de abogar por el sentido común.

No podemos correr el riesgo de privar de su madre a un niño que no haya cumplido un año durante varios días y menos aún durante el mes de vacaciones. Más adelante, el chaval podrá soportar separaciones de algunos días sin sufrir mucho. Después, paulatinamente y según su ritmo personal, estos periodos pueden alargarse. Ciertamente, si el chico ve con frecuencia y ama a las personas que lo cuidarán en tales situaciones, le será más fácil soportar la ausencia de su madre.

Cuando el hijo menor cumple los seis años, la tutela compartida permite todas sus ventajas, pero con algunos matices. Se aconseja no separar a los hermanos. Los niños deberán cambiar de domicilio todos al mismo tiempo, lo que conlleva disponer de pisos bastante grandes, y ambos domicilios no deberán estar muy lejos de la escuela. Se trata, pues, de una solución exigente y cara, pero cuyas ventajas son considerables. Los niños mantienen un contacto regular con los dos padres y con las familias de ambas partes. La experiencia demuestra que ellos suelen soportar bastante bien las mudanzas constantes, pero se olvidan con facilidad el libro de matemáticas en casa de uno de los padres. De aquí la opinión desfavorable que muchos profesores tienen sobre esta cuestión.

Pero todavía hace falta que el hacha de guerra entre los padres esté enterrada totalmente. Si este no es el caso, la tutela compartida hará que los niños vivan de manera permanente en dos universos abiertamente hostiles. Para ellos, es la peor de las soluciones, el horror. Los abuelos, si son conscientes de lo que ocurre, tienen la obligación de dedicar todos sus esfuerzos a calmar la situación o incluso a intentar remediarla tomando parte con el juez.

Después del divorcio: los abuelos y los nietos

Como hemos visto, los abuelos que están muy presentes en la vida de sus nietos pueden verse brutalmente excluidos con motivo del divorcio. Por lo general, no suele ser el caso de los abuelos maternos, ya que la madre es la que obtiene la tutela de los niños en la mayoría de los casos. De este modo, sus padres están bien posicionados para intentar reprender o mantener las relaciones con la familia paterna, pero pocos son los abuelos conscientes de un verdadero interés por sus nietos como para hacer este esfuerzo. Para los abuelos paternos es más difícil ver a sus nietos. A veces, las madres que poseen la tutela rompen todos los vínculos con sus antiguos suegros y se niegan a dejarles a sus hijos.

Si el padre ejerce su derecho de visita y se deshace de los niños dejándolos con sus padres para poder ocuparse de sus asuntos, los niños sentirán que su padre no se interesa realmente por ellos y no les hace participar en su nueva vida. El rencor y el sentimiento de frustración de los pequeños pueden afectar a la relación con los abuelos que les cuidan. Un caso distinto es si el padre pasa los fines de semana con ellos en casa de sus padres: resuelve algunos problemas de intendencia y preserva las relaciones entre abuelos y nietos. Pero también es aconsejable que pase momentos de alegría en los que los niños lo puedan disfrutar en exclusiva y participen en su tiempo libre.

◻ Cuando los abuelos se ven privados de sus nietos

Los abuelos llevan mal el hecho de no ver a sus nietos, si las relaciones no son buenas con el padre que posee la custodia de los niños. Las dificultades geográficas pueden añadirse a los conflictos psicológicos y comprometer los encuentros.

En caso de fracaso conyugal y siempre que los padres hayan estado casados, los abuelos pueden obtener del juez de familia el derecho de visita que prevé la ley. El juez sólo consiente este derecho en uno de cada dos casos, de media. En algunos casos puede haber razones de peso para temer que los abuelos aprovechen estos encuentros para criticar al padre responsable de los niños. Si los abuelos obtienen este derecho, no hay nada ganado. Ellos habrán pleiteado contra el padre que está a cargo de los nietos. ¿En qué estado mental estarán los pequeños cuando los veamos de nuevo? Se necesitará mucha habilidad para tener éxito en la primera visita.

Las familias recompuestas

El incremento en la frecuencia de divorcios ha llevado a creer a nuestros contemporáneos que las familias recompuestas son un fenómeno reciente. Pero se equivocan. Muchas mujeres morían en el momento del parto; además, los accidentes y las guerras mataban a muchos hombres jóvenes. Las familias recompuestas actuales sólo difieren en que su situación es la consecuencia de un divorcio.

La mayor parte del tiempo los niños suelen aceptar muy bien a la nueva pareja de cualquiera de los padres. No obstante, su cólera estará justificada si una mañana descubren a un desconocido en la cama de su madre. Algunos encuentros previos con el recién llegado habrían allanado el camino. Si la nueva amiguita de papá sólo tiene dos años más que su hija mayor, podría correr arriesgarse a no ser muy bien acogida: la envidia epídica es una enfermedad muy común. En cambio, la llegada de hermanastras o hermanastros está más bien vista por los niños, que ven en ella una señal de estabilidad de la nueva pareja.

Los abuelos suelen alegrarse cuando sus hijos y sus antiguos yernos o nueras encuentran una nueva pareja. Esto marca el final de un periodo conflictivo, penoso, al menos si las nuevas parejas son estables. Estas nuevas uniones suelen favorecer de manera natural los encuentros con los nietos, que es lo principal para los abuelos. Bastará un poco más de tiempo y el odio suscitado por el divorcio no será más que un recuerdo desagradable. ¿Acaso tienen los abuelos un piso grande o una casa con jardín? Los padres de sus nietos podrán reunirse allí con los nuevos cónyuges y los hijos que hayan tenido de matrimonios anteriores. También podrán asistir, en medio de estas comilonas familiares, a la invención de nuevos parentescos entre niños que no tengan ningún vínculo de sangre en común y que sólo estén unidos por las segundas nupcias de sus padres. De hecho, a los niños les encantan los lazos de parentesco.

10

Acerca de los malos tratos

Padres, abuelos y educadores: nadie es perfecto. Se puede afirmar que cada uno «maltrata» a los niños que ha tenido a su cargo ya que no hace todo lo que sería deseable, de la mejor manera y todo el tiempo, para su felicidad o educación. Los adultos más atentos pueden equivocarse siendo inútilmente severos o estando de mal humor. Es ese caso perjudican de manera involuntaria al niño, sin dejar de quererlo ni de desearle la mayor felicidad posible. Es pues inútil culpabilizarse por nimiedades. Lo perfecto no existe. Jóvenes adultos de educación ruda pero llena de amor no lo tienen en cuenta frente a sus padres. Los quieren «a pesar de todo» y se esfuerzan en comprenderlos.

Malos tratos psicológicos

Existen incontables maneras de hacer sufrir a un niño con sólo palabras o actitudes. Estos malos tratos psicológicos, los más frecuentes, son probablemente los más difíciles de evitar, ya que están directamente relacionados con la educación recibida por el educador y con su carácter. Algunos tenderán a repetir las palabras y las actitudes del pariente de su mismo sexo ya que consideran que no ha ido tan mal. No se lo cuestionan. Al igual que aquellos que, en nombre de los malos recuerdos o porque se menosprecian, adoptan una actitud diametralmente opuesta. El padre, en ambos casos, simplemente omite preguntarse si ello será bueno para el niño. Se proyectó sobre él sin verlo tal como es y sin reconocer sus necesidades específicas.

El carácter de los adultos no siempre es fácil. Al reverendo Georges Marchal, le gustaba decir con una sonrisa que «cuando tenemos carácter, en general es del malo». O peor: ¿es un individuo, reconocido como «normal», que esté completamente exento de cualquier rastro de neurosis o psicosis? Ahora bien, el educador liga sus tareas con sus recuerdos de infancia y su psique tal cual sea su naturaleza. Sería deseable que fuera consciente cuando interviene. Aunque esto no deja de ser un deseo inocente. Rara vez la gente mala o envidiosa se reconoce como tal.

Existen otras explicaciones a las insuficiencias de los padres. Los niños son impetuosos, adorables e imprevisibles. A menudo obligan a reaccionar en el momento: una tristeza o una cólera inexplicables, un gesto que les hace correr un riesgo vital sólo soportable tras una larga meditación para encontrar una respuesta por parte del adulto. La respuesta inmediata fruto de la espontaneidad y sin reflexión alguna no será forzosamente la más adecuada. Además, el amor que profesan los padres por sus hijos y su deseo imperioso de protegerlos se unen para constituir una «mancha ciega» que altera sus capacidad de valoración. Muchos «malos tratos psicológicos» son fruto de la combinación de esos factores contra una reacción tranquila y sana por parte de los adultos. La obcecación fruto del amor no es siempre beneficiosa.

¿Es correcto hablar de malos tratos psicológicos cuando se habla de esas imperfecciones de los adultos? No y sí. No porque pocas veces tiene, el padre débil, ganas de perjudicar. Los momentos de tensión o de enfrentamiento con el niño son limitados, mientras que, de manera más común, la relación afectuosa se desarrolla con normalidad. Y si a pesar de que la agresividad de uno de los padres es importante, su pareja u otros adultos, muy conscientes de lo que tiene que afrontar el niño, le manifiestan amor y consuelo. Los abuelos pueden formar parte de este grupo jugando así un papel salvador de vital importancia, tal como veremos. Al contrario, se dan malos tratos psicológicos si el comportamiento del adulto dificulta el desarrollo y la armonía psíquica del niño. Un niño un poco frágil y emotivo vive de manera dolorosa el comportamiento de un adulto duro e impulsivo. Piensa: «Ya no me quiere, soy malo, tonto...». Existe el riesgo de que pierda confianza en sí mismo, su cabeza se llena de vacío y dolor. Y a la inversa, si pertenece a la categoría de los «irrompibles», no se dará en él maltrato psicológico. Simplemente pensará que mamá se pone un poco pesada cuando tiene preocupaciones. Otro matiz: las dos categorías de niños se podrán sentir culpables acerca de la ambivalencia de sus sentimientos hacia al padre arisco que quieren y «no quieren» a la vez.

Es pues imposible decir, de manera absoluta, lo que una actitud educativa, que tenga las reprimendas dentro de lo aceptable, podrá tener como efectos. Probablemente no se debería dramatizar. Los hijos de aquellos padres menos exigentes no tienen por qué ser ni los más felices ni lo más equilibrados. Estos padres débiles forman parte de aquellos que denuncia el autor que se esconde bajo el seudónimo de Jeanne Van den Brouck. Propone, en su *Guía de uso para niños con padres difíciles*, una lista, no exhaustiva y llena de humor, de las diferentes posibles categorías de «padres difíciles»: el inmaduro, el tímido, el rico o el pobre, el superdotado o el ausente, el agotado, el celoso, el delincuente, el desordenado, el sádico, el decepcionado con la vida y el mártir, etc. La autora renuncia a tenerlos a todos en consideración: para acabar con la lista, seguramente se tendrían que citar todos los padres de uno en uno. ¿Es posible ser para el hijo un padre que no sea difícil? ¿Y sería más fácil para los abuelos? Nada más improbable. Algunos, padres o abuelos, quizá se reconozcan, con mucho gusto, muy diferentes de los ejemplos citados por Jeanne van den Brouck.

◻ **Los padres mentirosos**

Podemos dar una gran norma: jamás se debe mentir a un niño. A menudo este siente que le mentimos y rechaza al padre mentiroso. Por supuesto, esta regla no se refiere al mundo de la fábula, de los juegos compartidos y de los sueños. La excepción más común es la de los Reyes Magos. Los adultos, padres, abuelos, profesores y los hermanos mayores son todos cómplices. No parece que esta mentira premeditada, organizada y socializada pueda perjudicar al niño. Al contrario, les sirve para hacerles entender que a veces los adultos «juegan a hacer creer». Prácticamente todos los niños son conscientes de su existencia y de su rol benéfico: ¡traen regalos!

Cuando hablamos de la vida real, de las preguntas cotidianas, no se debe mentir jamás. Siempre se podrá dar una respuesta elusiva a una pregunta indiscreta con la que el niño en general se sentirá satisfecho. Responder con una mentira a la pregunta «¿de dónde vienen los niños?» será siempre perjudicial. En el caso de que se pregunte a los abuelos, su respuesta tendrá que ser honesta y breve, sea cual sea la respuesta de los padres. En referencia a este tema, nunca tendrían que avalar una mentira eventual de los padres.

☐ Los padres negligentes

Algunos niños viven en casa de sus abuelos, pero en la práctica están dejados a su libre albedrío, sin vigilancia. La actividad profesional de los padres es a menudo la causa, o el pretexto. Están tan ocupados entre sus pasatiempos y su vida social que, incluso estando en casa, se les puede considerar «padres ausentes». Para el niño el resultado es el mismo: falta de cariño, de atención a sus necesidades, preocupaciones o problemas. A veces ocurre que los padres son conscientes de su ausencia en determinados intervalos de tiempo y quieren compensarlo mediante la satisfacción de caprichos o con dinero. De esta manera, lo que hacen es comprar a su hijo. El resultado es catastrófico: el desahogo material prematuro que no se corresponde a ningún esfuerzo personal es muy desestabilizador. ¿Por qué estudiar cuando se tienen los bolsillos llenos y basta con pedir? Los abuelos, conscientes de este hecho, pueden a veces intervenir proponiendo, por ejemplo, hacerse cargo del niño algunos días de la semana.

☐ Los padres sobreprotectores (pelícanos)

Cuando la pesca es mala, los pelícanos deben ofrecer sus propias entrañas a sus crías. Encarnan el sacrificio feliz por el que no se pide nada a cambio. La leyenda es bonita. La realidad humana debe adaptarse. Pelícanos quizá, pero sobreprotectores seguramente, los padres de este tipo también pueden ser altamente perjudiciales. Los sacrificios, reales y/o anunciados, permiten comprar la sumisión y el reconocimiento eternos de sus hijos. Los padres sobreprotectores se creen capaces de decidir por sí solos todo lo que se refiere a su bienestar y lo que les depara el destino. Si los hijos se han desarrollado de manera normal, se rebelan contra este abuso de control y ayudas de todo tipo. Si los padres consiguen su objetivo, su pelicanismo será el responsable de pseudoadultos, eternos adolescentes incapaces de conducir sus vidas sin estar todo el rato pidiendo permiso. Los veremos mal acomodados profesionalmente, insatisfechos o contentos con poco, solteros agarrados a las faldas de mamá..., en definitiva, malogrando su vida. Una abuela o un abuelo sobreprotector pelícano todopoderoso también puede parasitar a una familia entera.

☐ **Malversaciones económicas y autoridad parental**

A veces se puede saber que un padre ha desheredado a los hijos de una primera relación a favor de su segunda mujer, o que una madre se ha aprovechado del periodo de tutela para acaparar toda la fortuna de los niños.

Mi abuela

«Mi abuela, de carácter altivo, de maldad audaz, llegando a veces a la furia, disfrutaba a pesar de todo del afecto de su hija. Mi madre estaba subyugada, negada por mi abuela, bajo su imperio absoluto. Totalmente dependiente de su fortuna, jamás osó reclamar que, siendo hija única de su padre —el conde de Rothe— fallecido cuando tenía 10 años, tenía el derecho al menos de poseer su fortuna. [...] Mi madre [...] nunca habría tenido la valentía de hablar de cuestiones económicas con mi abuela. La reina María Antonieta le abrió los ojos acerca de sus intereses y la animó a pedir las cuentas. Mi abuela se puso furiosa y se llenó de odio, tal como quedó reflejado en novelas y tragedias, apartando cualquier atisbo de cariño materno...».

Marquesa de La Tour deu Pin, *Memorias*

Estas malversaciones económicas, muy frecuentes, son robos tipificados o abusos de poder. Despojar de la herencia a los hijos de un primer matrimonio a favor de sus hijastros: *Cenicienta* es un buen ejemplo. Es el caso más frecuente y el padre espoliador a menudo actúa por cobardía ante el riesgo de conflicto conyugal. También se pueden despojar los propios hijos por afán de lucro, para conservar el poder que da el dinero, o incluso para satisfacer pasiones costosas: juego, mujeres. Vemos como en estos casos el amor parental puede ser débil, secundario respecto a otros intereses, lo que no tiene que impedir forzosamente al padre saqueador prodigarse en mil gestos de afecto que no son más que tentativas, a menudo exitosas, de seducción.

Leyendo estos ejemplos, es evidente que el término «padres difíciles» es muy indulgente, y que Van den Brouck es muy irónica. El carácter de los adultos puede comportar aspectos patológicos particularmente perjudiciales. Nos conformaremos con citar a los sádicos que gustan de humillar, insultar y reírse de sus hijos en cualquier ocasión y sin razón. El niño tendrá dificultades en discernir entre el bien y el mal, ya que será ridiculizado haga lo que haga. Los padres paranoicos atribuyen a la víctima la responsabilidad de todo lo que no les gusta (siendo ellos los responsables eventuales). Los gritos que acompañan sus ataques de furia son espantosos. Aunque no sea el objetivo buscado, el resultado de estos malos tratos es la pérdida de la confianza del niño respecto a los adultos que lo vejan, y hacia él mismo. Las referencias que en condiciones normales aseguran su seguridad intelectual se vuelven menos claras. El niño difícilmente soporta la patología mental de un padre: su equilibrio psíquico se ve alterado.

En los ejemplos propuestos, vemos que algunos muestran muy claramente la preocupación de algunos adultos que sólo atienden a su propia felicidad o que se dejan obnubilar por su propia angustia. No se preocupan en absoluto de sus hijos. Si les muestran afecto sólo será para afirmarse en la idea de que son buenos padres. No se toman muchas molestias en verlos, en intentar saber si son felices y menos aún cuáles son sus deseos y ambiciones. Desprecian la infancia porque prefieren no acordarse del niño que ellos fueron. En esta falta de interés real por parte de los padres reside el elemento esencial del mal trato. Los niños tienen la necesidad de sentirse realmente solicitados.

Malos tratos sexuales

Puede ser incluso peor. En los casos de agresiones sexuales asociadas, el efecto destructor se mezcla con el trauma psicológico: el maltrato sexual es en sí mismo una agresión psíquica que se añade al grave ataque corporal que representa. Sean cuales sean las actitudes o discursos, sea quien sea el adulto que viola, que aterroriza al niño y que le hace vivir un calvario diario de miedo, dolor y vergüenza. Sólo merece la vía judicial.

☐ Reaccionar rápido

Imaginemos la reacción de una abuela que descubre de manera brutal que su nieta ha sido víctima de una agresión sexual. ¡Qué horror! ¿Qué hacer? ¿Dirigirse rápidamente a comisaría? Lo más urgente no es ocuparse del culpable, sino de la víctima. Es un niño que manifiesta a la vez un sufrimiento físico y moral, que siente vergüenza, que calla. ¿Cómo ayudarlo? Debemos cogerlo en nuestros brazos, ayudarlo a hablar. Intentaremos poco a poco saber qué ha pasado, pero de manera incompleta, ya que una niña pequeña no dispone de las palabras necesarias.

He aquí una niña pequeña de cuatro o cinco años que no entiende muy bien por qué su padre le prohíbe tocarse y la llama «pequeña viciosilla». Se siente todavía más sorprendida por sus caricias insólitas, repentinamente dolorosas. El aspecto del padre es extraño: «Estaba muy rojo, respiraba muy fuerte». Enseguida la aterra con amenazas y con el secreto que le exige. Se siente profundamente culpable, avergonzada y no como la víctima, como si tuviera que cargar con la culpa para eximir de ella al padre que ama. Tiene miedo porque no sabe cómo reaccionar ante un hecho que no entiende y que no sabe como evitar. Incapaz de encontrar las palabras sobre lo que le está pasando, se ve apocada al silencio y, posteriormente, sólo puede comunicarse mediante monosílabos. Ha sido «violada», a pesar de permanecer virgen: el adulto le ha impuesto un juego sexual en el que sólo él ha obtenido placer.

De hecho, hace ya algunos días que esta abuela sospechaba algo. El carácter de su nieta había cambiado: inquieta a veces, postrada otras, o con crisis de pánico incomprensibles, su alegre nieta se había vuelto triste e intentaba aislarse. Había gritado varias veces a lo largo de la última noche que había pasado en casa de sus abuelos, despertándose de golpe tras terribles pesadillas. ¿Qué puede hacer esta abuela para proteger a su nieta? Las respuestas a esta pregunta son de vital importancia ya que los autores de tales actos han reincidido a menudo a lo largo de meses o de años, dejando secuelas indelebles en la víctimas.

Algunas niñas revelan el secreto reproduciendo los gestos del agresor sobre sus muñecas, insultándolas o representando el dolor con mímica. Las abuelas, al igual que las madres, son casi siempre las primeras en alarmarse. Los profesores también se preocupan al constatar una bajada del rendimiento escolar junto con la aparición de problemas psicológicos. La gravedad de los traumas padecidos a lo largo de estas agresiones sexuales puede conllevar diferentes enfermedades, a menudo de tipo digestivo, o incluso problemas en el desarrollo somático.

Abusos sexuales y trastornos del crecimiento

Corina va a visitar a su amiga Marga a casa del abuelo de esta, que no vive muy lejos. Al llegar, se la encuentra «acariciando el pito de su abuelo». Vuelve a casa llorando y explica a su madre lo que ha visto. Esta no duda ni un instante en llamar a la madre de Marga para alertarla. Añade que su hija Corina ha recibido por parte de este hombre proposiciones verbales inequívocas. Los padres de Marga, conmovidos, obtienen sin muchas dificultades la confesión del abuelo. El padre de Marga recuerda en ese momento que hace dos años su hija le explicó que «el abuelo le enseñaba el pito» y no quiso creerla. El tratamiento de Marga y de su familia por parte de un trío terapéutico formado por un psicólogo, un médico y un asistente social, ha permitido liberar del sentimiento de culpabilidad a la familia a la vez que ayudar a Marga. Gracias a este servicio hospitalario muy especializado, se detecta rápidamente que Marga es mentalmente muy inmadura. Su gráfico de crecimiento es normal hasta los siete años, pero desde entonces casi no ha crecido. Esto es debido a los abusos sexuales del abuelo.

Marga ha tenido conocimiento de las demandas judiciales contra su abuelo y se ha sentido culpable por ello. Le han explicado en qué medida el abuso sexual también representa un abuso de confianza. El servicio hospitalario se ha hecho cargo de Marga durante meses y ha podido comprobar con satisfacción cómo su crecimiento retomaba un ritmo rápido a partir del momento en el que se sentía comprendida, rodeada y segura de que no volvería a verse desprotegida de su abuelo.

La reanudación del crecimiento de Marga, una vez superado el trauma, confirma el origen de la interrupción de su crecimiento. Otros casos muestran que una carencia afectiva o golpes continuados también pueden conllevar interrupciones en el crecimiento de los niños que los padecen.[13]

Los malos tratos sexuales no sólo están provocados por los hombres. Algunas mujeres sienten placer al excitar sexualmente a un niño o a una niña. Pueden ser tanto la madre como la abuela de la víctima. Estos casos parecen poco comunes. ¿Se deben distinguir de antiguas prácticas de nodrizas de otras épocas que masturbaban a los bebés para dormirlos? Podemos suponer que estas nodrizas actuaban de acuerdo a una costumbre extendida y sin obtener placer personal. De todas maneras, con placer o sin, ni actuaban en la clandestinidad ni en la culpa; a partir de ese momento, su comportamiento ya no presentaba los caracteres esenciales de la perversidad.

Durante recientes procesos judiciales por pedofilia, algunas mujeres, a veces madres de algunas de las víctimas, han sido condenadas por haber sido proveedoras u organizadoras de encuentros. Sus motivos tanto podían ser de afán de lucro como de connivencia sexual con el hombre violador; lo que sugiere un placer indirecto.

☐ **Adolescentes y malos tratos**

Los adolescentes de ambos sexos son también víctimas de malos tratos graves. Tal como hemos visto con los niños, los padres son a menudo los responsables y podemos encontrar algunos abuelos entre los culpables. Se han recogido a veces también casos de homosexualidad. A este respecto, las niñas pequeñas no están totalmente a salvo. Los culpables tanto pueden ser adultos próximos como ado-

---

13. Texto redactado a partir del caso recogido por Danièle Rapoport y Anne Roubergue-Schlumberger en «Blancanieves y los siete enanitos... y otros malos tratos», en *El desarrollo interrumpido*.

lescentes y, menos comúnmente, desconocidos. Hoy en día se considera como algo normal que los adolescentes tengan experiencias sexuales libremente consentidas entre ellos. Pero algunos pueden mostrar actitudes brutales y cometer de esta manera verdaderas violaciones.

Una abuela precavida

Durante las vacaciones, Verónica tenía en su casa a su nieto de nueve años, Pedro, y a un chico mayor de diecisiete, Juan, hijo de unos primos amigos muy próximos. En pocos días, Juan y Pedro se hicieron amigos, jugaban y se iban de paseo juntos; la abuela estaba muy contenta de que se llevaran tan bien.

Esa mañana, los dos chicos habían jugado en casa, y Verónica, a su llegada, se percató de que la camiseta de Pedro estaba del revés. Se lo dijo. Pedro, rojo, le afirmó que esa mañana se había equivocado al vestirse, mientras Juan bajaba la mirada. Verónica, sospechando, cambió de tema.

Por la tarde, aprovechó una ocasión para estar con su nieto en su habitación. E insistió con las preguntas, diciéndole con firmeza que por la mañana, mientras desayunaban, vestía la camiseta correctamente. Enseguida le reconoció que Juan le hizo desnudarse para tomarse unas fotografías y que... le había acariciado un poco. Verónica, estupefacta, confiscó enseguida la cámara de Juan y llamó a los padres de ambos.

Acabó las vacaciones sola con Pedro, que se sentía muy culpable de haberse chivado, pero también muy aliviado, ya que había llevado muy mal esa agresión. Pedro tuvo durante unos meses algunos trastornos de comportamiento y tuvo que ser atendido por un psicoterapeuta.

Los adolescentes víctimas de malos tratos sexuales manifiestan a menudo trastornos psíquicos más difíciles de interpretar. Tendencia a aislarse, a la postración o a la tristeza son también comunes a esta edad tras un mal de amores, una decepción por una amistad o por problemas escolares. Estos cambios de humor no tienen que tomarse a la ligera: «Ya se le pasará, es la adolescencia». Aquel o aquella, abuelo, tío o amigo de la familia que consiga conservar o ganarse la confianza del joven y que pueda acceder a sus confidencias, le podrá ayudar mucho tan sólo por el hecho de escucharlo y, más aún, si consigue protegerlo eficazmente.

☐ El papel de los abuelos

Si una niña o una adolescente confía a su madre, con vergüenza, que su padre le ha metido mano, corre el riesgo nada despreciable de verse como la acusada, ya sea mintiendo para atraer la atención, ya sea por haber provocado a su padre. La madre, atónita ante tales revelaciones, puede preguntarle también a su hija si no lo ha soñado, si está completamente segura de lo que está relatando. Su reflejo natural es de negarse a creer tales noticias, tan peligrosas para su pareja. Intenta de esta manera proteger a su marido. Si los actos de incesto continúan, la madre, en determinados casos, se esforzará para no ser testigo de ello y callar. Le parece algo imposible denunciar a su marido a la policía o a los servicios sociales.

La abuela materna se encuentra en una mejor situación psicológica para defender a su nieta. A pesar de todo, tampoco le será fácil. Que la revelación sea espontánea o sugerida, no podrá proteger con garantías a la niña hasta que no se entreviste con los padres, algo que seguro será de difícil ejecución. A veces es posible proponer una separación temporal del niño o la niña del hogar paterno al ser este peligroso. Sea cual sea el resultado del diálogo, tendrá el mérito de haber transmitido al que «seguramente es el culpable» que ha sido denunciado por la niña. Esto podría ser suficiente para evitar la reincidencia, pero no devuelve la tranquilidad a la niña, que todavía se sentirá en peligro.

La solución menos mala puede ser animar a la joven a denunciar la situación y a acompañarla durante este trámite. Hay que tener en cuenta que a veces los servicios sociales y la policía tienden a interrogar a la víctima como si fuera la culpable, por miedo a iniciar una investigación sobre la base del testimonio de una mitómana.

No parece tan difícil cuando parece que la persona sospechosa no es el padre. Una buena complicidad entre las dos generaciones de padres permitirá proteger de la mejor manera posible a la joven. En este caso, el trámite de la denuncia sólo plantea un problema psicológico, a menos de que el culpable sea miembro de la familia. En efecto, es algo doloroso denunciar a un ser próximo. Pero para la joven, es la única solución capaz de reportarle tranquilidad. La encarcelación de su agresor le puede apenar si se trata de un familiar, pero la manifestación de la justicia restaurará con toda probabilidad la paz interior indispensable para su posterior recuperación.

Violencia psíquica

Los castigos físicos eran parte de la educación tradicional, siendo pieza fundamental. A día de hoy, se niega su papel educativo y han sido proscritos. Esto representa un progreso, ya que las agresiones físicas ejercen sobre la psique una influencia nefasta.

No se trata de culpabilizar al padre que de manera excepcional ha dado un golpe sobre la mano en un momento determinado: probablemente no tendrá ninguna consecuencia sobre el desarrollo del niño. Pero se debe evitar de manera terminante la bofetada o la zurra. La primera, humillante, constituye un maltrato psicológico. La segunda no está exenta de connotaciones sexuales; algunos niños deseaban la excitación al igual que la temían. Algunos padres pueden ser muy brutales cuando pegan a sus hijos, ya sea por cólera o sadismo. Los informes policiales son testigos de la riqueza imaginativa de las «correcciones para los niños».

Los médicos han descrito la tipicidad *del niño maltratado*. Son niños, a menudo muy pequeños, que reciben golpes con gran violencia. Muchos no tienen siquiera seis meses, y algunos son recién nacidos. Las lesiones craneales, las fracturas, las quemaduras por cigarrillo o por plancha son posibles. Le reincidencia en los golpes sin motivo alguno es la tónica general y muchos niños fallecen a causa de ello. Sólo sobreviven si han sido separados a tiempo de sus verdugos.

La víctima, si ya está en edad para hablar, explicará a sus abuelos que se ha dado un golpe, a pesar de que la herida provenga claramente de un puñetazo. El descubrimiento continuado de huellas de golpes, de quemaduras, de cortes alertarán a los abuelos. El niño tenderá a defender a sus padres y responderá ocasionalmente que había cometido graves travesuras y que ha sido justamente castigado.

Las consecuencias psicológicas e incluso fisiológicas de repetidos actos violentos de esta envergadura no son anodinas. Le harán cada vez más débil. Los abuelos tienden, siempre que les sea posible, a proteger a sus nietos de estos malos tratos. Se tiene que ser consciente de que el tiempo juega contra el niño. Pero aquí, de nuevo, no será fácil actuar pensando en sus intereses. Los servicios sociales están presentes en todas partes y pueden ocuparse de problemas de este tipo si no ha sido posible establecer una conversación con los padres o si ha sido inútil.

☐ El síndrome del niño sacudido

Un niño puede ser «maltratado», es decir, que se le haga daño, con plena inocencia: algunos juegos con los niños pueden volverse peligrosos, cuando todo el mundo se lo está pasando bien. A los chicos les encantar lanzar a los pequeños al aire para después recogerlos. Todo el mundo está feliz. Pero no se tiene que hacer con los niños demasiado pequeños: existe el riesgo de causarles un shock cerebral. Los abuelos, haciéndose valer de su experiencia, se podrán oponer a este juego cuando resulte peligroso.

A los niños les encanta cuando dos adultos los cogen de cada uno de los brazos y los balancean con energía. Si uno de los dos es demasiado bestia, se puede provocar una fractura o una luxación de hombro. A los jóvenes les encanta sacudir y balancear a los niños de esta manera. Los accidentes están a la orden del día.

También puede pasar que un bebé sea «sacudido», no ya por el joven tío «cabra loca», pero sí por un pariente exasperado por sus gritos. Esto se podría solucionar con otra medida preventiva de los abuelos: dar a los padres jóvenes, necesitados de algunas horas de verdadero sueño, una noche (de vez en cuando) sin el bebé.

Liliana nemet-Pier, en *Mi hijo me devora*, describe casos de madres obligadas a salir de la habitación de su hijo de dos años para no emprenderla a golpes. Describen al psicólogo una situación en la que se sienten al borde del ataque de nervios, acosadas por las demandas incesantes, las exigencias y los llantos de un niño del que no entienden la demanda real. A la vez se sienten consumidas por la culpabilidad de mostrarse tan rechazantes, humilladas por no ver con claridad el problema de su hijo, desesperadas por ser tan malas madres. El niño, sintiendo el desamparo de la madre, se siente aún más angustiado, volviéndose más irritante, y corre el riesgo de ser sacudido por los hombros, cuando no maltratado. El entorno, del que forman parte los abuelos, puede manifestar empatía, escuchar a esa madre, intentar hacerle comprender lo que está pasando para calmar la situación. La suegra debería evitar decir: «Mi querida Irene, no parece que os vaya muy bien con el pequeño Matías. Y mira que es guapo». Comentario tentador, más aún cuando la mayoría de las veces es cierto: el niño puede ser encantador cada vez que ha sido separado de la madre. En realidad, es una madre excelente, dulce y abnegada. Entonces, ¿qué está pasando? Los abuelos, si quieren ser de ayuda, se tendrían que ahorrar los juicios de moral y los análisis tajantes, siempre negativos. Cada caso es diferente.

☐ **Los abuelos, factor de resistencia**

Las trastornos del carácter, la brutalidad o la perversidad de algunos padres los convierten a estos en seres nocivos para sus hijos. La repetición de los traumatismos que les infligen parecen tener efectos desastrosos. Los abuelos se han mostrado quizá siempre más receptivos en tomar la defensa de los más jóvenes. Al estar más disponibles, escucharán sus confidencias, los consolarán, los distraerán y mostrarán su cariño. De esta manera ayudarán al niño a tejer su «resistencia frente a la adversidad».

Esther y la calamidad de su madre

Es poco frecuente que una abuela vaya al psicoterapeuta a hacer una consulta acerca de su nieta. Explica: «La pobrecilla fue muy mal recibida al nacer. Se esperaba con tantas ganas un niño tras una primera niña... Otra vez niña, y encima no muy bonita: morena con mucho vello en el rostro, nariz chata y labios mal definidos. Su madre no podía aceptarla. Se le insistió en que el vello desaparecería, ¡estuvo deprimida durante tres meses! Ya ve doctor, todo me hace pensar que se trata sólo de eso».

Esther tiene ahora seis años y su madre no para de desairarla, por todo y por nada. Ella intenta contentar a su madre, pero nunca lo hace bien. El otro día recogió unas flores y ofreció el ramo a su madre: «Esther, pero no ves que están completamente marchitas». Y así todo el rato. La pequeña no se da por vencida y lo intenta todo para ser aceptada. Mire, el otro día, que yo estaba presente, trajo toda orgullosa un sobresaliente en caligrafía. «Tu profesora no es muy exigente. Ponerte un sobresaliente cuando escribes la *t* como si fuera una *r*. Yo te habría puesto un cero». La pequeña se fue a la habitación llorando. Intervine y mi hija me dijo: «Para, mamá. No defenderás ahora estos tachones. Llévatela de paseo». No me lo pensé dos veces. Fuimos a una cafetería donde tienen muy buenos helados. Mientras se relamía con su helado, le dije que me gustaba mucho su letra, que su madre aquella noche estaba enfadada. «Abuela, ahora dices esto, pero ella siempre está igual conmigo». ¿Qué podía responderle?

La abuela quería saber cuál era la mejor forma para ayudarla. La psicoterapeuta le felicitó por su reacción y le dio algunos consejos: evitar encararse con la madre, apoyar siempre a la niña pero sin decir que su madre se equivoca. De esta manera la podría proteger eficazmente, con la condición de esconder lo más posible su complicidad con Esther hasta que su madre no haya cambiado de actitud. Por supuesto, también tendría que ocuparse de su hermana mayor, para no poder ser acusada de favoritismo.

En estos casos la madre no recurrirá a la violencia contra el niño. Se «conformará» con la agresividad y los reproches psicológicos.

☐ Teoría sobre la resistencia a la adversidad (resiliencia)

La noción de resistencia a la adversidad ha ido evolucionando y es todavía a día de hoy objeto de controversia. La historia de este factor, la resiliencia, es bastante divertida. La resiliencia es en origen una característica física, que identifica la resistencia de un metal a la deformación tras un choque.

Pero esta palabra ha tomado un sentido derivado desde hace tiempo en América, tal como se recoge en *La elastici-*

dad americana, escrito por Paul Claudel en 1936: «... En el temperamento americano existe una cualidad llamada *resiliency*, por el cual no sabría encontrar en francés una correspondencia exacta, ya que une las ideas de elasticidad, de energía, de recursos y de buen humor...». Fritz Redl introduce en 1969 la noción de *ego resiliency* en psicología para designar a los individuos con una infancia catastrófica pero que han sabido superar. Autores norteamericanos publicaron a lo largo de la década de 1980 muchos libros sobre estos *invulnerable children*, insistiendo mucho más sobre su éxito social que sobre su felicidad o su bienestar personal.

El conceptó cruzó el Atlántico unos diez años después gracias a los trabajos de Stephan Vanistendael (Oficina Internacional Católica de la Infancia) en Ginebra. Boris Cyrulnik se interesó rápidamente también por la resiliencia y la difundió a un amplio espectro de público. Bajo su pluma, adopta un significado más humano e individual que la descripción dada por los psicólogos norteamericanos. Según él, está dirigida a recuperar lo máximo posible el niño traumatizado, tanto en el plano afectivo como en el intelectual. Las capacidades ulteriores de resiliencia de un sujeto están íntimamente ligadas a su primer año de vida y sobre todo a la calidad de la relación niño-madre y a la presencia activa del padre. A raíz de este hecho, frente a la adversidad, son muchos los que afrontan con garantías las situaciones penosas. Para Cyrulnik, este es el mecanismo psíquico que permitirá superar las pruebas ulteriores de la vida.

Según Serge Tisseron, algunos sujetos, llamados resilientes, han conseguido apartar su trauma mediante una especie de división cerebral, llegando incluso a parecer amables y socialmente eficaces. En revancha, no soportan el sufrimiento o la debilidad de los demás, hecho que los vuelve agresivos. Otros tienen graves recaídas psíquicas por sucesos menores. Finalmente, otros sólo pueden superar un trauma haciendo sufrir a su entorno, llegando incluso a cometer acciones homicidas. Estas pseudorresiliencias existen y el mismo Cyrulnik cita algunos casos. Al contrario que Tisseron, considera que son menos frecuentes.

Tiserron y Cyrulnik escaparon de la muerte por los pelos en sus respectivas infancias. Ambos han superado sus traumas y parecen llevar vidas plenas. Podemos reflexionar sobre las diferencias de ambas situaciones. A través de su análisis con Didier Anzieu, Tisseron atribuye su «cura» a las películas de Hitchcock. Psicoanalíticamente, su trayecto terapéutico se basa en las fantasías generadas por la visón fílmica, lo que no está tan alejado del papel que juegan la fantasía, los sueños y la metáfora en la elaboración inconsciente de la resiliencia descrita por Cyrulnik. Se puede formar de manera amena una idea personal de lo acontecido en los dos excelentes libros que son *Los pequeños patitos feos*, de Boris Cyrulnik, y *Cómo Hitchcock me ha curado*, de Serge Tisseron.

El concepto de resiliencia todavía no tiene un lugar reconocido en la teoría psicoanalítica respecto a otros conceptos como el *yo ideal* o el *narcisismo*, por ejemplo. De momento se conforma en aportar esperanza a ambos conceptos.

☐ Práctica de la resiliencia

Cierto es que existen algunos niños «resistentes a todo» que superan por sí solos aparentemente todo tipo de vejaciones sin parecer arrastrar fingún tipo de trauma. Como Gavroche, siempre se las arreglaba y es incluso capaz de hacerse cargo de niños todavía más pequeños con problemas. Por el contrario, la mayoría de jóvenes, víctimas de traumas o simplemente inmersos en situaciones familiares conflictivas, necesitarán la ayuda de un adulto para encontrar un camino hacia el bienestar. Imaginemos simplemente un niño con dificultades, que mire la televisión sobre las rodillas de su abuelo, con la espalda apoyada sobre su pecho. Esta posición, para Tiserron, da al niño una sensación de seguridad. Se siente «apoyado». Así pues, bien seguro, reirá en lugar de tener miedo cuando el malo de la película haga de las suyas. Abuelo y nieto inventarán una continuación fantasiosa de la historia, felices cómplices de una fantasía compartida.

Un niño que haya padecido un trauma se siente a la vez avergonzado y culpable. Mimarlo y cubrirlo de regalos conlleva el riesgo de agrandar su vergüenza, ya que no siente digno de recibir según que. En contrapartida, podemos ayudarle a reparar la imagen que tiene formada de sí mismo. Un niño es feliz cuando es capaz de demostrarse y de demostrar a los demás que puede realizar algo difícil. Proponerle un reto a su alcance le ayudará a sentirse orgulloso de sí mismo.

Muchos son los miembros de la familia o amigos próximos, profesores o incluso compañeros adolescentes que pueden ayudar un niño a «configurar su resiliencia» tras traumas difíciles. Pero los abuelos tienen aquí un papel específico, a menudo subestimado. «Los abuelos [...] son una figura inamovible, a diferencia de las figuras parentales que pueden llegar a ser reemplazadas a lo largo del proceso identitario del niño»,[14] como dice Armando Barriguete-Castellón. Un niño traumatizado se siente solo y separado de su clan, según él por su propia culpa. Aparte de todo su amor y vigilancia, los abuelos son, junto con los padres, los únicos que pueden afirmar la identidad del niño y tranquilizarlo en cuanto a su pertenencia al grupo familiar, ya que ambos son parte del origen.

---

14. *Figuras de paternidad...*

II
EL PASADO EN EL PRESENTE: LA FUNCIÓN SIMBÓLICA DE LOS ABUELOS

La relación entre los abuelos y los nietos que se observa hoy en día parece «natural». Pero se trata de una concepción equivocada, incluso si se tienen en cuenta las variables psicológicas individuales. Esta idea no es más que una ilusión: la historia demuestra que existen modos de vida y de expresión del cariño muy alejados de la sociedad actual. El anciano del siglo XVIII no se parece en nada al abuelo actual, pero tampoco el ritmo de vida y los sistemas políticos y sociales, que han sufrido numerosas transformaciones en los últimos siglos; también las relaciones entre las generaciones se han visto extremadamente afectadas.

Pero la función de los abuelos no se limita a esta dimensión racional. También poseen una función simbólica importantísima por su condición de representantes de la larga cadena de generaciones que los han precedido. En la mayoría de los casos, suelen ser el último eslabón visible. Porque, al hablar de los abuelos, tampoco podemos pasar por alto que poseen una dimensión propia pero que, al mismo tiempo, son los representantes de sus ancestros. Cada uno de los cuatros abuelos es el símbolo de la familia en la que nació.

La función simbólica de los cuatro abuelos está asociada también a una transmisión. No se trata de una transmisión de valores, más bien es una especie de un «recorrido inconsciente por los contenidos de la memoria» de varias generaciones. Los abuelos no se comportan como personas, sino como eslabones de la cadena generacional. Ya no se trata de una persona en concreto, es más bien el recorrido de un testimonio: la función transgeneracional.

Por medio de esta denominación se designan los elementos de la vida de los padres, abuelos y ancianos que se transmiten de manera inconsciente. Este concepto se encuñó por vez primera cuarenta años atrás, en una época en que el aislamiento del individuo empezaba a hacerse patente en el guirigay contemporáneo. Lo que nos hizo tomar conciencia de nuestro anclaje respecto del pasado y nuestra proyección hacia el futuro a través de la descendencia. Un anclaje, por otra parte, complejo: en una familia que posee sus secretos, sus «fantasmas», sus dolores y sus esperanzas, en una sociedad en la que se entretejen alianzas múltiples y a veces contradictorias. También ocurre que la historia, con sus letras capitales, se ha vuelto loca: ¿cómo sobrevivir a un genocidio, a la pérdida de la patria y de la lengua de los ancestros? En tales casos, ¿qué enseñanza recibe una persona de sus ancianos y qué puede transmitir ese individuo a sus descendientes?

11

Algunos apuntes históricos

La familia del siglo XVII al XIX

Existe la creencia que los adultos, hasta el siglo XVIII, morían muy jóvenes, sin el tiempo suficiente para haber conocido a sus nietos. Pero no es del todo cierto: eran los niños los que fallecían en tales cantidades que sólo unos pocos llegaban a sobrevivir a enfermedades y a las deficientes condiciones higiénicas. Transcurridos los cinco primeros años de vida, el niño que había superado la prueba de resistencia tenía muchas posibilidades de alcanzar o de superar los sesenta años, siempre que no cayera víctima de alguna epidemia o guerra o de las consecuencias de un parto. Si resistía, podía conocer a sus nietos e incluso verlos crecer hasta los diez o quince años.

Pero el amor por un nieto estaba expuesto a muchas fuentes de dolor. No se le quería mucho y la gente se descargaba de sus obligaciones respecto de él, la mayoría de las veces por medio de una niñera del campo. Si sobrevivía, un niño, aunque proviniera de un entorno aristocrático, se acostumbraba a desenvolverse solo y a ser autónomo como un pequeño campesino, hecho que demuestra el ejemplo del caballero Forbin que veremos más adelante.

☐ El papel de los abuelos

Los abuelos, tanto en la época absolutista como después de las revoluciones liberales, podían ejercer la función de tutores. De todas maneras, ellos estaban presentes en los consejos de familia que se convocaban a la muerte de uno de los padres, sobre todo si el fallecido era el padre, ya que la viuda, por ser del «sexo débil», se la relevaba de la tutela familiar. Pero si era la madre la que fallecía —a consecuencia de un parto, como solía ser habitual—, los abuelos maternos desempeñaban un papel destacado: se ocupaban del bebé cuyo padre no sabía que hacer de él y le garantizaban una educación si el padre quería volverse a casar. Excepcionalmente, podía pasar que el juez designara a las abuelas maternas como tutoras, alegando el «afecto natural» que la unía al huérfano...

Una joven viuda plagada de niños podía ser incitada a buscar refugio al amparo de sus padres o de sus suegros: por necesidades económicas en los hogares populares, por intereses de conveniencia en las familias más acomodadas. Cualquiera que fuera el caso, las segundas nupcias plantean el problema de un «mal padre», así como el de compartir los bienes entre niños de diferentes matrimonios... Ciertamente, el hogar de los abuelos pasa de ser refugio temporal a convertirse en el domicilio definitivo.

Todos estos casos ponen de manifiesto que la «familia recompuesta» no se creó hace dos días: por aquel entonces las viudas eran su origen, y no los divorcios, como ocurre en la sociedad actual, aunque cabe decir que los desencuentros conyugales y el abandono de hogares no son invenciones modernas, faltaría más. Ya en aquella época las mujeres de las clases populares trabajaban y dejaban a sus hijos con sus madres. Algunas de estas mujeres hacían así de nodrizas. En los sectores más acomodados, los abuelos aceptaban a veces la presencia de niños en el hogar si la madre se indisponía o si los padres viajaban, o si la presencia de su prole estorbaba las obligaciones mundanas y cortesanas de los padres.

En la literatura del siglo XVIII, las memorias de algunos aristócratas ponen de manifiesto que, en los primeros años de vida, ¡era incluso mejor ser hijo de un burgués que el heredero de un duque! El niño más humilde vive a su aire en medio de la «inmundicia», su conversación está llena de «cursilerías» y haría faltar ser como Madame Sévigné, una madre loca de amor, para disfrutar cuidando en casa a la «pequeña» que le ha dejado su hija: «Uno no se puede imaginar hasta qué punto son divertidos estos pequeños animalitos», escribía la marquesa. Podemos añadir que la propia Madame Sévigné se había criado feliz, a pesar de haber perdido a sus padres, en casa de sus abuelos. Sea como fuere, una mujer de alcurnia no comenta estas intimidades, inoportunas al evocar el día a día de su realidad de mujer. Ella no debe preocuparse de estas banalidades; en cambio, una abuela sí puede.

Los moralistas se indignaron por el abandono que sufrían los hijos de la aristocracia, a menudo olvidados en el campo al cuidado de la nodriza, muriéndose por unas atenciones deficientes prestadas por unas manos mercenarias, pero no había nada que hacer: el placer de los adultos era el de la vida mundana; se dejaba a los burgueses las delicias irrisorias de la intimidad familiar: como Argán, el buen burgués, el «enfermo imaginario», hipocondríaco, expoliado por su esposa, engañado por su hija mayor, pero que está encantado con la pequeña Luisa, ¡y no hace otra cosa que ridiculizar a los demás! Ciertamente, Molière escribió esta obra para un público cortesano.

Como hemos visto, la pavorosa mortalidad infantil de la época no ayudaba mucho a encariñarse de los niños, ni a echarles mucho de menos. Talleyrand, por ejemplo, explica en sus *Memorias* que, en el periodo que va desde que volvió de casa de la nodriza, cuando cumplió los cuatro años, y lo enviaron a casa de sus abuelos en el Péridgord, hasta que tuvo ocho y entró en el colegio de Harcourt, no tuvo la ocasión de ver ni a su señor padre ni a su señora madre. A los ocho años, uno ya trae consigo esperanza y puede ser muy valioso. Pero sólo se es niño por unos pocos años; la etapa de adulto llega pronto: Georges Snyders se pregunta cómo es posible considerar que un capitán de catorce años sea un «niño», que a los quince ya tiene la «voz cambiada».[15] El verdadero dolor familiar es la pérdida del hijo adulto: Monsieur y Madame de Grignan, la hija y el yerno de Madame de Sévigné, no se recuperaron de la pérdida de su hijo Louis-Provence en 1704, el último hijo varón superviviente que les quedaba.

El caballero Forbin (1656-1733)

Sobre su infancia en la Provenza, el conde de Forbin no tiene gran cosa que explicarnos, aparte de lo esencial: el niño, él mismo, se esperaba lo que el adulto había tenido; él sólo soñaba con heridas y nafras. Su padre lo perdió siendo demasiado joven para poder conocerlo, afirmaba. Sabemos que él tenía siete años: «Así, me encontré siendo el menor de una familia bastante numerosa, y tuve que ser yo, desde que tuve edad de razonar, quien se ocupara de buscar los medios de reunir las ventajas que me habían sido privadas». A los diez años, intenta convencer a su madre de «entrar en el ejército». La propuesta no es bien acogida y el niño es castigado. Indignado, se va a quejar —primera fuga— a su hermana mayor, que vivía a cuatro leguas. Su hermana quería enviarlo de vuelta a casa de su

---

15. *La Pédagogie en France aux XVIIe et XVIIIe siècles* (La pedagogía en Francia durante los siglos XVII y XVIII).

madre, pero el joven Forbin se libra después de «llevarse» algunas piezas de la vajilla. En Marsella, el orfebre, receloso, reconoce las armas que decoran la vajilla. Piensa que denunciarlo le saldrá más a cuenta. De vuelta a casa, derrotado, el joven Forbin es alojado en régimen de pensión en casa de un cura a quien, durante una clase de latín, le lanza el «pupitre a la cabeza»; después, salta por la ventana, cae sobre un montón de estiércol, sale ileso y se va corriendo de un tirón otra vez hasta Marsella, donde el comendador de Forbin-Gardanne, que capitaneaba una galera, estuvo encantado de «vestirlo de cadete». A partir de entonces, empezará a ser reconocido bajo el nombre de «caballero de Forbin».

Con diecinueve años, ya había participado en varias campañas y había matado a un hombre que se había atrevido a burlarse de su juventud. Con siete años era demasiado joven para conservar recuerdos; a los once, ya era soldado: lo que efectivamente no deja mucho tiempo para ser el niño mimado de unos abuelos enternecidos.

Conde de Forbin, *Mémoires* (Memorias)

☐ Del patriarcado al anciano bondadoso

La familia patriarcal empieza de hecho a interesar a los jóvenes casaderos en tanto que representa el futuro de la familia. El joven descendiente, el mayor de los que ha tenido suerte de sobrevivir, es el depositario de todas las esperanzas de la familia. Lo que cuenta es la continuidad de la familia, su pujanza social y política, antes que el honor o el florecimiento del individuo: en estas condiciones y desde su condición de cabeza de familia de más edad, el anciano cumple el papel de guardián de esta conciencia familiar y de garante de la continuidad del linaje; es gracias a la familia que el soberano del derecho divino vino al mundo, la encarnación de una autoridad que emana de Dios. Se presenta, no como el «abuelo» en el sentido que se le da en el siglo XX, sino como el patriarca, el que ostenta la autoridad ejercida sobre el conjunto de descendientes. Esta estructura familiar es pareja a la estructura política de la monarquía absolutista.

El niño, después de pasar la etapa con la nodriza y vivir en contacto con sus abuelos, recibe de ellos una educación basada en la jerarquía de las generaciones y en el ejercicio del derecho de ancianidad, siguiendo los intereses del linaje. Existentes variantes, obviamente, de una relación interindividual a la otra, pero el «mensaje» transmitido por las generaciones anteriores es el de la continuidad familiar y política y, muy a su pesar, el de un cierto olvido de sí mismo en beneficio del interés colectivo, lo que explica la aceptación —sin grandes aspavientos— de los matrimonios concertados y de las vocaciones religiosas de conveniencia. El «espíritu de la familia» vela por todo eso.

En el siglo XVII, los burgueses aposentados todavía solían vivir rodeados de su descendencia, aunque sólo fuera para imitar a los nobles. En los siglos siguientes esta práctica fue desapareciendo y la independencia de la familia nuclear se generalizó. En los siglos XVIII y XIX se asistirá al ascenso y dominio de la burguesía. En el transcurso del siglo XVIII, la sociedad se seculariza, bajo la influencia de la filosofía de la Ilustración: son los filósofos los que preparan, en paralelo a la Revolución francesa, una profunda modificación de las relaciones del individuo con la autoridad. Claramente vemos el triunfo de los valores de la libertad individual, asistida por la solidaridad entre generaciones. El patriarca se ha rebelado contra Dios y ha roto, antes de morir, los lazos que lo unían a la tierra, para transformarse en un «bondadoso anciano» que encuentra en sus hijos el consuelo a sus días caducos y al que hay que proteger.

Simultáneamente, la explosión demográfica de finales del siglo XVIII y los avances en medicina e higiene, al reducir la mortalidad infantil, mejorarán todavía más la situación de los niños pequeños dentro de la familia: portadores de una verdadera esperanza, se convierten en seres muy preciados; sobre ellos, Rousseau escribió: «No hay maldad original en el corazón del hombre y [...] los primeros movimientos de la naturaleza siempre son correctos». A finales de ese siglo, el niño por fin es visto como un verdadero ser humano. El viejo puede expresar su bondad y ya no es el representante del rey en la familia.

□ De Napoleón a Víctor Hugo

En Francia, en la época que se conoce como la del Imperio, no era tan extraño intentar transmitir los valores de la guerra —de origen aristocrático— a sus nietos... Pero después de la caída de Napoleón y de la Restauración, el ideal que se impuso fue el de la familia burguesa, individualista y liberal. E incluso los aristócratas buscarán imitarlos. Más si cabe cuando el ejemplo viene de lo más alto: la condesa de Boigne explica que el futuro Luis Felipe I —rey de Francia entre 1830 y 1848—, en su exilio en Inglaterra, jugaba a las cartas con su esposa, la futura reina Amélie y sus niños, y mediaba en las disputas de los pequeños, porque «Moumours» —el duque de Nemours— sólo hacía que molestar a su hermana. Una vez en el trono, Luis Felipe I no cambió sus hábitos familiares. Toda la sociedad estaba preparada ya para el largo reinado del abuelo espléndido.

La familia: pero ¿qué familia?

Frédéric Le Play, uno de los primeros sociólogos de la historia, intentó en 1864 establecer cuál era el mejor modelo familiar, el que pudiera preservar a más largo plazo la paz y el orden social. «El respeto y la obediencia en la vida privada, el gobierno local y el Estado». Según él, existen tres modelos familiares. La «familia patriarcal», de sobras conocida, es de hecho un modelo de orden, pero no favorece la innovación —y cabe recordar que por aquel entonces la sociedad estaba en plena expansión—.

A la «familia-núcleo» Le Play la sitúa en las familias acomodadas, en muchos casos al mando de una actividad lucrativa, ya sea de tipo rural, artesanal, comercial o, más adelante, industrial: el abuelo conserva a su alrededor un hijo casado, heredero privilegiado de los bienes familiares, que también hereda las obligaciones de hacerse cargo de los hermanos y de sus respectivos cónyuges o de sus antecesores necesitados, en la medida de lo posible; en estos casos, los abuelos presentes en el hogar también ostentan la autoridad conjuntamente con el primogénito, y las aspiraciones individualistas pasan a un segundo plano en beneficio de la buena organización familiar. Este tipo de familia es, según el parecer de Le Play, la más capaz, a la larga, de cumplir su programa de paz social.

Esta familia-núcleo correspondería a una parte de la burguesía y de los sectores rurales. La vivienda solía ser, en el siglo XVII, la misma para varias generaciones, pero cada hogar, con sus niños (lo que corresponde a la familia nuclear del siglo XX), tiende a ocupar estancias separadas.

En cambio, el tercer tipo, la «familia inestable», es la que presenta, según Le Play, los mayores riesgos: es la familia que desaparece tras la muerte del último de los progenitores, y como cada hermano ha creado su propia familia (también de tipo «inestable») abandona el hogar de su padre y de su madre. Esta familia «inestable» es la que favorece de manera evidente las ambiciones personales y los proyectos innovadores, pero, por definición, rompe con los «vínculos naturales de la solidaridad», altera la conciencia y el respeto de un orden social y político, «condena a los viejos y a los necesitados a la soledad y al abandono. Al alabar sobre todo a la «familia-núcleo», Frédéric Le Play defiende la imagen de los abuelos que pueden ser «fuente de cariño», pero que primero tienen que conservar en el espíritu de su descendencia la imagen de una autoridad superior, más lejana, menos directa que la del padre, un reflejo, en el seno de la familia, de la preeminencia de los valores sociales.

En el siglo XIX, la familia patriarcal y el anciano de derecho divino son condenados por el irresistible ascenso del individualismo, que se basa en una exigencia de autonomía y de satisfacción afectiva; despojados de toda función autoritaria, los abuelos pueden ejercer su indulgencia, su dulzura, convertirse en confidentes del niño, esconder sus «travesuras» y dedicar todos sus esfuerzos a la unidad armoniosa de la familia...

Paradójicamente, el abuelo espléndido trabaja, incluso más, que el patriarca o el anciano de una familia-núcleo, para mantener el orden social: al infundir en el espíritu del niño el respeto por la autoridad paterna, tiende a endulzar su camino; respetuoso con la ley, el anciano bondadoso intenta que el niño le acepte, no por la fuerza, sino mediante la dulzura, persuadiéndolo de su justicia más que intentando imponérsela sin más. Sin duda, asistimos al surgimiento de una forma de respetar al niño, de comportarse en función de sus características y de buscar un equilibrio entre las exigencias de la sociedad y los derechos del individuo —aunque sea «menor»—.

En el transcurso de los siglos XIX y XX, la relación interindividual sustituirá, cada vez más y de manera irremediable, a la relación jerárquica, al menos en la burguesía. Estamos ante la puesta en marcha de todas las funciones de los abuelos «modernos»: la participación en la educación del niño, la transmisión de valores morales, el mantenimiento de la concordia y de los rituales familiares..., y además ante la aceptación de la pérdida progresiva de todas las prerrogativas de autoridad (el nombre, por ejemplo: el pequeño ya no se llamará Juan José como el abuelo, sino Marcos). Los abuelos del siglo XXI, enfrentados al triunfo generalizado de la «familia inestable» urbana, no les queda otro remedio que inventar su personaje y la relación que mantendrán con sus nietos: ¡ningún «modelo» de sus antepasados puede imponer sus límites ni servir de ayuda!

La familia del siglo XX

La alteración considerable de la familia a lo largo del siglo XX ha prolongado la evolución iniciada en el siglo de la Ilustración. Muchas cosas quedaban por hacer para que la familia siguiera manteniendo la armonía, dejara a las mujeres su espacio de libertad y reconociera a los niños como personas y no como «pequeños animales».

    Esta «gran transformación-doméstica»[16] de la que habla Évelyne Sullerot se dio a velocidades diferentes en los distintos países de Europa por motivos de índole política. El cambio considerable del nivel de vida ligado a la evolución tecnológica ciertamente benefició las modificaciones de la organización familiar. La disminución de la influencia de las convicciones religiosas (a diferentes ritmos según el país: España, Italia o Polonia se sitúan entre los más tardíos), en último término, facilitó la adopción de nuevos textos sobre el estatus de la mujer y sus derechos sobre su propio cuerpo.

    En Francia, por ejemplo, tras la Primera Guerra Mundial, las mujeres conquistaron un poco más de libertad, gracias a los movimientos feministas y al acceso de varias mujeres a estudios secundarios o superiores. Después de la Segunda Guerra Mundial, las mujeres obtendrán el derecho de voto y después el de gestionar sus bienes. Pero la principal

---

16. *Le Grand Remue-ménage* (La gran transformación doméstica).

modificación de su estatus se produjo mediante leyes que, en las décadas de 1960 y 1970, les dieron la posibilidad de controlar la maternidad y de desearla, en lugar de vivir siempre con la angustia de un posible embarazo (Ley Neuwirth de 1967, que legalizó la píldora, y Ley Véil de 1975, que despenalizó la interrupción voluntaria del embarazo). Los hombres, en una reacción contraria, perdieron sus prerrogativas. Por fin estaban en una situación de igual respecto de las mujeres, en lugar de su superioridad todopoderosa. Y se encontraron en algunos casos, como el del divorcio, en una posición de inferioridad respecto de sus esposas.

Por contra, el niño gana cada vez más presencia y ya desde antes de su nacimiento. La mortalidad infantil actualmente es muy baja, pero el niño sigue siendo un ser singular y, por tanto, muy preciado. Su educación cada vez es más larga y, por extensión, más cara. La posición de los abuelos en las familias se vio reforzada durante los periodos de guerra que azotaron la primera mitad de siglo, como durante la Guerra Civil española. Así, los abuelos se pusieron a trabajar para ayudar a sus allegados mientras los hombres estaban en los frentes.

◻ Los abuelos durante el último medio siglo

La familia inestable descrita por Frédéric Le Play se ha generalizado. La frecuencia de divorcios, con todo, la ha hecho todavía más precaria de lo que se creía. El autor no había previsto que las familias, en una proporción importante, pasarían a tener una estructura monoparental. Los viajes o las mudanzas de algunas personas a países extranjeros hacen que los encuentros sean cada vez más escasos y aleatorios. Además, debido a los malentendidos o los divorcios, los vínculos se debilitan. Eso no impide que la mayoría de las familias estén bastante unidas.

Ciertamente, el patriarca que considera legítimas las marcas de respeto asociadas a su posición en la genealogía, a su edad y a sus cabellos blancos, se arriesga a ser el único de su especie y a quedarse aislado, crispado en su dignidad. La abuela, «comodona» que se niega a coger el teléfono para llamar a sus nietos porque «son ellos los que tienen que dar señales de vida» se arriesga a permanecer muchas horas al lado de un teléfono que no sonará. Igual que el monarca por derecho divino, y por las mismas razones, han pasado de moda.

Los abuelos espléndidos todavía tienen algo de futuro. Ellos no reclaman nada y hacen regalos de manera más o menos ritualizada. Si la mediación de los padres favorece los reencuentros, estos ancianos complacientes podrán ver a los adolescentes un ratito, entre varias actividades más interesantes. Pero estos últimos no perderán de vista la relación que existe entre el tiempo empleado para ir a verlos y la cantidad de dinero que les den los abuelos. A menos que se pregunten qué significa hacer un regalo a un joven con el que no se tiene una verdadera relación. ¿Se trata de comprar el amor con dinero o sólo de la necesidad de dar para justificar un estatus?

A pesar de todo, cuando se pregunta a los adolescentes o a los jóvenes adultos de diferentes entornos, sus respuestas revelan con frecuencia la particular ternura que sienten por sus abuelos. Les gusta hablar de ellos, explicar alguna anécdota relacionada con ellos. Siempre se trata de adultos, ni tiranos ni personas espléndidas, que han sabido establecer con sus nietos una auténtica relación basada en el hecho de compartir ternura y experiencias. Pero los jóvenes rara vez encuentran el momento para expresar esta ternura y los abuelos sufren por creerse abandonados en el momento que sus nietos atraviesan la adolescencia. La función del abuelo indispensable tiene una vida muy corta. Al final es sustituida por la del «abuelo-referente».

12

Los abuelos de hoy en día

Una generación de abuelos nacidos entre 1925 y 1960

Los abuelos que todavía no son bisabuelos raramente tienen más de ochenta años o menos de cincuenta. A lo largo de su vida, más de tres cuartos de siglo para los más ancianos, las mentalidades y las costumbres han evolucionado tan deprisa como las tecnologías ¿Cómo han vivido estas transformaciones y qué piensan al respecto? ¿Les preparó su infancia para ello? La mayoría recibió una educación tradicional. Émile Durkheim (1858-1917), el fundador de la sociología moderna, dos años más joven que Freud, encuñó una célebre definición al respecto: «La educación es la acción ejercida por las generaciones adultas sobre aquellas que todavía no están maduras para la vida social. Ella tiene como objeto suscitar y desarrollar en el niño determinados estados psíquicos, intelectuales y mentales que le reclama la sociedad política en su conjunto y en el medio social al que está particularmente destinado». Además, Durkheim añadió: «La educación varía infinitamente según la época y el país. En las ciudades griegas y latinas la educación formaba al individuo para que se subordinara ciegamente a la colectividad, para que se convirtiera en la cosa de la sociedad. Hoy en día, la educación trata de formar una personalidad autónoma...».

En el primer texto, la educación forma al niño para ser útil a la sociedad, mientras que en el segundo tiende a favorecer el desarrollo de un *ego* fuerte, dotado de libre albedrío. ¿Lo ideal no sería potenciar el florecimiento personal del sujeto preparándolo para utilizar sus mejores talentos tanto en beneficio propio como en el de los demás? La educación tradicional recibida por los abuelos fue la misma en la que se criaron sus padres. Era una norma con un amplio consenso. Las pequeñas diferencias de una familia a otra correspondían a una tendencia hacia una de las dos fórmulas de Durkheim.

La educación tradicional

☐ Sus principios

Al nacer, el niño es portador del «pecado original». Es malvado por naturaleza. Se trata de una maldad congénita que debe ser erradicada. Además, este niño es un salvaje, no muy diferente de un pequeño animal. Habrá que enseñarle, lo más rápido posible, a tener un comportamiento socialmente aceptable, a civilizarse. Por otra parte, los siete pecados capitales —pereza, soberbia, ira, avaricia, lujuria, gula y envidia— son muy representativos de las pulsiones normales del individuo, el llamado *ego* freudiano. La educación tradicional procura reprimir lo más posible estas malas tendencias para formar individuos dotados de un *superego* fuerte, calcado del ideal cristiano.

Una educación de *lord*

Para los partos de sus hijas, sobrevenidos justo en el momento en el que los maridos estaban en el frente, en 1938, mi abuela contrató a una enfermera inglesa, provista de referencias aristocráticas. Esta explicaba que era fácil enseñar a un recién nacido a no quejarse por las noches: al primer lloro, bastaba con meter al bebé en una habitación sin calefacción dejarlo y allí hasta la mañana siguiente. La mujer no conocía ningún caso en el que el niño no comprendiera el significado al cabo de dos o tres noches. «Son mucho más inteligentes de lo que la gente piensa», decía ella.

Pero esta mujer no conoció a mi hermana de mayor, que sin duda era muy traviesa y a la que nunca quiso comprender. Yo siempre me preguntaba si con esa decisión no había contribuido todavía más a darle aquel carácter rebelde, descontento y, en suma, bastante violento, que fue el causante de numerosas disputas familiares.

◻ **Sus métodos**

Los abuelos seguramente reconocerán, al menos en las grandes familias, la educación que recibieron en su infancia. El niño debe ser «enderezado» al principio. En consecuencia, desde los primeros meses, hay que enseñarle a pasar la noche sin molestar a los padres y, lo más rápido posible, a ser limpio tanto durante el día como por la noche. Al mismo tiempo se pide que el niño, casi desde que aprende a hablar, use correctamente las fórmulas de cortesía.

El pequeño nunca debe olvidar que, por definición y en la práctica, el adulto tiene siempre la razón. Y esto debe tomarlo como palabra sagrada. Además, el adulto se esfuerza en dar buen ejemplo cuando el niño puede verle. Por lo que este debe contentarse a imitar al máximo las actitudes de los mayores. Por el contrario, él no tiene opinión personal y nadie le pedirá nunca consejo. En la mesa no se habla. El niño debe reconocer en todo momento la superioridad del adulto. Así, pues, debe obedecer sus órdenes sin discusión y lo más rápido posible. Esta obediencia, así como el respeto de las reglas de cada casa, no le hacen merecedor de recompensa alguna. Es lo normal. En cambio, cualquier incumplimiento será castigado. El sistema se basa en la alternancia de recompensas y castigos, pero se entiende que estos últimos serán mucho más habituales que los primeros, que no son más que la manifestación de la indulgencia del adulto y su deseo de animar al niño. Este debe estar satisfecho de tener cama y algo para comer. El adulto debe tener en mente el precepto de que «a quien mucho se ama, mucho se le castiga». El castigo debe causar una gran aflicción para expresar el amor de la persona que lo ejerce: bofetadas, zurras, incluso azotes. La privación del postre, las humillaciones públicas o encerrar al niño en una estancia cerrada son complementos caritativos de este modelo educativo. La escuela toma el relevo y, de manera eventual, corrige las carencias pedagógicas de los padres. La institutriz está dotada de los mismos poderes que el padre de familia, de quien prolonga la acción.

¿Habría que deducir que los abuelos actuales, beneficiarios en su conjunto de esta educación tradicional, eran todos unos niños infelices? Seguramente no, aunque la vida no fuera muy divertida para muchos de ellos. Los pocos dotados, los superdotados, los insolentes, los torpes, los orgullosos, los independientes y los soñadores eran los más expuestos a la voluntad de los adultos de corregir los malos hábitos y todo lo que se saliera de la norma. En las familias, las personas adultas más tolerantes, las madres sobre todo, eran condenadas y acusadas de ser débiles. Pero siempre ha habido padres y abuelos indulgentes, dispuestos a consolar y a consentir. Y algunos niños, tanto antiguamente como en la actualidad, tenían la astucia para escapar de las peores situaciones.

«*Macte animo, generose puer!*» (¡Coraje, valiente pequeño!)

Nos dejaban una gran libertad de juego, pero estaba expresamente prohibido subirse a los árboles [...]. El regente se alejaba para recitar su breviario [...]. Los olmos bordeaban el camino: en la cima del más alto, brillaba un nido de urraca: y ahí estábamos nosotros admirándolo, contemplando a la madre incubando los huevos, y presos de un ardiente deseo de coger al pájaro rapaz. Pero ¿quién era el atrevido? La orden era muy severa, el regente estaba muy cerca y ¡el árbol era muy alto! Todas las esperanzas se depositaron en mí, y salté como un gato. Yo dudaba pero al final alcancé la gloria [...] Abordo el nido; la urraca se escapa; cojo los huevos, los meto en mi camisa y me bajo del árbol [...]. De repente, un grito: «¡Que viene el prefecto!» y vi impotente como mis amigos me abandonaban, como era costumbre [...]. Al bajar por el tronco, me lastimé las manos, me arañé las piernas y el pecho y se rompieron los huevos: esta fue mi perdición. El prefecto no me había podido ver desde el olmo; me limpié bien la sangre, pero no hubo manera de disimular el color dorado con el que me había embadurnado. «Vamos», me dijo, «unos azotes no te vendrán mal» [...]. La idea de la vergüenza no había alcanzado a mi educación salvaje...

Nunca ni él ni nadie me pondría la mano encima. Esta respuesta lo animó; me llamó rebelde y prometió darme ejemplo. «Ya lo veremos», le respondí yo, y me puse a jugar a la pelota con una sangre fría que lo confundió.

Volvimos al colegio; el regente me hizo entrar en su casa y me ordenó que me sometiera. Mis sentimientos exaltados dieron lugar a un torrente de lágrimas [...]. Me incliné sobre sus rodillas, junté las manos y le supliqué por Jesucristo que me perdonara. Hizo oídos a mis súplicas. Me levanté pleno de rabia y le golpeé tan fuerte en las piernas que lanzó un grito. Se fue corriendo a cerrar la puerta de la habitación, la cerró con llave y vino hacia mí. Yo me escondí debajo de su cama; a través de la cama me golpeó. Yo me enredé con la colcha y, exaltado en el combate, exclamé:

—*Macte animo, generose puer!*

Esta erudición hizo reír a mi enemigo; habló de un armisticio; resolvimos un trato; yo acepté someterme al arbitraje del director [...].

Chateuabriand, *Memorias de ultratumba*

No todo el mundo tiene la inteligencia ni el talento provocador de Chateuabriand. Pero ¿escapó el joven François-René del castigo de los azotes gracias a su noble carácter, tal como explica? Poco importa, la anécdota no es del todo inverosímil... El prefecto aplica en su severidad una regla que es la misma para todos, pero, incluso tras sufrir un hematoma en la tibia, no puede evitar reírse del símil que el joven latinista establece con su situación mediante una alusión a Virgilio: «¡Coraje, valiente pequeño!». La cólera y la violencia del sacerdote son lo suficientemente contenidas como para que sea sensible al humor y permita al niño salir del apuro. La aventura no es del todo anodina —Chateaubriand todavía habla, unos cuantos años más tarde—, pero deja entrever una educación que no está destinada a «anular» al niño y en la que un individuo rebelde con talento puede resistir.

Cuando los amantes de la literatura quieren evocar al mejor profesor, citan el de Camus en *El primer hombre*. Este hombre que, para sus jóvenes alumnos, huérfanos de la Primera Guerra Mundial, venía a reemplazar al padre ausente, sabía descubrir los talentos y fomentar las energías. Enseñó a Camus la ternura paterna. Este hombre gestionaba el castigo corporal con una envidiable equidad.

☐ El tercero-presente

En estos ejemplos hay un tercero-presente, el grupo humano, la clase en el caso de Camus, el prefecto del colegio en el de Chateaubriand. Este tercero en discordia presenta la ventaja de introducir en el diálogo educativo una especie de instancia social que garantiza la equidad. La presencia de este tercero, tanto si es humillante y «deshonrosa», en palabras del destructor de nidos, evita la confrontación directa que de lo contrario sólo se puede establecer en el nivel de la cólera o del sadismo, es decir, de la regresión. Las estructuras sociales actuales hacen más difícil esta mediación colectiva: el pueblo ya no rodea a la familia y, sobre todo, el profesor no es el educador investido de la autoridad paterna. Esta educación tradicional venía directamente del enseñamiento religioso católico, predominante en España. A pesar de ser severa, ni muchísimo menos era sádica, como lo muestra el bonito ejemplo del joven Chateaubriand.

Y, en especial, la educación va unida, no a una teoría, sino más bien a una tradición; y como toda tradición da forma al comportamiento de los educadores al tolerar una adaptación, una variación de un individuo a otro, de una familia a otra, en función también del tipo de cultura. El ejemplo de Chateaubriand es revelador de una posibilidad de trasgresión de la regla por el sesgo de la connivencia intelectual que, en el momento del «armisticio», instauró una igualdad entre el pedagogo y su alumno. En el caso de Camus es la ternura, la compasión del maestro por los jóvenes huérfanos de la guerra, la que ejerce la función moderadora. Al favorecer el impulso, el cariño o el placer de ver que el niño ha aprovechado una lección, o de que ha hecho gala de su inteligencia o generosidad, el adulto reconoce en él a una persona, a un igual y no a un «simple objeto al que hay que educar». De este modo, el adulto revela su posibilidad de interpretar la regla y de que el niño acceda, también él, a una libertad bien entendida. No hay un latinista en cada familia, pero en todas las familias se celebran fiestas tradicionales, que conceden al chaval muchas posibilidades de compartir en igualdad el placer con todos los adultos.

Algunos abuelos de hoy en día todavía sufrieron la variedad agravada de esta pedagogía clásica. Alice Miller describió, bajo el nombre de «pedagogía negra», las teorías educativas que, en los países anglosajones, proclamaron las ventajas pedagógicas de la severidad extrema. Los libros de Charles Dickens, *Oliver Twist*, o de Samuel Butler, *El destino de la carne*, por ejemplo, estigmatizaban las derivas de las mismas. Muestran la importancia del componente sádico de los educadores en la aplicación de un método que tiene por objetivo suprimir en el niño cualquier posibilidad de autonomía intelectual o moral. Este tipo de educación se caracteriza por el maltrato sistemático de los niños, sobre todo en los «correccionales», en las academias de cadetes y en algunos colegios.

De maltrato en maltrato

En *Los 400 golpes*, Antoine Doinel, la joven doble de François Truffaut, se enemistó, a base de su torpeza y del deseo de hacerlo, con su profesor, el director, con su madre —a quien satura—, y con su padrastro que, no obstante, tuvo la caridad de criarla. «Cuando mi abuela me da dinero, mi madre me lo quita», le explicaba a la psicóloga. Un día, se «lleva» una máquina de escribir de la oficina de su padrastro. Más leña al fuego, un jaleo, y como los mayores, detención provisional en el calabozo. «¿No podrían enderezarla un poco?», piden los padres al juez de menores. «Enderezar» es la palabra. Antonia, en el correccional, aprende el respeto de la ley a base de golpes. Hasta que se fuga, una larga carrera que la llevará hacia la playa, el mar que nunca ha visto. La niña lo contempla. La imagen permanece fija.

François Truffaut, *Los 400 golpes* (1960)

Los abuelos más jóvenes de hoy en día se han beneficiado de la evolución de las ideas que empezaron a desarrollarse a lo largo del siglo XX: recibieron una educación más bien estricta pero menos severa que los más ancianos. Vivieron un periodo de expansión económica favorable a una cierta distensión.

El consenso alrededor de la educación empezó a resquebrajarse. De una familia a otra, las variaciones eran cada vez más importantes. Los abuelos vivieron de niños una educación que no han repetido salvo en contados casos, justo lo contrario que las generaciones anteriores, fieles a las mismas educativas. Sus hijos repitieron su desobediencia a la tradición. Ya sea por liberalismo o por mayor severidad, poco importa.

Cuarenta años después, los temas de reflexión relacionados con las cuestiones educativas ocupan un lugar destacado en los debates.

El choque cultural de 1968

Los acontecimientos de mayo de 1968 atestiguaron un descontento profundo, hasta entonces camuflado por la euforia económica de los años posteriores a la guerra. De hecho, los inicios de la evolución de las ideas en el campo pedagógico se remontaban a principios del siglo XX, por ejemplo en 1900, con la publicación del libro de Maria Montessori, *L'enfant* (El niño), o unos años más tarde a la de otros psicólogos, como Célestin Freinet o médicos como Ovide Decroly. Incluso los trabajos de Freud o de su escuela no empezaron a ser conocidos hasta después de la Segunda Guerra Mundial. La lenta difusión de estas ideas comportó un replanteamiento de la pedagogía tradicional.

☐ ¡Abajo la violencia!

Los castigos corporales han estado en la primera plana de los reproches contra la educación tradicional. ¿Con qué derecho se pega a un niño? ¡La bofetada educativa, qué aberración! Todos los abuelos saben por experiencia que los niños a menudo son agotadores, que la repetición de algunas diabluras puede sacar de quicio al adulto.¿Le da esto derecho a pegarle? Los antiguos pedagogos sabían que la ira es mala consejera y recomendaban posponer al día siguiente el castigo corporal anunciado al niño para evitar pasar de la corrección a la violencia.

En efecto, la ira corresponde a una pérdida momentánea de las referencias por influencia de una adversidad. Es una de nuestras emociones más arcaicas: en la fase oral, el conocimiento del mundo del bebé sólo se produce a través de su boca. Probablemente imagina que el seno materno forma parte de sí mismo. Cuando se encuentra en una situación de necesidad o de sufrimiento, vive su ausencia sin poderla analizar. Su impotencia la expresa mediante una rabia desordenada y violenta. Dos años más tarde, el niño tiene conciencia de los límites de su *ego*. Su ira se dirige claramente contra la persona que lo frustra y a quién querría destruir.

Cualquier adulto encolerizado regresa hacia esos estadios de su propia evolución. El niño los conoce bien. Cuando hablamos de la ira del adulto que le da miedo, él sabe decir: «Mi papá estaba rojo de arriba abajo, como mi hermanito cuando llora». No es concebible pensar que un adulto encolerizado ejerza una acción educativa cuando pega a un niño. ¿Es necesario entonces, como preconizaban los pedagogos, demorar el castigo al día siguiente? Pero ¿dejar enfriar la cosa y al niño con el miedo en el cuerpo pensando en el castigo no es un tanto sádico?

Pegar a un niño en frío, sin ira, tal vez. Pero hay que estar seguro, consciente, para no experimentar ningún placer sádico al pegar. Entre la ira en la que nadie es dueño de sí mismo y el sadismo en que lo es demasiado, la línea que los separa es muy difusa, tan tenue que el castigo corporal no puede ser defendido con rigor más que si la falta es grave y el adulto se siente obligado a poner fin a la misma de esta manera. Pero el espectáculo de poder al ejercer su fuerza contra el débil no se sustenta. Entonces..., ¿el castigo es pedagógico o tiene un valor educativo? No está claro. Pegar a un niño no es buen ejemplo para él si deseamos inculcarle el respeto por los demás y la protección de los más débiles. Cualquier castigo corporal puede ser considerado como un maltrato y hay quien desea que la legislación prohíba estos actos y castigue a los adultos responsables. El concepto de malos tratos, bastante mediatizado, ha sido utilizado hasta el exceso. El tema merece que reflexionemos. También cabe destacar que los malos tratos no son exclusivamente una cuestión de violencia psíquica. La negligencia en materia de necesidades corporales, educación, la falta de cariño y amor son también malos tratos, por no hablar de otras formas.

Atila y su madre

Esta niña de tres años que parecía un ángel del Renacimiento y a la que sus padres habían apodado Atila nunca había recibido en vida ninguna bofetada, ni tan siquiera una zurra en la mano.
Aquel día, ella salía de la escuela, totalmente absorta, relamiéndose un bollito de chocolate; se había puesto perdida. Llevaba un impermeable rojo con cuadros grises y unos botines nuevos, de cuero. Vio un charco y se metió con los pies juntos. Su madre la sacó, la riñó un poco y la limpió. Apenas su madre había acabado de dejarla, ella vuelve al charco. La madre coge aire muy contrariada: «¡Quieres hacer el favor de salir ahora

mismo!». Entonces, Atila, mirando a su madre directamente a los ojos, saca su larga lengua de la boca. La madre la coge por el cuello, la saca del fango y le dice: «Te voy a dar la bofetada de tu vida». A continuación, Atila, sacando la barbilla y con los puños apretados, le replica: «¿Tú? Es igual, ni siquiera sabes pegar». Ella ni tan siquiera recibió la bofetada. Su madre reía mucho.

¡Qué magnífica defensa, la risa, cuando uno está confuso! ¿Realmente tengo tanta necesidad de pegarla? ¡Qué gran idea! ¿Soy yo quién ha hecho a esta pequeña Antígona? Al plantearse estas y otras muchas preguntas, la madre, reenviada por la provocación de Atila hasta su propia psique, no se veía capaz de asumir su función educativa.

☐ ¿Es necesario educar?

Es la cuestión subyacente que había detrás de la consigna «prohibido prohibir» de 1968. Y efectivamente Alice Miller respondía claramente en la década de 1980: hay que evitar educar. Cualquier educación puede violentar la naturaleza del niño, censurar la expresión de su personalidad y sus deseos, extinguir su espontaneidad, contrariar sus comportamientos. Por otra parte, Alice Miller y los airados jóvenes de 1968 acusaban a cualquier forma de educación de ser, de hecho, la reproducción forzada de los modelos ideológicos de la burguesía. (Sin contar que cualquier educador puede ser también un hipócrita que confunda la fuente educativa y su propio deseo y haga pasar un mal trago al niño por egoísmo o vanidad).

Así es, es bien cierto que el educador asume la responsabilidad de elegir en lugar del niño de entre todas las posibilidades de las que es portador. «Elegir es renunciar» y el niño no siempre tiene derecho de palabra (o de poder tomarla) en algunas cuestiones que, a pesar de todo, le afectan muy de cerca. Educar a un niño es también decidir por él su pertenencia a un grupo humano determinado, religioso, político... y formarlo en consecuencia.

Educación, o más bien toma de la posesión, contención y por último coerción: en esta «violencia» que sufre el niño, Alice Miller ve el germen de todas las violencias del futuro, las que ejercerá el propio niño en respuesta a las que ha sufrido, en legítima defensa, en suma, o por venganza. Si queremos criar a un niño, según ella, sólo podemos hacer lo mismo que en el ejemplo: el ejemplo de respetar al otro, el ejemplo de la afirmación sin la coerción de los propios valores, con la esperanza que estos serán imitados de manera espontánea.

☐ La violencia congénita

Alice Miller se opone a la teoría de las pulsiones de Freud que vincula claramente la agresividad como algo inherente al hombre. Vemos a los bebés de cuna, desde que aprenden a gatear, morder a quien les quiere quitar un juguete. Los niños de todas las edades se pelean y a menudo se hacen daño. Un niño de dos años y medio criado con todo el cariño del mundo es presa de crisis de rabia, da patadas por todas partes y grita. El adulto, si no quiere pegarle, debe contentarse con coger al niño para impedir que se haga daño o que se lo haga a los demás, al mismo tiempo que tratará de calmarlo dialogando. Y, si no, basta con observar la brutalidad física de los niños o de los adolescentes entre ellos, ya sea jugando o a propósito. Al final un niño o un adolescente termina atacando físicamente a uno de sus padres o a un maestro que no puede defenderse. La madre no tiene la fuerza suficiente. Y el profesor, si responde, se arriesga a una pena de prisión acompañada de su destitución. En cambio, la sanción administrativa contra el alumno agresor será prudente e indulgente.

☐ **Los límites imprescindibles**

Muchos jóvenes nacidos en el último cuarto del siglo XX nunca han recibido ni siquiera una zurra en la mano y han vivido prácticamente sin prohibiciones. ¿Son más felices? ¿Son menos violentos? No hay nada seguro. El niño de dos años presa de un ataque de ira busca unos límites. Si no encuentra barreras en su entorno familiar, más adelante los buscará en la calle, alrededor de los policías, por ejemplo, metiéndose y metiendo a los demás en situaciones mucho más peligrosas. Además, un niño es reconfortado cuando nos resistimos a sus caprichos porque eso le demuestra que somos más fuertes que él y que le podemos proteger: él está asustado, es él el que se siente muy débil al sentirse por debajo de sus padres. Y a continuación necesita otro enfrentamiento que le mostrará, en último término, a un padre resistente.

Para el niño es importante encontrar un muro del que pueda comprobar la resistencia: la no violencia de los padres no constituye una debilidad; los padres también deben estar de acuerdo acerca de lo que exigen o prohíben a su hijo, de este modo se reforzarán mutuamente. Es necesario que el niño aprenda que un «no» no significa «tal vez». Para conseguirlo, no hacen falta golpes, simplemente paciencia: «La victoria es para el que sabe sufrir un cuarto de hora más que el otro». Pero algunos niños son reacios a una educación estricta pero dulce y buscan con obstinación superar el límite que suscitará la reacción física del adulto. Es ilusorio negar la existencia de estos caracteres que recurren a la provocación y buscan el conflicto.

Los abuelos actuales conservan todos recuerdos dolorosos de bofetadas o de azotainas, seguramente merecidas, según las costumbres de la época. Esto no les impide lamentarse por la desaparición de algunos métodos educativos que funcionaron en el pasado: «Una buena tunda nunca ha matado a nadie», aunque hay tundas y tundas, y muchas pueden acabar en el hospital. Cada uno debe acordarse que posee un «ogro interior», en palabras de Christiane Olivier, capaz de llevarle a los peores excesos. Los abuelos, educadores de segunda fila, si en ese preciso instante están al cuidado de los niños, tendrán que moderarse mucho al asumir su obligación. La mano alzada no tiene por qué caer violentamente, en todo caso bastará su propio peso, sobre la mano del niño, que gritará educadamente, contento de retirarla a buen recaudo. Los abuelos también pueden acordarse de esta otra fórmula: «Una recompensa es a veces más eficaz que un castigo».

Pero al final el «ogro interior» de los abuelos les empuja a reproducir los castigos severos que experimentaron en su infancia. Los procesos de identificación funcionan, tanto ahora como entonces, y cada uno tiene tendencia a comportarse como su padre o su madre lo hacían, sin detenerse a pensar en el valor del comportamiento que están imitando. Y estos mecanismos de identificación explican en parte que la evolución de las actitudes pedagógicas sea tan lenta. Es extraño que un padre que maltrate a sus hijos no haya recibido malos tratos en la infancia. Parece como si le fallara la memoria y rechazara el recuerdo de su sufrimiento, para no empañar la imagen gratificante que quiere conservar de sus padres. Él tiene la certeza de que lo hicieron «por su bien» —es el sentido del título de uno de los libros de Alice Miller dedicado a la «pedagogía oscura»—.[17] Naturalmente, él demuestra, a su vez, su amor paterno a su hijo pegándole. Por fortuna no se trata de una regla exacta y muchos de los niños maltratados, de mayores, son unos padres que nunca levantan la mano a sus hi-

---

17. *Por tu propio bien: raíces de la violencia en la educación del niño.*

jos, por el pavor que les causa el recuerdo de lo que ellos sufrieron. Sin embargo, todavía dependen de la educación recibida, porque la invierten.

Los matices pedagógicos modernos

Como reacción a los excesos de la llamada «pedagogía oscura» por razón de su crueldad, algunas personas adoptaron una pedagogía que se podría calificar como «rosa». Es rosa como un caramelo, rosa como un querubín. Qué alegría ver sonreír al niño. Debe tenerlo todo, cuando y como él quiera. ¿Qué necesidad tenemos de hacérselo pasar mal? Tiene todo el tiempo del mundo para aprender lo dura que es la vida adulta. Simplemente yo evito que se haga daño y, en el acantilado, me pongo al borde para que no pueda caer. Él está contento y yo estoy contento de verlo feliz.

☐ La pedagogía rosa

Esta pedagogía recibió el impulso de los discursos de los medios de comunicación y de la publicidad que se sirven de los valores del beneficio y del placer inmediato. Pero los que hablan así no hacen referencia a las dificultades que encuentran los jóvenes antes de acceder a la independencia económica, único medio legal de procurarse los bienes materiales. Y el mundo actual no es muy remilgado con los jóvenes. No como la empresa en la que el jefe espetó a los alumnos en prácticas: «¡Las ocho no son las ocho y cinco!». Los chicos estaban muy sorprendidos. Uno de ellos dijo en voz baja: «Él ya sabrá a la hora que llega». De hecho, a este chico lo echaron por llegar diez minutos tarde al trabajo y dieciocho años tarde a esta «pedagogía rosa» que puede parecer de repente como un grave maltrato colectivo: ella no ha dado a estos jóvenes el apoyo necesario para permitirles convertirse en adultos.

☐ ¿La sociedad es pedófila?

La confusión pedagógica es rentable en publicidad. El niño es un consumidor, por tanto un pequeño monarca para los fabricantes. Todo se hará para estimular su deseo. Los objetos que más le tientan se agrupan cerca de las cajas de los supermercados, en el sitio en el que nos detenemos para hacer cola. Los anuncios televisivos no dudan en ridiculizar a los padres. Por ejemplo, se ve a una niña, embadurnada de mermelada hasta arriba, que dice que no está bien comer dulces antes de cenar porque papá se lo prohibió. Una imagen así incita a los niños tanto a llevar malas prácticas alimentarias como a la desobediencia. Los adultos serán cómplices de lo que al mismo tiempo desaprueban debido a que la niña del anuncio recuerda realmente a un ángel. Seducidos por una imagen, cederán con facilidad al acoso de los niños en el supermercado. La publicidad fomenta en este caso el maltrato educativo.

Del mismo modo, algunas publicaciones para niños no dudan en recomendar productos de belleza a chiquitas de nueve a trece años, tintes para el cabello o ropa interior sexy que al mismo tiempo nos hacen pensar en los peleles. Y los padres se dejan engañar, cómplices gentiles y ambiguos de esta «escenificación» de los valores pedófilos en sus niños. En el fondo su narcisismo está encantado de que sean tan precoces y seductores. Y ante las dudas de la madre, su hija aportará un argumento adicional: ¡Todas mis amigas lo tienen! Los otros adultos están al borde del éxtasis ante la niña que ya es una mujercita, encantada de sentirse en el podio. Ella piensa que así la valoran, cuando en realidad la utilizan: se la empuja a vivir con unos años de anticipación respecto de su psicología. Los abuelos tienen que tenerlo bien claro para hacer comprender que los años de la infancia son preciosos y que es una lástima privarle de ellos. Aunque, de hecho, tienen pocas opciones de ser escuchados porque se impone con rotundidad lo que se oye en la pantalla y la fuente de imitación que son los amigos, salvo que puedan ayudar a los padres a resistir a la carrera desenfrenada que la publicidad intenta imponer.

La brújula loca

Algunos abuelos jóvenes, durante la revolución de 1968, pusieron en práctica con sus hijos los métodos pedagógicos revolucionarios, basados en el lema de «prohibido prohibir», mientras que otros fueron más clásicos. Sus hijos, a su vez, tomaron algunas decisiones inesperadas: existen tanto abuelos heridos por el laxismo de los jóvenes padres como otros sorprendidos de la «rectitud» con la que cuidan a sus nietos. De una generación a otra ha habido un cambio de 180°: los niños de hoy son educados de muy distintas maneras. Incluso a veces los padres de un niño se comportan de manera diametralmente opuesta.

Los abuelos harían bien en no hacer lo mismo y en evitar las torpezas. Pero su desasosiego no es en vano, puesto que los niños tienen necesidad de estructurarse en un entorno en el que los adultos tengan una actitud y un discurso homogéneo y coherente. La ausencia de consenso en cuanto a las actitudes educativas o incluso sobre lo que está permitido y lo que no constituye un maltrato grave para los niños. En efecto, estos últimos no podrán establecer un conjunto armonioso de identificaciones a partir de los adultos de su entorno. Las dificultades de muchos niños o adolescentes se deben, entre otros motivos, al caos en el que los sumerge el mundo de los adultos.

Nos podemos preguntar por qué un adulto duda en oponerse. Si decimos no a un niño, él nos odiará, aunque sólo sea por unos segundos. Pasado ese instante, el amor vuelve pero el niño sabe que su amor no es un bloque de granito, sabe que puede desaparecer o evolucionar según las circunstancias: es la ambigüedad del afecto. Esta ambigüedad atemoriza al adulto, que la experimentó en el pasado respecto de sus padres. Así que no se opondrá en la mayoría de los casos a los deseos del niño salvo para protegerlo o ayudarlo en su desarrollo. Por tanto, debe correr el penoso riesgo de sufrir un desamor transitorio. Pero ¿podemos querer realmente a un niño sin afrontar este riesgo?

La ausencia bastante habitual hoy en día de un marco educativo se revela como una verdadera carencia, un maltrato en el sentido pleno del término. Los excesos de la educación tradicional sólo conducían a obligar al niño a ponerse al amparo de una «coraza moral» indiferente a los implicados, sin concederles la posibilidad de florecer.

La «pedagogía rosa» parece que favorece en especial el desarrollo de cierta violencia, que cada año se denuncia pero cuando ya es demasiado tarde. La disciplina se aprende mejor en el jardín de infancia que en las bandas juveniles. El tipo de educación que todos soñamos sería el de dar al niño las mejores oportunidades de desarrollo y de formación personal al tiempo que le sirviera para tomar una cierta conciencia ética. Lo que permitirá al joven adulto disponer de una sólida «columna vertebral» moral y mental. La ausencia de consenso entre los adultos a menudo hace que esta tarea sea prácticamente imposible. En cambio, los abuelos que establecen el terreno de entendimiento suficiente con sus hijos y yernos están contentos porque pueden ejercer de manera útil su función en el desarrollo de sus nietos.

13

El transgeneracional

Algunos elementos importantes en la formación de un individuo se transmiten por vía genética, hereditaria. Otros provienen de la experiencia de las generaciones anteriores que se transmite en su mayor parte de manera inconsciente. En la época de la antigüedad mitológica, el individuo pertenecía al clan más que a sí mismo y aceptaba algunas obligaciones, algunas incomprensibles, porque la tradición del clan se las imponía. El psicoanálisis redescubrió en los últimos treinta años de existencia la existencia de estas transmisiones que se asocian al concepto del llamado *transgeneracional*.

Un concepto nuevo

☐ ¿Qué es el transgeneracional?

Bajo esta denominación se incluye el nombre de los fenómenos psíquicos por los que atraviesan las diversas generaciones. Están relacionados con los hechos de la vida de los abuelos y ancestros, de los cuales se transmite de forma misteriosa un rastro a los nietos, que no son conscientes del mismo pero que sufren sus consecuencias. La Biblia y sus maldiciones a siete y nueve generaciones corroboran la permanencia de este concepto en el espíritu humano. Los abuelos ejercen de origen o bien de correa de transmisión de estos fenómenos que pueden tener una influencia claramente decisiva en la vida de los nietos.

- ¿Cómo creer en él?

¿Pagar el precio de los malos actos de nuestro bisabuelo? ¿Padecer un dolor que desconocemos? Cuesta de creer. Sin embargo, existen numerosos ejemplos. La historia que viene a continuación, extraída de la obra de Françoise Dolto, es una primera muestra.

> En el momento en el que sus padres deciden consultar a la psicoanalista, Bernardo va a segundo de primaria. Todo iba bien hasta Pascua del año pasado, hace poco menos de un año. El niño acude a la consulta, apático y ausente. Los padres explican que progresivamente el niño se ha convertido en un mal alumno que ya no quiere jugar y está triste. Françoise Dolto les pregunta acerca de los acontecimientos de la vida familiar y descubre que la abuela murió durante las vacaciones de Pascua, una abuela a la que el niño quería mucho, a pesar de que no la veía demasiado. El pequeño estaba de vacaciones y no se enteró de la muerte de su abuela. Un día que preguntó por ella, le dijeron que estaba en el hospital. Françoise Dolto dijo a Bernardo que su abuela estaba muerta y se aseguró de que el niño comprendiera bien el significado de la muerte. Ella aconsejó a sus padres que hicieran acudir al niño a un funeral, para sustituir el hecho de que el niño no hubiera podido ir al cementerio para depositar flores en la tumba de su abuela. Según la terapeuta, esto le ayudaría mucho para tomar conciencia de las ceremonias que siguen después de la muerte y para que el niño se reintegrara a la familia, ya que en su deseo de protegerlo, lo habían excluido. Tres semanas más tarde, el niño volvió a ser el buen alumno de siempre.

Podemos imaginar que el niño percibió la mentira por omisión de sus padres y se sintió apartado. Se sintió tan desdichado como hasta el punto de llegar a cambiar de comportamiento. La verdad sobre lo acontecido y la participación de sus padres en el proceso de reparación le permitieron recuperar su posición de hijo con derecho a participar en la vida familiar y, a partir de entonces, de iniciar su propio luto. La generación de padres, intermedia entre la abuela y Bernardo, interpuso su silencio. El resultado muestra hasta qué punto esta actitud fue nociva. Los niños a veces intuyen lo que queremos esconderles. Adivinan su importancia a través de las señales imperceptibles e involuntarias de los padres. Se trata de una de las maneras en las que se manifiesta el *transgeneracional*. Muchos autores han escrito sobre esta cuestión en las últimas décadas. Sus trabajos deberían suscitar el interés de los abuelos por varios motivos.

☐ **¿Qué transmitimos a nuestros hijos?**

Algunas transmisiones se deben al talento imitativo de los niños o al deseo de los adultos de hacerles compartir lo que ellos aman. En estos casos se trata de una transmisión directa que puede ser voluntaria y consciente.

Si alguien dice: «De tal palo, tal astilla», o bien «Es el mismo malhumor de su abuelo», o mejor «Tiene los ojos azules del tío Enrique», no sorprenderá a nadie. La sabiduría popular da por sentado que los niños *heredan* rasgos físicos y morales de sus padres y abuelos. Y el hecho de que algunas características «salten» una o dos generaciones no sorprende a nadie. Estas transmisiones se explicarían por cuestiones de genética.

Otras, en cambio, escapan a la conciencia: los psicoanalistas del transgeneracional las describieron a partir de su experiencia clínica. Estos trabajos indujeron a pensar que, si un miembro de la familia comete una falta grave, según la moral del entorno y de la época, la vergüenza recaerá sobre toda la familia. Así que se intentará esconder este paso en falso para intentar salvar el honor. Incluso entre los miembros de la familia se evitará el tema, como mucho hablarán de vez en cuando y a medias tintas. La familia se siente incómoda. Ante los niños no se tocará el tema y no se responderán sus preguntas. Se quedarán sin saber exactamente qué les esconden, pero sus padres les habrán transmitido un mal sin causa alguna que los primeros podrán transmitir, a su vez, a sus hijos. Según estos psicoanalistas, el transgeneracional sería en esencia el vector de los problemas somáticos o psíquicos. También implicaría, como comentaba Tisseron, una pérdida del «derecho a la curiosidad», primera etapa hacia el éxito intelectual.

Por tanto, tenemos la tendencia a pasar por alto aspectos positivos para el individuo de la transmisión del inconsciente. Como los pueblos felices que no tienen historia, hay familias en las que todo parece fácil: parejas estables, niños satisfechos de sí mismos y con buenos resultados en la escuela y después en la vida. ¿Estos individuos en apariencia normales poseen antecedentes familiares desprovistos de cualquier patología psíquica? No necesariamente. Algunos trabajos señalan que las transmisiones negativas aportadas por uno de los padres pueden verse neutralizadas si el otro padre está indemne. La revelación de su origen suele ser en muchos casos el gran remedio ante la angustia causada por «herencias psíquicas» nefastas.

☐ **Los principios del psicoanálisis: la omisión del transgeneracional**

Freud era muy consciente de la existencia de estos fenómenos. En *Tótem y tabú* (1912), escribió: «Postulamos la existencia de un alma colectiva; un sentimiento que se transmite de generación en generación, relacionándonos con una culpa de la que no somos conscientes y no conservamos el menor recuerdo». Freud volvió sobre la cuestión en, entre otras obras, *Moisés y la religión monoteísta*. En 1939 incidió de nuevo al afirmar que la herencia arcaica del hombre comporta recuerdos inconscientes heredados de las experiencias de las generaciones anteriores.

Sin embargo, el autor prácticamente eliminó a los abuelos tanto de la teoría como de la práctica psicoanalítica. Los trabajos sobre el transgeneracional empezaron en la década de 1960, pero se desarrollaron a partir sobre todo de la década de 1970. Como si las reticencias de Freud para profundizar en su investigación sobre esta cuestión hubieran impedido durante casi treinta años que sus discípulos abordaran esta nueva vía. A partir de entonces, los trabajos se multiplicaron. Pero no todo el mundo admite la noción de transgeneracional. Los primeros psicoanalistas que se interesaron por estos problemas procedían de escuelas varias, a menudo totalmente enfrentadas entre sí, y no se conocía. Sin embargo, abordaron esta cuestión de cerca casi simultáneamente por una curiosa coincidencia.

Y, no obstante, la ausencia de los abuelos en la teoría psicoanalítica tiene unas terribles consecuencias. Los psicoanalistas infantiles, por ejemplo, suelen pedir a sus nuevos pacientes que les «dibujen una familia». El dibujo, reflejo de las condiciones de su situación actual, representa en la mayoría de casos a una familia nuclear con dos padres, unos niños y un gato. Si no se lo indicamos expresamente, los niños pueden deducir que los abuelos no presentan interés para el analista y los excluyen de sus indicaciones. De la misma manera, todos los adultos que piden ayuda son sabedores de la importancia del complejo de Edipo y tienen tendencia a privilegiar este tema, y se olvidan de evocar los problemas relacionados con las generaciones precedentes.

Algunas de estas personas evocan, por desgracia vagamente, recuerdos de su infancia ante un analista callado, y van de mal en peor. Tal vez esperen, al crear nuevos síntomas, permitir que este «mudo» entienda que ellos no tienen palabras para explicar su sufrimiento. Estas palabras son las que sus padres les vetaron en referencia a sus antecedentes familiares y que ellos esperan escuchar de manera inconsciente de la boca de su terapeuta. Es por eso que el silencio del analista aumenta el trauma que los padres les impusieron, creyendo actuar de manera correcta, al tapar las vergüenzas familiares. Si el analista, por el contrario, acepta interesarse por la investigación genealógica emprendida por el paciente podría impedir que el análisis divagara por caminos interminables. Además, la regla del silencio conserva todo su valor, hasta el punto de que no se la considera un dogma.

Historias familiares

☐ La familia de Freud

Resulta sorprendente que Freud no se interesara en un principio por los ancestros y, en especial, por los abuelos, tanto en su teoría como en la práctica. Podemos pensar en las dificultades que debió encontrar para que aceptaran sus conceptos más innovadores, como sus teorías sobre la sexualidad, el concepto de Edipo, el inconsciente, la inhibición, por citar algunos de ellos. Hace un siglo, las mentalidades de la época explicarían esas dificultades. En Viena, Freud, un judío ateo con ideas materialistas, pensaba en lograr su aceptación y reconocimiento. Tal vez prefirió concentrar su influencia en las nociones que le parecían más importantes. Interesarse por los abuelos y por su papel en la formación de la psique del niño podría haberse interpretado como que se acercaba a la noción de *inconsciente colectivo*, defendida por Jung, el antiguo alumno preferido que se convirtió en su enemigo.

Pero probablemente Freud tenía otras razones de tipo personal para evitar esa cuestión. Así como explotó y teorizó acerca de la leyenda de Edipo con el brío que todos conocemos, pasó de puntillas sobre los antepasados de Edipo, los labdácidas, cuya historia es uno de los ejemplos de transmisión transgeneracional más destacados que pueden existir. A menos que pensemos que Freud, a pesar de su vasta cultura, sólo conoció a Edipo a través de las obras de Sófocles. Pero ¿no tendría otros motivos para olvidarse de los labdácidas?

Autores como Marie Balmary y Alain de Mijolla se interesaron muy especialmente por la historia familiar de Freud y son de la opinión que esta le influenció mucho en su pensamiento. Su padre, Jakob, nació en 1815 o 1816, carecía de estudios y de muy joven intentó hacer fortuna en el comercio aunque con resultados infructuosos. Se casó con dieciséis años con Rally Kanner y tuvo su primer hijo, Emmanuel, en 1832, cuando sólo contaba con diecisiete años; después Phillip, en 1836. No se conserva la fecha de la muerte de Rally Kanner. Jones, el biógrafo oficial de Freud, dijo que él nació el 6 de mayo de 1856, en Viena, hijo de la segunda mujer de su padre, Amalia. Ahora bien, estos datos no están del todo claros. Freud nació dos meses mas tarde, el 6 de marzo, y fue circuncidado una semana después, así lo corroboran los archivos de la sinagoga. El matrimonio de sus padres se había celebrado el 29 de julio de 1855, así que Jakob debió casarse con

Amalia, de veinte años, estando ella embarazada de dos meses. Después, para esconder esta circunstancia, se dijo a Sigmund que él había nacido dos meses más tarde. Además, Amalia no era la segunda sino la tercera mujer de Jakob. En un archivo de la comunidad judía de Freiberg se recoge que Jakob se casó con una tal Rebecca, de treinta y dos años, y que vivió con sus dos hijos y la mujer de Emmanuel. Esta Rebecca desaparece de los registros dos años más tarde. ¿Qué ocurrió? ¿Falleció? ¿Se divorciaron? Las dos primeras esposas de Jacob desaparecieron sin dejar rastro. Jacob tenía cuarenta años cuando nació el pequeño Sigmund. Tuvo otros siete hijos. Emmanuel, el mayor de los hermanastros, dijo un día a Freud que, respecto de su padre, él no debía considerarse de la segunda generación, sino de la tercera. Fue el propio Freud el que dio a conocer este comentario. De hecho, él se crió en una familia difícil con varias intrincaciones generacionales de por medio: Emmanuel tenía tres años más que su madrastra Amalia. Los hijos de Emmanuel, sobrinos de Sigmund, vivían en la misma casa y eran, por tanto, compañeros de sus juegos. Su padre era a la vez abuelo, mientras que sus sobrinos y nietos se comportaban como hermanos y hermanas.

Las relaciones de Sigmund con su anciano padre eran buenas, según sus biógrafos. A pesar de todo, un día reveló que lamentaba no haber sido el hijo de su hermanastro, Emmanuel. El segundo apellido de Sigmund Freud era Shlomo, el de su abuelo paterno, muerto unas semanas antes de que él naciera. Este hombre debía de ser considerado como un sabio, ya que lo llamaban «el rabino Shlomo» Freud también decía que era el hijo preferido de su madre, lo que le dio mucha fuerza. En cambio, recuerda que a un tío paterno, «Joseph, el pelirrojo», lo condenaron a diez años de prisión por tráfico ilegal. Después de esta condena, los cabellos de Jacob se volvieron grises de un día para otro.

Emmanuel, el hermanastro preferido de Freud, tenía que conocer por fuerza la existencia de Rebecca, la segunda mujer de su padre. Pero ningún texto permite afirmar que Sigmund estuviera al corriente de esta situación, salvo por una carta que envió a Fliess en la que aludía a una historia judía: «Rebecca, te quitan tu ropa de casada y dejas de estar casada». Ahora bien, en la misma carta, Freud hace saber que abandona la teoría de la «culpabilidad del padre», según la cual las pacientes histéricas habrían sido seducidas por su propio padre. Alain de Mijolla sugiere que la asociación en un mismo texto de un discurso sobre la «teoría de la culpabilidad» y una alusión a Rebecca revisten un cierto valor de confesión.

Parece ser que Jakob era un personaje bastante curioso. Sombras oscuras envuelven la desaparición de sus dos primeras mujeres. Sus problemas económicos eran crónicos. La imagen del digno anciano que Freud nos transmitió tal vez peque de poco realismo. Cuando Sigmund renuncia a la teoría de la culpabilidad escondida del padre, rechaza analizar los aspectos negativos que las generaciones precedentes podían transmitir a un niño. Tal vez quisiera proteger la imagen paterna. Su decisión de omitir determinados pasajes de la historia de Edipo iría en el mismo sentido.

□ Los labdácidas en el mito de Edipo

La historia de los labdácidas, o el ciclo de Tebas, muestra la manera en la que los Antiguos habían descrito ya en sus leyendas lo que en la actualidad llamamos transgeneracional. Eso puede hacernos pensar que habían presentido la existencia de estas transmisiones. La maldición se repite sobre seis generaciones, de Cadmo a los hijos de Edipo. Cadmo, el fundador de Tebas, expuso su linaje a las maldiciones divinas al casarse con Armonía, hija adúltera de la diosa del amor, Afrodita, y de Ares.

La segunda generación ve como la madre asesina a su hijo. Cadmo y Armonía tuvieron varios hijos, entre ellos una hija llamada Agavé, que se entregaba al vino en las orgías dionisíacas. El hijo de Agavé, Penteo, era un hombre sobrio, amante del orden y contrario a estas orgías. El dios del vino, Dionisio, quería vengarse de él e inspiró la gesta mortal de su madre. Cuando Agavé, en pleno delirio, ve a su hijo Penteo, lo confunde con un león al que ella «desposeerá de sus garras» antes y decapitará después para, finalmente, llevar su cabeza triunfante ante Tebas ensarta en la punta de un tirso.

A la muerte de Cadmo, su hijo, Polidoro, hermano de Agavé, se convierte en rey. Pero también se le consideró culpable por esposar a una espartana, ciudad a la que su pueblo odiaba. Por este motivo su hijo recibió el nombre de Lábdaco, es decir el «cojo», debido a este mal casamiento. Polidoro murió de forma prematura.

Lábdaco representa la tercera generación. De adulto, asumió el poder legítimo de Tebas, pero su reinado duró poco tiempo y falleció cuando su hijo Layo sólo tenía un año. Lábdaco sería masacrado por los Bacantes. Pero fue el único de su linaje que, según la leyenda, no cometió ninguna tropelía mayor.

Su hijo Layo perteneció a la cuarta generación después de Cadmos. Los usurpadores del poder real amenazaban su vida. Y lo salvó el rey de Corinto, Pelops, al acoger al pequeño Layo y criarlo junto a su hijo Crísipo. Los nombres de estos niños ya dejan entrever la continuación de la narración mitológica. Ciertamente, Layo significa: «el que tergiversa» (las relaciones con los demás), mientras que Crísipo significa: «caballo de oro». Layo, cuando es adolescente, se enamora de Crísipo, el hijo de su huésped y protector. Y lo que es peor, lo viola. Crísipo no puede superar la vergüenza y se suicida. Pelops, preso de la rabia, maldice a Layo y a toda la tribu de los Labdácidas a la que condena al aniquilamiento. En la concepción de la Grecia clásica, Layo, huésped de Pelops, es como un hijo para él. Por lo que su acto presenta un triple delito: incesto porque Crísipo es como un hermano; violación de un príncipe; injuria a las leyes de la hospitalidad, al rey y al padre.

Edipo pertenece a la quinta generación. Su nombre significa: «el que tiene edemas en los pies». El abuelo de Edipo se llamaba Lábdaco, el «cojo». El nombre de su padre, Layo, como ya hemos dicho, quería decir «el que tergiversa las relaciones». Todos estos personajes legendarios poseen nombres que indican que eran personas con «defectos», ya sean físicos o morales. La sexta generación, la de los hijos de Edipo, verá materializarse la maldición lanzada por Pelops contra los descendientes de Layo. Y todos morirán sin dejar descendencia, en lo que fue el fin de esta familia real.

El mito de Edipo acaba con la leyenda de los labdácidas. Layo, de regreso a Tebas, asume el poder y después se casa con Yocasta, pero no pueden tener hijos. Desolado, va a Delfos a consultar al oráculo, que le revela lo siguiente: «Si tienes un hijo, te matará y se acostará con su madre». A partir de allí, evita procrear con todas las precauciones, hasta que un día, la ebriedad le será fatal. Tienen un hijo varón al que los padres deciden sacrificar. Lo entregan a un pastor para que lo abandone en el monte Citerón. El pastor perfora el talón del niño para hacer pasar una cuerda y poder colgárselo a su espalda. De camino, se encuentra a un pastor de Corinto. Este último pensó que, en lugar de sacrificarlo, el rey Polibos, que no tenía heredero, podría adoptar al niño. Así que el joven Edipo fue criado como un príncipe heredero, siendo hijo adoptivo sin saberlo.

Un día de juerga, un joven espeta al joven príncipe: «Después de todo, tú no eres hijo legítimo». Inquieto, Edipo habla con su padre, Polibos, del incidente, pero no obtiene una respuesta clara. Entonces decide, como ya había hecho Layo anteriormente, ir a consultar al oráculo de Delfos, que le responde: «Tú matarás a tu padre y te acostarás con tu madre». Edipo, poseído por la inquietud, se olvida por completo del motivo de su consulta, que era saber si realmente era hijo de Polibos. Y decide no regresar a Corinto por miedo a llevar a cabo las predicciones del oráculo. Su «destino» hace que su carruaje se cruce con otro en una camino estrecho. Es el de Layo, rey de Tebas. Sus gentes quieren que Edipo se aparte del camino. Pero él no se deja, mata al cochero y después al propio Layo.

Después de vagar erráticamente, Edipo llega a Tebas en una época en la que la ciudad estaba azotada por la esfinge, un monstruo fabuloso con cara y pecho de mujer y cuerpo de león. Esta planteaba enigmas a los caminantes y los mataba si no sabían la respuesta. El regente de Tebas, Creón, hermano de Yocasta, promete a Edipo que se casará con ella si sale victorioso de la afrenta con el monstruo que formula el enigma ritual: «¿Cuál es el ser vivo que anda sobre cuatro patas por la mañana, sobre dos al mediodía y sobre tres al atardecer?». Edipo fue el primero en responder: el hombre. La esfinge derrotada se lanzó por el precipicio y allí murió. Edipo es recibido con honores de héroe y se casa con Yocasta, su auténtica madre. Y tendrán cuatro hijos.

Mucho más tarde, a raíz de una epidemia de peste, el oráculo de Delfos le dice: «El mal no estará curado hasta que la muerte de Layo no haya sido pagada». La investigación es larga y difícil. Edipo participa muy activamente. Cuando por fin descubre la verdad, encuentra a Yocasta, que acaba de ahorcarse y, desesperado, se revienta los ojos. Su hija, Antígona lo consuela en su desdicha. Sus hijos le sucederán en el trono pero sus disputas harán que terminen matándose entre ellos. El linaje de los labdácidas se extingue.

Nacimientos ilegítimos, infanticidios, suicidios, venganzas familiares, locuras asesinas bajo los efectos de la bebida... menudos secretos oculta esta familia. Edipo es el que recibe el castigo más injusto. Se convierte en un parricida sin poder ni siquiera sospechar de ello. Su inteligencia le sirvió para derrotar a la esfinge. Su recompensa es el trono de Tebas y el lecho de su madre. La utilización de Freud del nombre de Edipo para designar el complejo por el cual el niño desea a su madre y se opone a su padre dio una gran popularidad a esta leyenda. Con todo, Freud limitó las fuentes a Edipo, rey de Sófocles. Sin embargo, las transmisiones nefastas pueden, en el inconsciente humano, trasladarse a varias generaciones, como lo atestigua toda la leyenda de los labdácidas.

En la historia, tal como la percibimos hoy en día, el error de Edipo fue el de dejarse llevar por una ridícula historia sobre quién tenía prioridad en un camino, hasta el punto de asesinar al cochero contrario y a su amo, Layo. Ahora bien, ninguno de los personajes de la obra no piensa reprochárselo. Sófocles muestra a Edipo como alguien rabioso e irreflexivo. Cuando consulta al oráculo de Delfos, olvida preguntarle por sus verdaderos padres, huye de Corinto de manera impulsiva, sin aclarar el malentendido. Por lo demás, no es culpable. No es culpa suya si sus padres lo abandonaron a las bestias y si el destino se volvió en contra suya. Cuando se descubre la verdad, se siente culpable de su parricidio y de su incesto; y él mismo se castiga. Es culpable porque los dioses así lo han querido y han ideado una «estratagema infernal». Él acepta el veredicto y, toda la ciudad junto él, lo compadecen pero lo condenan. Los dioses expresan su poder superior castigando, no sólo a los culpables, sino también a sus descendientes. Los crímenes cometidos por los Labdacidas y las desgracias que les suceden tienen un significado universal —tal es una de las funciones del mito: mostrar la reproducción de desgracias inflingidas por los dioses para castigar las faltas graves y los errores repetidos de generación en generación—.

Freud no plantea la cuestión metafísica de la culpabilidad. El complejo de Edipo sólo le interesa en tanto que forma parte de la historia de cualquier ser humano y participa en la elaboración de su psique.

El genosociograma

La historia de esta familia mitológica muestra que nos encontramos dentro de una familia y de en un entorno social o país sin haberlo elegido. Portador de los cromosomas de los padres, todos estamos atrapados por la historia familiar y por la historia colectiva y nos encontramos, junto con nuestros hermanos, al final del árbol genealógico. Es imposible escapar al lugar que el «destino» —como decían los griegos— le ha deparado a cada uno, en una determinada época de la historia de la humanidad. El discurso contemporáneo se distingue del de la Antigüedad por el hecho que no hacemos recaer en los dioses la responsabilidad de haber torcido nuestro destino. Cada uno asume parte de su responsabilidad y la comparte con los antepasados y el conjunto de la sociedad a la que pertenece. El estudio del «transgeneracional» intenta dilucidar, en el seno de una familia o de una sociedad, los factores heredados que influyen en la vida de los individuos y de la colectividad. La revelación de estas nos permite liberarnos de herencias vividas como fatalidades. El análisis del árbol genealógico o del genosociograma permitirá evocar los secretos de la familia, los *fantasmas* y los síntomas que pueden relacionarse con los errores de nuestros antepasados.

□ **Descubrir nuestra propia familia**

Algunos psicoanalistas que se interesan en la cuestión del transgeneracional prefieren no modificar mucho el marco de la sesión y no recurren al árbol que encierra, según ellos, a la familia en un esquema artificial. La mayoría, en cambio, piden al interesado que les explique su genosociograma. El paciente dibuja una especie de árbol genealógico. Indica, no sólo las filiaciones en línea directa, sino también los hermanos y demás parentela. Representa los matrimonios de segundas nupcias y los hijos de los subsiguientes matrimonios, así como las personas que viven bajo el mismo techo. También anota las alianzas y los conflictos.

En la medida de lo posible, se conserva en la memoria el discurso del sujeto sobre los distintos miembros de la familia: las distancias sociales de una rama a otra y, tal vez, incluso entre hermanos, las disputas por una herencia, las rupturas por razones privadas o de índole política. Se necesitan dos horas como mínimo para establecer un genosociograma. A menudo las personas no saben dibujar su árbol genealógico y hay que dejarles folios de más si tienen muchos hermanos o si quieren ampliar el espacio destinado a una parte de la familia que en el diseño original estaba demasiado estrecha: concretamente, el sujeto toma conciencia de la complejidad y la multiplicidad de sus vínculos familiares. Esta descripción del genosociograma se inspira en la que Anne Ancelin Schützenberger propone en *Aïe, mes aïeux* (Ay, mis ancestros). Otros autores proponen algunas variantes para elaborar completamente este árbol genealógico.

Los habituados a analizar genosociogramas afirman prestar una gran atención a las entonaciones, a la mímica, a las modificaciones en la expresión de la cara, a los tembleques que denotan una probable emoción cuando la persona habla de una persona determinada. Una súbita sensación de frío que le hace ir a buscar la chaqueta del chándal también debería llamar la atención. Algunos analistas afirman haber compartido cierto malestar extraño.

Los diseños pueden ser muy transparentes y entonces será fácil encontrar los sitios respectivos de los miembros de la familia.

Por otra parte, el árbol genealógico resulta difícil de comprender. Puede derivarse de una historia familiar conflictiva y caótica o incluso de lo que Gaulejac llama un *desorden genealógico* en la *Histoire en héritage* (La historia heredada): el individuo no se reconoce en él, debido a, por ejemplo, el encabalgamiento de generaciones. También hay que tener en cuenta los vacíos en la memoria, los lapsus o las omisiones que rápidamente se solucionan. Pueden incluso revelarse como muy importantes: tienen un valor sintomático. El genosociograma no es más infalible que cualquier otra técnica y el comentario es igual de importante como la representación gráfica.

□ **El genosociograma en la práctica**

En el ejemplo que figura a continuación, el gráfico lo ha elaborado el padre y lo han comentado sus dos progenitores. El dibujo habría podido inducir a seguir una pista falsa: para conocer la razón por la que Arturo tenía necesidad de ayuda, el testimonio de sus padres será de vital importancia. El terapeuta tiene por costumbre reunirse con los padres, juntos si es posible, antes de ver al niño. Así que vinieron tanto Carlos como Sofía. Carlos, de treinta y cinco años, visiblemente nervioso, deja que sea su mujer, Sofía, de veintiocho, la que exponga la situación. Arturo tiene seis años y tiene muy mal carácter. En clase, pega a los demás compañeros a la mínima contrariedad y el director de la escuela ha amenazado con expulsarlo. Arturo tiene muchas pesadillas. Siempre ha sido un niño difícil. Llora ante el menor infortunio. Pero se comporta bien y su desarrollo físico es normal.

ÁRBOL GENEALÓGICO DE LA FAMILIA DE ARTURO

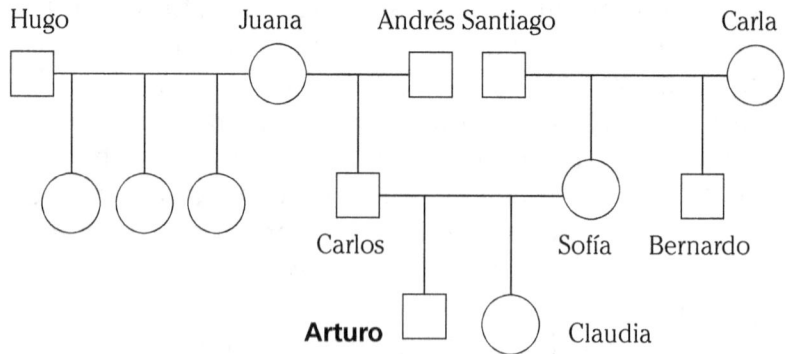

Entonces interviene Carlos para decir que también él tiene muy mal carácter. Su madre, Juana, se volvió a casar poco tiempo después de que su padre, Andrés, muriera en un accidente. Siempre ha odiado a su padrastro, Hugo. Su madre lo abandonó un poco para ocuparse de sus hermanastras. De muy joven, lo pusieron en un internado debido a su difícil relación con su padrastro, allí descubrió el mundo de la droga, pero tuvo la suerte de encontrar a alguien que se hizo cargo de él. Y se desintoxicó por completo. Después reanudó sus estudios superiores. Y su ocupación actual le gusta. Piensa que sus nervios son el origen de los de su hijo, que se le parece mucho. Los nervios de Carlos y su historia ofrecen una potencial pista interpretativa.

Pero de repelente se produce un golpe de efecto: Sofía, la madre de Arturo, rompe a llorar y afirma que «esto no es culpa de Carlos». También ella era una persona con un carácter iracundo y su madre decía que ella era «su vergüenza» porque se tiraba al suelo en plena calle cuando no estaba contenta. Su madre, Carla, era una periodista y una mujer con mucho mundo. Ella salía mucho por las noches. Y su hermana pequeña se acostaba temprano. Silencio. Sofía vuelve a llorar y le dice a su marido que tiene vergüenza. Carlos muestra visiblemente su incredulidad. Al final, acaba sumida en un pozo de lágrimas, para explicar que, por la noche, su padre, Santiago, venía a su habitación y la abrazaba con mucho cariño. Se hizo un gran silencio y añadió: «...Y después me acariciaba y yo nunca se lo impedía. Yo estaba avergonzada, pero...». El marido se levantó súbitamente como si fuera a marcharse y, después, se volvió hacia ella: la rodeó con sus brazos y la abrazó.

El terapeuta enseguida se da cuenta de que Arturo es un niño con muy mal carácter, como decían sus padres.

Sus dibujos eran algo inquietantes y denotaban mucha agresividad. Aunque le gustaba explicar las historias acerca de lo que dibujaba. Muy rápidamente sus dibujos se volvieron más normales, y aparecieron soles, casas y jardines. Sofía, de vez en cuando, venía para hablar del tema. Y un día aprovechó para decir que, de un cierto tiempo acá, disfrutaba haciendo el amor. El comportamiento de Arturo también había mejorado. Claudia nació al poco de terminar la terapia, como una señal de la armonía reencontrada por la pareja.

El genosociograma permitió conocer la problemática real de esta historia familiar incluso antes de reunirse con el niño. Arturo era el «síntoma de su madre» y no el «enfermo al que había que curar» debido a sus problemas de carácter que compartía con su padre, tal vez por transferencia genética o por un proceso de identificación. Un interrogatorio clásico no habría hecho más que conducirnos hasta su desarrollo, analizado según la visión de sus padres, y a las relaciones existentes entre ellos. En cambio, el genosociograma llevó a los padres a centrar su discurso en sí mismos y en sus células familiares, las de los abuelos del niño. Sin las revelaciones de Sofía, ¿cuál habría sido el futuro de la terapia de Arturo? El abogado del diablo podría decir que le hubieran permitido ser un niño normal y feliz, pero ¡tal vez la terapeuta ha privado a la humanidad de un pintor maldito!

14

El transgeneracional y la vida privada

Sofía, la madre de Arturo, escondía un secreto, un hecho vergonzoso que la perseguía desde hacía años. Gracias al síntoma de Arturo y a la terapeuta, se pudo desenmascarar el secreto antes de que se transformara en un «secreto de familia» que hubiera podido acarrear consecuencias negativas a varias generaciones.

El secreto no es un mal en sí mismo, al contrario. Todos tenemos derecho a conservar una parte de nosotros mismos de la que no hablamos con nadie, nuestro jardín secreto. Nadie nos puede exigir que le revelemos nuestros pensamientos íntimos, nuestros fantasmas o nuestros sueños. Somos libres de cultivarlos como nosotros creamos conveniente. Este territorio privado es una parte importante de nuestro *ego* y de la libertad. La transparencia absoluta es un fantasma totalitario que aniquila al imaginario destruyendo las sombras y las delicias de la intimidad. Para el niño, sus padres son dioses omniscientes. Cuando un día descubre que puede mentirles y que ellos no pueden reaccionar, comprende que puede hacer como ellos y guardarse para sí algunos secretos que no se comentan con nadie. Este descubrimiento le confiere la seguridad de construirse su propio mundo imaginario, necesario para su buen funcionamiento psíquico y para el desarrollo de su personalidad. También a él le gustaría saber lo que piensan y hacen sus padres. Porque tampoco es muy agradable reconocer que también ellos disfrutan con placeres y actividades de las que uno queda excluido. Pero el amor que ellos dan al niño le bastará para hacerlo feliz.

Filiación escondida

En cambio, hay secretos que no hay que guardar, aunque cuesten de explicar. La pequeña Gema tenía ocho años y no estaba bien. Solía estar triste y enfurruñada, no trabajaba bien y no prestaba atención en clase. Repitió curso. Sus padres la llevan al médico y ella acepta cooperar a regañadientes. Aunque es cierto que parece algo más avanzada para su edad. Sus dificultades empezaron hace un año. El archivo escolar recoge exactamente el momento. El especialista se reúne enseguida con los padres para intentar comprender lo que ha podido pasar. En un momento emotivo, el padre le dice a su esposa: «Fue después de vernos con tu madre».

La joven, Nico, termina aceptándolo. Y le explica que su madre la abandonó cuando ella tenía ocho años. Criada por sus abuelos maternos, Nicoleta sólo había visto a su madre en dos o tres ocasiones más y, aquel día, la vio otra vez en la calle donde ella iba de compras con su marido y su hija. Ella dejó que la anciana abrazara a la pequeña y después dio por acabado el reencuentro. Cuando Gema le preguntó quién era esa señora y por qué la había llamado «mi nietecita», Nicoleta le respondió que era una señora mayor que ella conocía de cuando era pequeña. La niña no volvió a sacar el tema. Nicoleta añade enseguida que unos vecinos le explicaron las borracheras de su madre y la separación —rodeada de un escándalo— de su matrimonio. Ella concluyó: «¡No podíamos explicarle todo esto a la pequeña!».

Fue difícil de convencerla para que dijera la verdad, aunque no fuera toda, a su hija: esta mujer era madre y abuela después de todo. La revelación se produjo en presencia del padre en el marco de la consulta. «Yo la veo todas las noches que me dice "mi nietecita" y me da miedo», terminó diciendo Gema. «Mamá, ¿por qué me engañaste?».

La madre había tenido vergüenza de su propia madre y se había refugiado en una mentira: «Es una señora mayor que conocía de cuando era pequeña». La niña no la creyó y concentró su atención en «mi nietecita», que era, de hecho, la expresión que revelaba la verdad. La niña no hubiera interpretado aquellas palabras de una manera tan terrible si no hubiera percibido la emoción de su madre. Y la niña se refugió en un mundo de sombrías fantasías y de pesadillas. No sabemos por qué Gema nunca antes había preguntado por sus abuelos maternos, a pesar de que sí conocía a los paternos.

Los secretos de familia

Algunos psicoanalistas se refieren con facilidad a los *secretos de familia*. Las vergüenzas familiares pertenecen a esta categoría. No nos referimos a los recuerdos que conservamos con cariño: se trata de secretos que tienen trampa. Pueden ser de tipo familiar o relacional si se refieren a actos reprobables cometidos por algún miembro de la familia: delitos, crímenes, relaciones incestuosas, hijos no reconocidos, abandono de niño, etc. Pero las familias, al actuar así, pueden mantener en secreto sus actitudes políticas, traiciones, malversaciones económicas, peleas por la herencia; situaciones en las que la seguridad, y tal vez la reputación, siempre correrían peligro sin la protección del secreto. El secreto, o mejor aún su no revelación, y el silencio, tiñen de culpabilidad a quien comunica un secreto al transmitirlo de manera insidiosa de generación en generación.

Para Serge Tisseron, estos secretos son «indecibles» durante la primera generación y pasan a ser «innombrables» en la segunda, puesto que, entonces, casi nadie conoce exactamente el secreto. Unos y otros han podido oír rumores o alusiones. Todos saben que hay alguna cosa que no se puede decir, pero no saben cuál es. En la tercera generación, el secreto se convierte en «impensable», ya que nadie sabe nada, al menos de forma consciente. Y se comporta como un parásito del pensamiento, sin ninguna representación psíquica posible. Algunos ejemplos muestran secretos familiares muy nocivos que abarcan más de tres generaciones.

La maldición

Por fortuna, la bisabuela de Gerardo conservaba el entendimiento. Casi centenaria, vivía sola, en su pequeña casa que no quería abandonar. Daba de comer a las gallinas y, una vez por semana, iba a casa de sus hijos o de los vecinos a llevarles los huevos que, por otra parte, ella no consumía. Gerardo, de treinta años, informático en Madrid, acababa de enamorarse. Él sabía que en su familia el primer hijo siempre fallecía: por enfermedad o accidente, el niño o la niña no pasaba de los cuatro años. Esa suerte había corrido su querida hermana mayor. Las generaciones anteriores se resignaron a este drama del mismo modo que hubieran hecho con una fatalidad. Gerardo estaba tan disgustado que consideraba aquellos decesos repetidos como coincidencias y juzgaba la certeza de su familia como una superstición: se sentía ridículo de tener miedo a casarse y de vivir, a su vez, una tragedia de tales dimensiones.

En su desasosiego, decidió ir a ver a su bisabuela. Ella se acordaba muy bien. Le habían explicado la historia. Fue un hechizo que le lanzó una prima de su abuelo, el día de su boda. Ella tenía la vista puesta en el marido. Y al final terminó vieja y arisca. La bisabuela cuenta con los dedos. «A ti la maldición no te afectará. Duraba hasta cuatro generaciones. ¡Qué curioso, tú eres el primero que me ha preguntado por ella!».

Así es, plantear la pregunta ya es una manera de poner fin a este proceso mortífero en el que el silencio era como una aceptación pasiva de la «maldición»... que permitía su existencia. El mundo psíquico de la persona que es la portadora de un secreto de estas dimensiones está fragmentado en dos partes. Por un lado, se impone el silencio absoluto sobre un hecho bastante preciso y, por prudencia, se evita recordar cualquier cosa que se aproxime al tema tabú. Por el otro, su funcionamiento mental parece normal, pero está consumido por el secreto.

Desde que se difundió el conocimiento del fenómeno de la transmisión inconsciente de los secretos de familia, los investigadores se preguntan acerca de los mecanismos psíquicos o neurológicos que podrían explicarlo. Para Didier Dumas,[18] el niño aprende a hablar repitiendo frases y, mediante un proceso de identificación, copia las expresiones favoritas como las entonaciones de sus padres, sus reticencias y aquellas palabras que evitan. De este modo, se impregna de su estructura mental y puede así incorporar zonas de sombras que corresponden a lo que no debería o no quiere saber. Hace suyo al tabú, incluso sin darse cuenta. Serge Tisseron opina que el secreto «supura» incluso más si los niños están muy atentos a todo lo que viene de sus padres, debido al intenso vínculo afectivo que les une a ellos.[19] De esta manera percibirán el menor cambio en la entonación de las voces y los gestos o cualquier anomalía en el comportamiento de sus padres. Los abuelos, a través de mecanismos análogos, también

---

18. *L'Ange y le fantôme* (El ángel y el fantasma).
19. *Secrets de famille, mode d'emploi* (Secretos de familia, cómo funcionan).

podrán transmitir muchos mensajes sin que sean conscientes de ello. Por lo que no tenemos que sorprendernos si los secretos logran traspasar varias generaciones. Para Jean-Pol Tassin, estos datos se almacenarían, no en función del modo lento, de tipo cognitivo, sino según el modo analógico, en varias centenas de milisegundos y sin que seamos conscientes.[20] Podemos compararlos con los anuncios publicitarios de la televisión que contienen *imágenes subliminales:* los espectadores no las «ven», pero se lanzan a comprar los productos ofrecidos. También podemos pensar que los adultos se expresan sin reservas ante un niño que todavía no habla y juega en su cuna. Puede incorporar fragmentos de información que guardará en alguna parte de su «disco duro». Algunos padres, más prudentes, hablan en otro idioma cuando no quieren que su hijo les entienda. Ahora bien, todos los niños son un poco hechiceros, como el joven Harry Potter. Intrigado por el cambio de idioma, buscará y probablemente entenderá lo que precisamente querían esconderle.

El «fantasma»

El secreto de la familia «supura», transpira de todas las maneras imaginables. El *fantasma* es una de las manifestaciones nocivas del secreto. Aunque se conserve perfectamente, la vergüenza asociada al secreto siempre se revela: hay personas que llaman *fantasmas* a las formas que toma esta «revelación». Nicolas Abraham fue uno de los primeros en interesarse en lo que se transmiten unas generaciones a otras. Su definición de *fantasmas* es la siguiente: «No se trata de los fallecidos que se aparecen, sino de las la-

---

20. *Le Monde,* 8 de octubre de 2003.

gunas que nos han dejado los secretos de los demás».[21] También afirmaba que estos *fantasmas* no son sino manifestaciones de los secretos de familia. Abraham insinuaba que estos secretos habían incluso creado lagunas y vacíos en las personas portadoras. Son responsables de traumas psíquicos o somáticos del orden de los que hemos visto en los casos de Bernardo, Gema o Arturo.

Estos *fantasmas* sólo existen en el inconsciente. A partir de síntomas físicos o psíquicos únicamente podemos presuponer su existencia. Didier Dumas nos muestra un ejemplo bastante esclarecedor. A partir del comentario de su genosociograma, uno de sus pacientes de repente le dijo: «Hace frío aquí» y se puso su chándal. Su interlocutor se quedó parado: estaba en mangas de camisa y sudaba. En ese instante, aquel hombre estaba hablando de un tío suyo, hermano de su madre, al que no conocía. Y añadió: «Sí, nadie de la familia mantiene el contacto, no sé por qué. Sí, me acuerdo, oí decir a mis padres una vez decir la palabra "prisión". Yo creo que hablaban de él. Pero nunca se lo pregunté». La sensación de frío de aquel hombre no era casual y deja entrever que el fantasma apareció. Si no, pensaríamos que la inquietud experimentada puede conducir hacia una noción hasta entonces inconsciente. Así, la persona, puesta en conocimiento gracias al *fantasma*, podrá llegar a comprender el origen de su angustia.

☐ El fantasma y la justicia familiar

Más allá de los fantasmas relacionados con los secretos de familia, aparecen las injusticias que no se perdonan jamás, con el consiguiente rencor que puede traducirse en un sufrimiento transmitido de generación en genera-

---
21. *L'Écorce et le Noyau* (La corteza y el núcleo).

ción: el egoísmo prevalece por encima de la solidaridad familiar. Así, aquel industrial había decidido favorecer a uno de sus hijos para que heredara su empresa. Mediante hábiles operaciones financieras repetidas durante años, había actuado en contra de los otros hermanos que se quedaron con muy poca cosa de la herencia paterna. Las operaciones efectuadas eran jurídicamente intachables. Uno de los nietos del otro hijo explicaba esta historia lleno de rabia. Con frecuencia, veía a un primo, que estudiaba en la misma facultad que él y nadaba en la abundancia. Él, por su parte, tenía que trabajar para pagarse sus estudios. Ivan Boszormenyi-Nagy[22] es uno de los grandes pioneros en los estudios sobre el transgeneracional. Para él, las relaciones en el seno de una familia deben tener en cuenta la justicia y la equidad. La lealtad de los miembros con respecto a la familia tiene como corolario que nadie debe salir ganando ni perdiendo en exceso en el balance familiar imaginario que cada persona sigue a su manera.

☐ **Enfermo de su fantasma**

Ninguna patología se deriva específicamente de él. Y es imposible concebir un origen transgeneracional de los problemas a no ser que la toma de conciencia de la historia familiar conlleve el restablecimiento o una mejora considerable de los síntomas.

Entre los síntomas físicos, se encuentran las alteraciones respiratorias, como el asma, problemas digestivos, sobre todo funcionales, entre los que aparece en primera posición el estreñimiento. Anne Ancelin Schützenberger explica un caso de metástasis en el que la persona afecta-

---

22. *Invisible royalties: Reprocity.* (Lealtades invisibles: la reciprocidad).

da se restableció de manera espectacular cuando pudo establecer un vínculo entre los secretos de su familia y su enfermedad.

Las patologías mentales más diversas en las que el paciente pasa de un estado de melancolía a una psicosis grave pueden guardar relación con un secreto de familia. Una modificación brutal de los síntomas después de la revelación de lo que hasta entonces estaba escondido permite desentrañar la relación que existe entre la patología y el secreto.

◻ El síndrome del aniversario

El *síndrome del aniversario* ha sido objeto de numerosos estudios. Imaginemos a una mujer que tenía diez años en el momento en el que su madre murió. Ella se casa y tiene hijos. Y la tienen que hospitalizar por un episodio psicótico de delirio y tentativa de suicidio cuando su propia hija cumple diez años. Esta situación sólo se alargará unas semanas, pero ella reincidirá en el décimo aniversario de su segunda hija. Simple coincidencia podrán decir algunos. No. Una investigadora californiana, Josephine Hilgard, a la que cita Ancelin Schützenberger,[23] estudió los síndromes del aniversario durante treinta y siete años, de 1952 a 1989, en el hospital de su región. Ella demostró que después de la muerte de su madre, cerca de una cuarta parte de las mujeres hospitalizadas por problemas mentales presentaban los primeros síntomas al cumplirse el aniversario de aquella muerte: las cifras estadísticas eran muy significativas. (Este estudio tiene un valor mayor, si cabe, para los psicoanalistas en los que su práctica clínica por regla general se reduce a un número pequeño de casos y,

---

23. *Op. cit.*

en consecuencia, no suele ser compatible con los cálculos estadísticos). Otras coincidencias asombrosas se registraron con demasiada frecuencia como para ser atribuidas a la casualidad. Por ejemplo, un nacimiento sobrevenido en un margen de uno o dos días alrededor de la fecha del aniversario del nacimiento o la muerte de un abuelo; o una pareja que decide casarse sin acordarse que los abuelos del hombre se casaron ese mismo día; o incluso el fallecimiento de una mujer la fecha en la que se cumplía el aniversario de la muerte de su esposo.

□ El niño de recambio

Podemos considerar que el *niño de recambio* forma parte del síndrome del aniversario. Puede que nazca el mismo día que se cumpla el primer aniversario de una muerte. Hay quien lo ha llegado a considerar como una reencarnación del muerto, de quien a menudo suele recibir el nombre; su familia espera de él las cualidades y las virtudes del fallecido, idealizadas por el luto.

El niño de recambio podrá tener la impresión de que sus padres en realidad nunca lo desearon de verdad. El hermano mayor de Van Gogh, que murió a muy temprana edad, se llamaba Vincent-Wilhelm. El propio pintor, nacido poco después de su muerte, recibió el mismo nombre. El artista en un principio fue pastor durante algunos años, posteriormente se entregó en cuerpo y alma a la pintura. Y pintó la mayor parte de su obra en poco más de cinco años, a pesar de sufrir graves trastornos mentales, o tal vez precisamente gracias a ellos. Las circunstancias del suicidio de Van Gogh son menos conocidas. Acababa de recibir una carta de su hermano Théo que le anunciaba el nacimiento de su hijo, a quien había puesto el nombre de Vincent-Wilhelm, como sus dos tíos. ¿Consideró el pintor

—en una reacción narcisista— que era intolerable que otra persona llevara el mismo nombre que él? O bien ¿el nacimiento de un Vincent-Wilhelm Van Gogh sólo podía comportar su muerte, del mismo modo que su nacimiento sólo había sido posible, según los fantasmas de culpabilidad, gracias a la desaparición de su hermano mayor? Nadie lo sabrá nunca. En cambio, es más probable que su nombre ejerciera un papel destacado en la patología mental que sufrió que no en su muerte.

Los *niños reparadores* son muy distintos de los *niños de recambio*. Su concepción es más tardía. Transcurrido el periodo de luto, son la expresión de un deseo de volver a vivir de manera normal. Estos niños no se arriesgan, *a priori*, a sufrir los mismos problemas que los *niños de recambio*.

Las expresiones de lealtad

El apego a la familia de la que uno surge (o al grupo humano al que se pertenece) por lo general comporta una lealtad cuyas manifestaciones no son excesivamente invisibles hasta el momento en que resultan conflictivas. Una persona que pertenece a dos grupos humanos puede encontrarse preso entre dos obligaciones contradictorias. El grupo de Palo Alto reunió, a finales de la década de 1950, a investigadores de la universidad de Stanford. Este grupo describió esta situación complicada con el calificativo de «doble obligación» (*double bind*). Un niño de un padre divorciado que sobre todo no debe decir a nadie que papá tiene una nueva mujer en su vida. Uno de los hermanos del padre está al corriente y le pregunta: «¿La encuentras simpática, a la compañera de tu padre?». El niño responde, colorado de la cabeza a los pies, que no sabe nada. Su tío, que lo quiere mucho, conoce perfectamente la verdad. Pero la consigna es severa y el niño se siente obligado a mentir. Y experimenta una considerable angustia que lo lleva a traicionar su secreto enrojeciendo.

Gaulejac explica la historia de Annie, que vivía en un estado permanente de culpabilidad, miedo a hacerse daño, miedo a que su pareja no se rompiera y con la tentación de sobreproteger a sus hijos. Después del divorcio muy conflictivo de sus padres, su madre, que la había advertido, volvió a vivir en casa de sus respectivos padres. Cuando la pequeña iba a ver su padre, le dejaban ropa destinada a tal propósito. De vuelta, se desvestía por completo y se lavaba con un cuidado especial para retirar las miasmas que ella presuponía que se le habrían adherido en la casa de aquel horrible personaje. Años después, intentó en vano reconciliar un poco a sus padres. Cualquier palabra a favor de uno, el otro la considerada una traición. Y ella se debatía entre su deseo de lealtad respecto de las familias de sus padres. Los posicionamientos radicales de los abuelos en el divorcio acentuaron su malestar. Su propio nerviosismo, a su vez, corría el peligro de causar graves efectos en los pequeños.

En su libro *Les Visiteurs du moi* (Los visitantes del ego), Alian de Mijolla explica, bajo el título de «La sombra del capitán Rimbaud», la vida del poeta Arthur Rimbaud, atrapado en un doble conflicto de lealtad y de identidad. El capitán Rimbaud abandonó a su familia cuando Arthur tenía seis años. Su padre y su abuelo también se habían ido de casa cuando sus hijos tenían seis años. Esta curiosa repetición recuerda a un síndrome de aniversario extendido a varias generaciones. ¿Por qué el padre y el abuelo del capitán abandonaron a su familia? Y ¿por qué en ese preciso momento? Probablemente nunca nadie lo sabrá. El último encuentro entre los padres de Arthur Rimbaud se produjo después que Vitalie, su madre, hubiera heredado la propiedad familiar y se convirtiera en una granjera bastante rica. Su separación vino precedida por varias discusiones. A partir de la marcha del capitán, Vitalie borró minuciosamente cualquier rastro que hubiera podido dejar su marido en la casa; fotos, escritos, libros: todo desapareció. Sólo le faltaba borrar la memoria del padre en el espíritu de sus hijos. Ella sola encarnaba la ley, la autoridad, el poder a ojos de Dios. El apego de Arthur a su madre y la ambivalencia compleja respecto de su padre aparecen en varios de sus textos. Sus tempestuosas relaciones amorosas con Verlaine acabaron de mala manera. Su separación marcó el final de su corto periodo de producción literaria.

A continuación, Arthur emprendió una serie de viajes que siempre le conducían a casa de su madre, su punto de referencia. Durante este periodo, no parece que intentara verse con su padre. Tampoco en la siguiente etapa, en la que se marchó en una huida apasionada hacia África, de la que ya sólo regresó para morir, afectado por un tumor cancerígeno en la rodilla. Parece que su estancia en África representó un intento de seguir la pista de su padre. En su delirio de los últimos meses, se identificaba con él y, por ejemplo, llegaba a afirmar haber nacido en el pueblo natal del capitán. Y le atemorizaba la idea, enfermiza, de que lo arrestara la policía militar por haber desertado del regimiento en el que había servido su padre..., cuando en realidad él nunca había formado parte del mismo. Vitalie parecía haber estar al corriente de las relaciones de Arthur con Verlaine. Ella protegió y siguió protegiendo a su querido hijo. En un primer momento, Arthur le dio muestras de su afecto con periódicas estancias en su casa. Sin embargo, en la última etapa de su vida expresó su lealtad a la memoria de su padre e incluso llegó a identificarse con él. Los síndromes de aniversario, afectando a tres o cuatro generaciones de «cuentas no saldadas en la familia de origen», periodos de genialidad y locura, pasando por una trayectoria vital muy atípica, expresiones de lealtad a las dos familias de origen..., toda la vida de Arthur Rimbaud acumula ejemplos de las manifestaciones del transgeneracional.

Dinastías de mujeres

Genoveva, a raíz del nacimiento de su hija y desde hace unos meses, no soporta mantener relaciones sexuales con su marido. La mujer comprende su disgusto pero «ella no puede más». Muy unida a su abuela materna, ella le confiesa este tipo de cosas. Y el marido le responde: «Siempre es así en las familias. Yo, tu madre, y después tu bisabuela. Todas han tenido una hija y después, se acabó. Ellos se han ido o se han buscado a otra».
No hay que conservar todas las lealtades.

Algunas personas rechazan el lugar que les reserva su árbol genealógico. En *L'Histoire en héritage,* Gaulejac habla de aquellos que afirman: «Yo no quiero ser lo que soy» y quedan atrapados en lo que se denomina como *nudos sociopsíquicos.* Así, Rudolph, en el libro de Peter Sichrovsky *Naître ocupable, naître victime* (Nacer culpable, nacer víctima) es el hijo de unos altos cargos nazis refugiados en Argentina. Su padre no se siente culpable y no tienen ningún remordimiento de sus crímenes. Su madre mantiene una actitud de total solidaridad con su marido. Sólo él se siente culpable y responsable ante la sociedad. El odio hacia sus padres prosiguió durante varios años hasta su muerte, supuestamente accidental. ¿Se hizo homosexual para no transmitir su culpabilidad a sus hijos? Ser el hijo de un criminal que no se arrepiente ni ha sido castigado era un estatus imposible para Rudolph, que se siente culpable de las fechorías de sus padres. Al final ni asume ni reniega de su fijación, cae atrapado en las redes de la deshonra. Se siente como el chivo expiatorio de su familia y no se considera lo que le permitiría hallar, ante sus propios ojos, un estatus honroso.

Los que pueden escapar

Como afirmaba La Fontaine: «No murieron todos, pero todos quedaron afectados». En otras palabras, las trasmisiones patógenas no inciden de la misma manera en todos los miembros de una familia. Ser el predilecto de mamá, estar dotado de un talento especial... Hay tantos factores protectores. Josephine Hilgard[24] los puso de manifiesto en sus trabajos estadísticos: los niños fruto de parejas felices y estables, bien integrados en la sociedad, tienen más posibilidades de no acusar un pasado familiar difícil.

Del mismo modo, Serge Tisseron[25] describe la hipótesis según la cual un linaje «sano» por parte de los padres, es decir, exento de «secretos de familia» y de «fantasmas», puede proteger a un niño contra las transmisiones patógenas que recibe del otro linaje.

Los abuelos pueden ejercer una función importante si, conscientes del carácter nocivo de los secretos, explican tranquilamente la verdad. Al mismo tiempo, proporcionan el esclarecimiento que permite al niño salir de la ciénaga fantástica y el amor para soportar la verdad en cuestión. Existe protección contra el carácter destructor de algunas transmisiones psíquicas de naturaleza transgeneracional.

Bubú el terrible

Bubú el terrible no tenía miedo a nada. Que sus padres rara vez estuvieran con él lo traía sin cuidado. Ya tenía a la abuelita que se

---
24. «The Anniversary Sindrome as Related...»
25. *Secrets de famille, mode d'emploi* (Los secretos de familia: cómo funcionan).

ocupaba de él. Cuando terminaba de jugar con sus amigos, o se hacía daño, se iba rápido a su casa y se hacía consolar por su abuelita, que le explicaba historias, le hacía unas cosas deliciosas para comer y lo cogía en brazos. Cuando los padres llegaban el fin de semana, ya no era tan divertido. Después de beber, el padre daba golpes sin motivo aparente, mientras que la abuelita siempre tenía algo que decir. La madre, deprimida, no decía nada y no se ocupaba de Buba, y él tampoco le prestaba atención a ella. ¡Que vivan los lunes! Por fin solos los dos, excepto durante horas de clase y la hora de jugar fuera con los compañeros.

Al volver a casa un sábado, los padres encontraron a la abuelita en la cama. La cena no estaba preparada. Y el idiota de Bubú que no sabía ni encender el gas. El padre cogió un mazo y el niño se fue. Pensaban que el niño se había refugiado en casa de los padres de un amigo y, convencidos de que el lunes iría a clase, los padres pensaron en otra cosa. La abuelita, desde su cama, intentó convencer a su hijo para que fuera a casa de los vecinos a ver si Bubú estaba allí. Fue inútil. El lunes, Bubú no fue a la escuela.

Todo el pueblo y la policía se pusieron a buscarlo. Al final lo encontraron, a los pies de un árbol, con una pierna rota y en bastante mal estado. El niño había querido coger manzanas. Durante su estancia en el hospital, la abuela falleció. Sus padres no fueron a verlo. Nadie le dijo nada.

Cuando salió del hospital, fue realojado en un hogar. Bubú, prácticamente mudo, no jugaba con nadie ni se interesaba por nada. Comía poco, creció sin engordar un solo gramo y cada vez se le veía peor. Un día, al psiquiatra infantil se le ocurrió hablarle de su abuela y decirle que ella estaba muerta. El pequeño lloró mucho, eso es lo que dice todo el mundo. Después, tuvo la posibilidad de ir a casa de una buena gente que vivía no muy lejos de su pueblo natal. Allí le fue mejor. Un día, desapareció. Sus padres adoptivos, que lo habían entendido a la perfección, fueron a buscarlo al cementerio, a la tumba de su abuela. Allí estaba. El hombre lo cogió de la mano y le dijo:

—Sabía que estarías aquí. ¡Vayámonos a casa!

Bubú recuperó poco a poco su felicidad y volvió de nuevo a hacer travesuras.

15

El transgeneracional, la sociedad y la Historia

Los ejemplos clínicos de transmisiones psíquicas de generación a generación en una misma familia parecen extraños, así como los mitos legendarios, su versión estilizada y emblemática. Sentimiento de extrañeza que reproduce sobre todo el deseo de no ver en uno mismo. Se acepta más comúnmente que se transmitan de padre a hijo los determinismos sociales. Sin embargo, estas diferentes herencias son de igual naturaleza, transgeneracional. Aúnan sus fuerzas e influyen en la vida del individuo para lo mejor y para lo peor. Y, a menos que seamos hijos de nadie, ¿de qué otra forma podría ser?

Historias de monstruos

Cuasimodo es un niño abandonado, un niño de nadie, una gárgola. Frollo lo ha adoptado para hacer una buena acción. Este hecho podría quizá compensar los eventuales crímenes de su hermano pequeño, su hijo querido, el día del Juicio final. Cuasimodo se hace mayor. Su madre es la catedral. Se balancea sobre la más grande de las campanas lanzando gritos de éxtasis. Es tuerto, cojo, jorobado y sordo frente a los humanos.

El Hombre Elefante, de David Lynch, es un monstruo exhibido en una feria ambulante. Un médico lo saca de ese entorno, le da cobijo y el calor de su amistad. El Hombre Elefante tiene un retrato de su madre, pero no sabe nada de ella. Llora ante las fotografías de la familia de su benefactor y decora su nuevo «hombre» con fotografías de sus amigos, que muestra orgullosamente a las visitas mientras sirve el té.

La «criatura» del Doctor Frankenstein es el doble metafísico de todos los monstruos. Suplica a su creador que le dé una esposa, para demostrar los lazos que unen a los hombres entre sí y para formar parte de «la cadena de los seres».

Ninguno de los tres tiene un nombre verdadero. El Hombre Elefante es John en el refugio que le ha procurado su protector. Cuasimodo fue encontrado llorando a los pies de Notre-Dame, el domingo después de Pascua, llamado *cuasimodo*; es decir, en castellano, el domingo «casi». Y en cuanto al Monstruo, sólo es conocido por el nombre de su creador, Frankenstein.

Ni árbol genealógico ni estado civil: son simplemente desiertos interiores cercados de miradas extrañas.

El estado civil

☐ El apellido

La parte más visible del elemento transgeneracional, tan visible que ya ni la vemos, es el apellido o patronímico. Estas dos maneras de designarlo ya nos informan de que el individuo se inscribe en una tradición, en un linaje, en una pertenencia heredada de padre a hijo durante generaciones. En España, el primer apellido siempre ha sido el del padre. Es también él quien legaliza una determinada filiación, que en realidad, será siempre imposible demostrar, a menos de que se recurra a técnicas costosas. El apellido y la figura paterna facilitan la adhesión del niño a la simbolización. El apellido también le asegura que es fruto del amor entre su padre y su madre. Su abuelo y su bisabuelo le unen a la cadena de generaciones por la identidad del apellido. A menudo, dicho apellido sirve para indicar una pertenencia.

Pero ¿qué pertenencia? ¿Sólo la de una familia? No, eventualmente a la comunidad, a una etnia o a una nación, ya que el patronímico está en relación directa con la lengua. Tal como señala Nicole Lapierre en *Cambiar el apellido* el patronímico es el resultado de dos tendencias. Originalmente, el apellido podía ser la marca de pertenencia a una región, a un señor, y desde hace algunos siglos, a una filiación. Por otro lado, el poder político central ha intentado a lo largo de los años fijar los apellidos. El estado civil es una institución relativamente reciente, siendo uno de sus objetivos fijar los apellidos y esclarecer las genealogías.

Una ley aplicada en Francia desde principios de 2005 da la posibilidad a cada pareja con hijos de escoger para ellos como apellido el patronímico de uno de los padres, o el uso de ambos apellidos en un orden u otro. La única restricción es que deben dar los mismos apellidos a todos sus hijos. Esta modificación ha anulado la decisión tomada doscientos años atrás. Tendrán que pasar algunos años para poder observar las incidencias psicológicas de tales medidas.

A día de hoy es posible identificar un individuo mediante tres maneras: por su apellido (identidad) para la manera inmediatamente más accesible. Es también la que requiere mayores garantías, ya que los casos de homonimia no son tan infrecuentes. La segunda pasa por recurrir a huellas corporales: las huellas digitales (diferentes incluso entre gemelos auténticos) y, más recientemente, el ADN, el análisis del iris, etc. Finalmente, la administración dispone de un completo código para «numerar» los individuos: a menos de que se dé un error humano o un fallo informático, la confusión es «matemáticamente» imposible. De estos tres métodos de identificación, el patronímico es el único que tiene en cuenta el entorno de la persona, su historia y su pertenencia. Los otros dos restantes lo toman como un elemento aislado.

El apellido también comporta consecuencias psicológicas. Nicole Lapierre cita a Nietzsche: el apellido es el «lastre del hombre; lo carga con una anterioridad paralizante». Y Romaní Gary-Émile escribe en *Pseudos*: «Debemos cambiar de apellido a menudo para hacernos notar».

Cualquier identidad es una trampa que fija el individuo en una definición. Apellido conocido públicamente, llevado por el padre y el abuelo, que trae consigo una tradición y una coacción, aunque esta no sea por infamia. Más comúnmente, el patronímico es objeto de orgullo, las tradiciones impuestas a que obliga («Jamás había sucedido algo así en casa de los García») son, en cierta medida, marcas de «nobleza señorial». Seguramente, el punto de vista correcto de las mujeres casadas es aquel por el que no quieren renunciar a su apellido de soltera. Algunas aceptan añadir el apellido del marido y se dan a conocer cada vez más con las dos colaciones.

□ **El nombre de pila**

El nombre de pila es la otra cara de la identidad. Es sólo de uso corriente en el seno de la familia y con los amigos. Tradicionalmente, los padrinos tenían el derecho de escoger el nombre de pila del niño bautizado. En la Francia muy católica de hace cien años, a menudo, los padrinos de los recién nacidos eran los abuelos, y les atribuían su propio nombre, con frecuencia, del santoral. Hoy en día, es más común que sean los padres los que den nombre al niño, aferrándose a veces a la tradición, más a menudo a las modas o incluso a su imaginación.

A la sombra de los escoriales

«[...] Varios alumnos, en esta clase, tenían nombres más bien poco ordinarios: Anaclet y Bibiane, por ejemplo, hermano y hermana de sangre y por lo extraño de sus nombres, reían cuando era la primera vez que el profesor extrañado pasaba lista. Y Arnoult, que se enrabiaba cada vez que le rebautizaban por Arnaud, y la pequeña Edit que rechazaba la *h* inglesa final...
    Fue más tarde cuando comprendí el efecto perverso que el aburrimiento causaba sobre los habitantes de esta pequeña ciudad. El aburrimiento los atrapaba en la cuna y sólo los soltaba en la tumba, atormentándolos, presionándolos y enloqueciéndolos a lo largo de su vida. Entonces lo combatían como podían: soñaban durante meses con los nombres de sus hijos, los engastaban y pulían como si de esmeraldas se tratara. Y el niño, una vez había sido soltado a la naturaleza, tan perdido y desamparado como ellos mismos, podía hacer gala al menos del lujo de ese nombre meteórico.
    Realmente era una triste región del territorio fronterizo».
    Marie-Claude Maran (texto inédito)

La descripción del conflicto interior de aquellos que llegan a desear el cambio de apellido o las dificultades que tienen a veces algunos niños adoptados permiten seguramente apreciar mejor hasta qué punto esta identidad transmitida da al individuo su base psicológica.

Cambiarse el apellido

Los legisladores, en la mayoría de países desarrollados, han fijado los apellidos y han hecho difíciles sus cambios. Es el caso de España. Ahora bien, puede conllevar desventajas para un individuo tener un apellido extranjero. Si este tiene la posibilidad legal de castellanizar su apellido, o de incluso cambiarlo, no tomará esa decisión a la ligera.

El entorno, la familia, los amigos, lo conocen por su apellido, él mismo se reconoce por su apellido: nos identificamos con nuestra identidad. Por poco que pertenezcamos a una minoría religiosa o étnica, el querer cambiar el apellido será vivido por los allegados como una traición. Si el padre puede de hecho entenderlo, ya que tiene que afrontar a menudo las mismas dificultades que su hijo, el abuelo, por su lado, se puede sentir especialmente herido. Pérdida de la identidad, vergüenza de faltar a la lealtad, riesgo de rechazo por parte de la familia y de la comunidad pesan en la balanza antes de tomar la decisión. El cambio de apellido comporta también una ruptura genealógica: mi hijo no llevará el apellido de mi padre.

Cohen-Rousseau

La ley francesa permitía los cambios de apellido si estos pasaban a tener una consonancia más francesa. Una nueva ley, tras el año 1945, facilitó a los judíos poder poner a salvo su descendencia de cara a futuras y eventuales persecuciones raciales. Un médico, Cohen, resistente bajo el apellido de Rousseau, se había vuelto famoso con este segundo nombre. Quiso cambiar su apellido, Cohen, por Cohen-Rousseau. Apreciaba tanto su patronímico como el apellido obtenido durante la clandestinidad. Pero topó ante la administración, que no mostraba impedimento en cambiar su apellido pero sólo si abandonaba su patronímico. Pasó mucho tiempo antes de que ganara su causa.

☐ El niño adoptado

La familia adoptiva, en general, desconoce el apellido de nacimiento del niño que adopta, y conocerá solamente su nombre de pila. La adopción comporta un importante elemento, el dar su apellido a un niño conocido hace poco tiempo. No insistamos sobre las carencias afectivas y los sufrimientos que un niño adoptado habrá tenido que afrontar antes de la adopción. Sus últimos padres abastecedores eran quizá dignos del amor que el niño les trae. Los padres adoptivos, aunque los conozcan, a menudo prefieren ignorarlos, sin preocuparse demasiado por los sentimientos del niño. Es una quimera desear una ley que permita al niño adoptar, de manera activa, a sus nuevos padres. Ha sido «adoptado», lo que conlleva dependencia. Lo máximo que se puede esperar es que los padres adoptivos no inventen un «secreto familiar», no diciendo al niño que ha sido adoptado.

El niño adoptado debe enfrentarse a dos dificultades. Sus padres ya no serán jóvenes puesto que es difícil adoptar antes de los cuarenta años, y sus abuelos adoptivos, si todavía viven, serán relativamente mayores y por tanto, permanecerán sólo como adoptivos. El niño adoptado no tiene una verdadera identidad, un árbol genealógico. Hemos visto la importancia de la identidad, del narcisismo de los padres y del complejo de Edipo en la elaboración de la estructura mental del niño. ¿Es posible, y de qué manera, suplir las carencias? Algunas dificultades tienen sus ventajas. El hecho de adoptar un niño es un verdadero vía crucis que a menudo puede comportar unos costes de quince mil euros, o incluso más (aunque muchas adopciones se llevan a cabo mediante subscripción familiar). Abuelos y tíos se interesarán por el resultado de los esfuerzos comunes. Sería bueno para este conocer sus progenitores y sus ancestros. Pero está mal visto darle este derecho antes de su mayoría de edad.

La «neurosis de clase»

La liberalización de las costumbres ha favorecido desde hace años las uniones entre jóvenes de origen social muy diferente. Muchos niños tienen, en consecuencia, unos abuelos ricos y otros pobres. Pero las jerarquías dentro de las familias también atañen a la religión, los posturas políticas actuales o pasadas, el origen regional o extranjero, la raza, etc. Estas diferencias pueden ser perfectamente aceptadas, no serán origen de vergüenza o reproches o, por el contrario, pueden suscitar dificultades, reticencias, incluso conflictos. Las relaciones entre los abuelos y los nietos pagarán las consecuencias.

Vincent de Gaulejac ha consagrado el libro *Neurosis de clase* a esta problemática. Insiste sobre el hecho de que estas neurosis pocas veces son debidas a conflictos sociales, pero encuentran como las otras su origen en dificultades psíquicas, de orden familiar o sexual, sobre las cuales se puede unir el malestar social: el caso de la niña de la cual explica la historia sobre cómo disfrazaba inconscientemente de «vergüenza social» el reparo que sentía por haber «querido» demasiado a su padre.

En la *Neurosis de clase*, el sentimiento de vergüenza está continuamente presente. Salvo algunas excepciones, es el más desfavorecido el que sentirá vergüenza por su condición respecto al otro. No tener un euro en el bolsillo vacía el estómago, estropea la ropa y limita las posibilidades de expresión de uno mismo en una sociedad donde la mayoría vive mejor. Annie Ernaux, en *La Vergüenza*, muestra de manera clara el origen de este sentimiento en aquellos que por su destino son las víctimas: su familia, las condiciones de su nacimiento, la educación recibida, el hábitat y la vida diaria agotadora de su infancia. Esta gente, a pesar de conseguir una situación social mejor, conserva la vergüenza de sus orígenes.

Los secretos de familia conllevan también, entre otros síntomas, un sentimiento de vergüenza. Ya sea la vergüenza familiar de una falta pasada, o la vergüenza relacionada con los orígenes sociales, el individuo que la sufre no es en ningún caso el responsable. Las vergüenzas sociales y familiares son difícilmente justificables. Sin embargo, son en parte responsables de la elaboración de la *neurosis de clase* que abarca estados psíquicos muy variables: la depresión ligada al sentimiento que, se haga lo que se haga, los otros, mejor nacidos, triunfarán más en la vida; o al contrario: actitudes muy agresivas ante la vida, para probarse a sí mismo que, a pesar de todo, se es el mejor. Annie Ernaux ha llevado a cabo en diferentes libros un análisis muy detallado de estos estados psicológicos.

☐ **El niño imaginario y la realidad social**

El niño imaginario, el que se espera desde el momento que «lo sabemos», es fruto de la actividad mental narcisista de seis personas: de los padres y de los abuelos, sin contar tíos, primos... y el perro. Este niño es complejo en su génesis. Y lo es más en el sentido que sus ascendentes alimentan, cara a él, esperanzas diferentes y contradictorias. El padre desea que su hijo se le parezca, tenga el mismo oficio y respete sus valores. También espera, de manera inversa, que este niño imaginario, idealizado, pueda beneficiarse de una educación mejor, que no caiga en los mismos errores..., en definitiva, que sea diferente y mejor que él mismo. El niño, a medida que vaya creciendo y configurando su destino, traicionará por seguro una de estas dos aspiraciones parentales.

Lo que a menudo desearán los abuelos es una ascensión social sin fracturas. El esquema clásico (abuelo agricultor, hijo maestro, nieto profesor) está pasado de moda, pero era muy representativo de un deseo que persiste: que mi hijo, que mi nieto, salgan adelante con más éxito que yo, pero sin avergonzarse de sus predecesores y guardando su amor por ellos. Los hijos con una ascensión social fulgurante a menudo se alejan de su familia de origen. Sus padres les «avergüenzan» un poco. La consecuencia más visible es que también separan a los hijos de sus abuelos. Estas situaciones, siempre dolorosas, son también negativas para los niños privados de sus raíces. Y a menudo, estos triunfadores no se sienten muy a gusto en su nuevo medio, donde se sienten un poco extranjeros. La tercera generación, la de los nietos, puede mostrar sentimientos «sociales» variables de cara a los abuelos: orígenes un tanto incómodos o, por el contrario, modelo indentitario con el que reencontrarse.

La Historia con mayúsculas

Todos estos fenómenos familiares y sociales se desarrollan en condiciones normales y habituales de una sociedad sin muchas agitaciones. Pero a veces la Historia hace acto de presencia: una guerra extranjera o civil, una revolución u otras tragedias, masacres o deportaciones. Al principio de *W. o recuerdo de infancia*, Georges Perec escribía: «No tengo recuerdos de mi infancia. Hacía esta afirmación con seguridad, con cierto grado de desafío. Nadie podía hacerme preguntas sobre este tema. No constaba entre mis planes. Estaba exento de ello: otra historia, la grande, la Historia con mayúsculas, ya había dado la respuesta en mi lugar: la guerra, los campos».

Los golpes de esta hacha mayúscula están en primer término: lo más visible y lo más sensible de lo que se transmite de generación en generación.

☐ Los lutos difíciles

Los muertos durante la guerra son héroes para la nación y para sus familias. Su desaparición no resultará menos dolorosa, pero el reconocimiento social ayuda a sobrellevar el luto: ¡es la viuda de un héroe! Pero la muerte del padre-héroe conlleva a menudo la ruina de su familia, la abolición de las esperanzas sociales que podía traer. La sociedad es poco generosa con las viudas y los huérfanos de guerra. El luto se hace más difícil aún si la sepultura es desconocida. El osario de Douaumont, en Francia, donde reposan, sin distinción, desconocidos de ambos bandos de la Segunda Guerra Mundial, es evocador, tanto de los horrores de la guerra así como de este sufrimiento psicológico.

La vida sesgada por la guerra pertenece al dominio de la Historia además de a la vida familiar. La opinión pública que apoya la guerra para la defensa del territorio nacional ha considerado algunas expediciones militares como «guerra sucia». Los que participaron en ellos la podían aprobar o no. Todos mezclados deberán afrontar el «tribunal de la Historia», encarnado por sus nietos.

Una huérfana de la Primera Guerra Mundial explicaba a sus hijos que su hermano y ella veían los fastos del 11 de noviembre como un homenaje para ellos: en su visión de niños, los monumentos a los muertos estaban también erigidos a su gloria.

Aquellos que, por interés o por convicción, se han equivocado de bando en sus posturas políticas o religiosas, arrastran a sus familiares en la vergüenza y el deshonor. Los «colaboracionistas» franceses durante la Segunda Guerra Mundial, aquellos que denunciaron a miembros de la resistencia o a judíos son, en Francia, los últimos de esta especie. Estos sentimientos de orgullo o de vergüenza históricos tienen, en el inconsciente, la misma naturaleza que su equivalente de la *neurosis de clase*. Pero, y esta es la gran diferencia, la tragedia les sirve de red.

☐ Sobrevivir a un genocidio

El genocidio armenio de 1915-1916 ocurrió hace noventa años. La coincidencia en las fechas con el primer conflicto mundial ha facilitado la desaparición de Armenia en cuanto a nación y el silencio alrededor de este drama en el que perecieron cerca de dos millones de armenios. Desgraciadamente, no ha sido el único genocidio del siglo XX y, de hecho, cuando Georges Perec habla de la Historia en mayúsculas, se refiere a la deportación de los judíos y a sus propios padres.

Los supervivientes de un genocidio tienen muchas dificultades para hablar de ello: es una constante de la cual Janine Altounian[26] ha sacado incluso una especie de teorema. La primera generación es la de los muertos y la de los que asistieron a los horrores de la masacre, escapando de ellos de milagro: estos supervivientes maduraron en el silencio. Las siguientes generaciones tienden a traducir como pueden este silencio, a transformarlo en palabras: Aanine Altounian hizo de uno de sus libros la «tumba» de su abuelo, la sepultura del cual se perdió a lo largo de los caminos de la deportación. La generación que sucede a esta toma de palabra, finalmente, puede plantear preguntas más serenas.

¿Por qué este silencio? ¿Qué esconde? En primer lugar, sus supervivientes, cuando se hallaron deportados, en Turquía, por ejemplo, se vieron obligados a callar, por miedo a ser exterminados y por sufrir una integración forzada: recluir los supervivientes en el silencio forma parte de los planes en los genocidios. Estas víctimas perdieron sus tierras, su religión, su lengua y su cultura, incluso su nombre, que fue «turquizado», llegando a sufrir el menos-

---

26. *La supervivencia.*

precio. El hecho de transmitir a sus hijos, o a vecinos, el recuerdo de esos horrores vistos o padecidos es peligroso, incluso mortal, para uno mismo y para los demás: uno calla.

Los que se refugian en Francia, obviamente no reciben ningún tipo de violencia, pero lo han perdido todo. Su lengua ya no tiene ningún valor económico fuera de su comunidad. Muchos renuncian a transmitirla a sus hijos. Y es una nueva causa del silencio: ¿en qué idioma explicar lo sufrido? Aunque se pudiera explicar en armenio y los niños lo entendieran, ¿no sería volver a los horrores vividos utilizando palabras del pasado, la lengua de aquellos que tuvimos moribundos en los brazos? La crueldad de la masacre contamina la lengua natal.

El inmenso dolor de hablar, también ha sido sufrido por los supervivientes de las deportaciones nazis. Primo Levi llamó *La Tregua* el relato de su vagabundeo, a bordo de los trenes soviéticos con destinos azarosos tras la liberación de Auschwitz: unas semanas de premio antes de afrontar la prueba de reencontrarse con la familia y tener que explicarse, volver a vivir entre «gente normal». Jorge Semprún escribió, en *La escritura o la vida*, «escribir es morir otra vez». Sin contar que es prácticamente imposible explicar los suplicios sin entrar en la dialéctica de despacho: el preguntarse *por qué* se ha sido martirizado, buscar una lógica que ponga orden a la historia, ya constituye entrar en un proceso de autoacusación.

También, tal como dice Serge Tisseron, es revivir la *vergüenza*:[27] vergüenza de haber visto la propia abyección en la mirada de los soldados liberadores, mientras que, ocupado en sobrevivir, en medio de la muerte diaria del campo, uno no tenía tiempo de «pensar en ello»; vergüen-

---

27. *La vergüenza, psicoanálisis de un lazo social.*

za incluso por la bestialidad torturadora que ha deshonrado a la humanidad entera; vergüenza paradójica por haber sobrevivido: ¿con qué derecho me he beneficiado de este favor ilícito en detrimento de los demás? A esta vergüenza por hablar (a pesar de tener ganas de ello) corresponde el rechazo a entender a aquellos que no han vivido nada de todo esto, que es horroroso e imposible de imaginar en toda su extensión. Primo Levi tenía a menudo la misma pesadilla, en la que se encontraba en la mesa con la familia, explicando lo que había vivido y dándose cuenta que nadie le escuchaba. Otro superviviente explicaba que su familia le había pedido que «dejara de quejarse ya que para ellos también había sido duro».

Los supervivientes del genocidio armenio han tenido que afrontar, en sus países de «supervivencia», otros oídos sordos, los de la política. Al contrario que los nazis, su verdugo, Turquía, no había sido derrotada, no podían denunciarla y se protegía a menudo bajo el silencio por cuestiones de estado. Janine Altounian describe estos supervivientes postrados en su silencio y que adoptan la estrategia para sobrevivir consistente en renunciar enseñar a sus hijos la lengua materna y a proyectarlos, enviándolos a la escuela de su país de acogida, en un espacio de lengua y de cultura vírgenes de cualquier memoria. Explica la tranquilidad de estos niños al escaparse de esta manera, durante algunas horas de clase, del sufrimiento familiar; pero también nos relata su dilema: este universo benigno, donde los niños juegan, se entristecen o se alegran por tonterías, es irremediablemente «ajeno» al paisaje mental del pequeño armenio (a pesar de haber nacido en Francia), que sus padres le han transmitido silenciosamente, el luto irremediable propio de su identidad, de su pasado, de su lengua e incluso de su capacidad para soñar. Para no ser destruido por los secretos de los padres, el niño deberá afrontar el tabú y encontrar las palabras para describir el sufrimiento. Debe saber lo que ha pasado, investigar y explicar a su vez todo lo que ha aprendido. Y, circunstancia agravante, para romper el tabú, el niño utiliza una lengua extranjera, el único vehículo posible, ya que la lengua-mártir ha sido aparcada. Este es el único precio mediante el cual el hijo de supervivientes podrá ser «actor de su propia historia» y vivirla. Y sin lugar a dudas, no será hasta la tercera generación cuando el proceso de integración en el país de llegada habrá finalizado.

Uno de los aspectos importantes de esta integración es el cambio de patronímico. En Turquía, tras la deportación, es una manera de acabar, mediante la violencia de estado, con la destrucción genocida: lo deportados en Turquía recibían un nombre que era la forma turca del suyo propio. Los que por su lado se refugiaron en Francia esperaron reencontrarse con su patronímico armenio. La ley francesa autoriza con parsimonia estos cambios de patronímico, con ciertas condiciones y siempre en el sentido de un afrancesamiento... Nicole Lapierre[28] explica la historia de un hombre que, decepcionado por no poder recuperar su apellido «original», renunció al apellido turco de su abuelo, adoptó uno francés escogido entre los más corrientes, hizo venir a su familia de Turquía y vivió la extraña experiencia de cambiar el apellido de su propio abuelo. En el caso del cambio de apellido asumido y consentido, los descendientes no sufren aparentemente esta elección.

Por el contrario, los hijos de los judíos que cambiaron su apellido tras 1945, porque la ley les permitía un afrancesamiento «protector» más fácil, interpusieron peticiones para recuperar sus apellidos originales. Estas peti-

---

28. *Changer de nom* (Cambiar el apellido).

ciones habrían sido seguramente más numerosas si, incompatibles con la legislación en vigor, no hubieran sido rechazadas sistemáticamente por el Consejo de Estado.

Los cambios de apellido han tenido, en las dos comunidades, valores simbólicos diferentes. Los patronímicos de los armenios eran considerados en Francia como impronunciables. Los cambios de apellido tuvieron lugar en la segunda o tercera generación tras el genocidio, con el objetivo de una integración voluntaria. Y al contrario, los apellidos judíos eran conocidos a oídos franceses desde hacía diferentes generaciones. Los cambios de apellido no eran debidos a la extrañeza: aseguraban protección. El inconveniente: modificar su patronímico podía también parecer marcar una distancia respecto a la víctimas del genocidio y a la comunidad de supervivientes. Era también en parte renunciar a su identidad religiosa.

☐ **Los desarraigados**

Algunas personas podrían caer en la tentación de pensar que estas tragedias, no sufridas en sus familias, o bien la herencia de un sufrimiento histórico, no les concierne en absoluto y que este fenómeno psicológico sólo afecta a una pequeña minoría de los europeos. Sin embargo, en sus efectos y síntomas, este caso particular es representativo de un malestar mucho más general (también de naturaleza transgeneracional) y que afecta a todos los que, ya sea por razones sociales, económicas o políticas, se ven privados de una parte de sus raíces, apartados de sus orígenes culturales, religiosos y/o lingüísticos. Es por ello que la vergüenza social, la que por ejemplo cita Annie Ernaux, es tan pesada y dolorosa que Janine Altounian la compara al sufrimiento del hijo del superviviente de un genocidio. Los dos deben afrontar el silencio de un padre que no tiene acceso a un lenguaje socialmente aceptable. Padres y abuelos armenios no hablan francés, o lo hablan incorrectamente, e incluso rehúsan, estando en familia, hablar en la lengua materna de la que han sido exiliados; el padre obrero o inmigrante tiene miedo de «hablar mal» y de revelarse como un analfabeto. El niño debe aprender a usar los códigos lingüísticos que enseguida nota como ajenos a su familia. La vergüenza que siente por ello es compleja: vergüenza por la insuficiencia de sus ascendentes, de la cual es consciente, y a la vez vergüenza de sentir vergüenza por ellos.

Lo mejor del transgeneracional

Ya sea en la vida pública o la privada, lo que es transmitido de una generación a otra siempre parece estar marcado por el sufrimiento, la vergüenza, la angustia, sobretodo cuando se trata de la herencia de los recuerdos de un genocidio o de una masacre. Sin embargo, parece probable que exista un transgeneracional feliz. O en todo caso positivo, que se da incluso a veces en un contexto de guerra o de luto.

En *El primer hombre*, Camus muestra un aspecto beneficioso del transgeneracional. El héroe de su historia, Jacques Cormery, no es otro que el doble que ha concebido en este relato autobiográfico. Explica cómo fue a ver la tumba de su padre, caído en 1914 en la batalla de la Marne. Nunca lo conoció, no sabe nada de él, o casi nada. ¿La madre sabía más cosas? Ella calla. Este viaje para ir al cementerio de Saint-Brieuc no tiene ningún sentido para Jacques, pero se lo ha prometido a su madre. Vive en Francia mientras que ella nunca ha salido de Argelia. Tiene más de cuarenta años y rechaza «inventarse una piedad que no siente en realidad».

Grabadas sobre la tumba, están las fechas del nacimiento y de la muerte. Este hombre, su padre, vivió sólo veintinueve años. Reposa aquí, bajo la piedra, mucho más joven que él. La emoción e una intensa piedad se apoderan de Jacques. Es el horror «de la locura y del caos», ya que el hijo es mayor que el padre. Con el «corazón angustiado», siente la necesidad imperiosa de conocer a este «padre cadete». Quizás este muerto olvidado albergue «el secreto que esperaba encontrar en los libros». Ha ido a «buscar lejos lo que quizás estaba cerca de él, tanto en el tiempo como en la sangre»...

Su madre es medio sorda, «pobre» de expresión, reducida al silencio y a la sumisión. No sabe leer. No hay nada más desolador que sus respuestas a las preguntas de Jacques durante el trayecto de vuelta de Saint-Brieuc: «No lo sé», «No me acuerdo», «Hay que mirarlo en el libro de familia»... Es un muerto borrado que su hijo no tenía consciencia de haber perdido, hasta la visita a Saint-Brieuc, que ha restituido de manera brutal a su padre.

¿Quién era ese padre? Jacques investiga, pero busca sobre todo en su memoria. El director de su escuela le había explicado que su padre, militar destacado ante los marroquíes, en 1905, tuvo que recoger el cuerpo mutilado de un centinela francés masacrado por los árabes. Presa de una especie de «furor», había empezado a gritar que un hombre «no hace estas cosas». El director le objetó entonces que los franceses también cometían horrores de este tipo: «Entonces, tampoco son hombres», contestó furioso. Estaba pálido como el papel. Jacques había olvidado esa historia. El discurso del padre está lleno de exigencia ética: «Yo [...] soy pobre, vengo de un orfanato, me ponen este uniforme, me arrastran hasta la guerra, pero me aguanto». Bonita definición del hombre, «el que se aguanta», concebida por un hombre sencillo en su rectitud. No es una

lección de ética aprendida de memoria: ha sido vivido en la pasión y surtido de «palidez», de auténtica indignación.
La otra historia está contada por la abuela. El padre se levantó al alba para asistir a la ejecución pública de un criminal. Al volver, no dice nada. Pero se acostó, y se levantó varias veces para ir a vomitar, y se volvió a acostar. Nunca más quiso hablar de lo que había visto. Jacques es consciente de que esta angustia, expresada de una manera tan violenta mediante el malestar físico, es quizá la única herencia que ha recibido de su padre. ¡Menuda herencia! En Saint-Brieuc, con cuarenta años y creyéndose indiferente al joven muerto con el que todavía no se ha «reencontrado», Camus ya había escrito *La peste*, donde se expresa con fuerza su humanismo y su rechazo a la guerra, que compara con la más brutal de las epidemias; expone los grandes trazos de su oposición a la pena capital. Buena parte de lo que transmitirá Camus a su siglo ya está presente.

¿Qué leemos al principio de *El primer hombre*? Una historia de silencio y de palabra. Aquí, el silencio no es el de la vergüenza, ni el del secreto de familia, ni el del horror inexpresable: es el de la miseria fruto de la imposibilidad de pertenecerse a uno mismo, de la debilidad, de la impotencia para concebir. No ha obstaculizado el amor, pero no ha transmitido la herencia que espera un hijo de su padre y sobre el cual pesa la condena de ser «el primer hombre», «sólo, sin memoria y sin fe». Pero todo reducido a lo esencial, esta herencia, de hecho, existe: a través de las palabras del director de la escuela y de la abuela se ha transmitido; a través de la historias que transcriben las palabras de su padre o que transmiten el sentido. Y, sobre la tumba de su padre, el hijo adulto empieza a entender que esta muerte le es consubstancial, que ha forjado su identidad sin ni tan siquiera ser consciente de ello.

A lo sumo, el silencio es estéril, o peor, mortífero. A través del silencio, se transmiten a menudo mensajes de sufrimiento o de angustia. Incluso el simple enfurruñamiento puede comportar a aquellos que lo sufren una asfixiante sensación de enclaustramiento. Es un remedio «perfecto contra la felicidad». La palabra, las historias que conllevan significados fuertes (y sobre todo auténticamente vividos y sentidos) pueden, al contrario, transmitir a las siguientes generaciones mensajes estructuradotes. Lo que Camus ha recibido, lo ha transmitido a todos sus lectores. Sus escritos han sido tomados en cuenta cuando se abolió en Francia el crimen de la pena de muerte. Diferentes generaciones de franceses leen o han leído a Camus y han sido marcadas por este humanismo que él mismo había recibido de su padre. ¿Todos los lectores de la «generación Camus» son los nietos del que decía: «Un hombre, se aguanta»?

Este transgeneracional benéfico alimenta las generaciones. En la simplicidad de las familias anónimas, es, para el niño, un factor de «buen trato». Es posible imaginar durante la vida diaria que los padres y los abuelos transmitan a sus hijos máximas de vida feliz, recetas para la felicidad o consejos moralmente constructivos. Como esa familia que repetía de generación en generación, como una receta de cocina familiar: «No dejes que el sol se ponga sobre tu cólera». La fórmula era bonita, pero podría haber sido papel mojado. La mujer de uno de los hombres de esta familia tendía al enfurruñamiento y algunas escenas domésticas se hundían a veces en silencios taciturnos. Entonces, el padre desplegaba todo su talento de hombre espiritual para devolver la sonrisa, ceder, «volver», como decía la madre, que acababa haciendo las paces antes del anochecer. La pareja aguantó y su hijo —que, como todos los niños sufría discusiones—, se tranquilizaba: siempre podremos poner fin a la guerra. Quizá transmitamos de esta manera una de las recetas de la felicidad conyugal. Y la nieta de este hombre añadía que más valía peder la cara que un amigo.

«Las familias felices carecen de historia». Verdadero y falso: tienen una, probablemente construida sobre determinada manera de entender la vida y los seres y, sobre todo, de liberar la palabra. Y hasta que no hayamos sentido cercana la hache mayúscula de Historia, debe ser posible encontrar por sí mismo y transmitir a los demás los mecanismos que acaben con los silencios.

Psicoanalistas y sociólogos

La experiencia clínica de los psicoanalistas les lleva a publicar casos en los que el transgeneracional es sólo nefasto y patógeno, dando así una idea falsa de estos fenómenos, asimilados a un maltrato en el que los abuelos serían los principales responsables o los intermediarios. En realidad, el transgeneracional vehicula también las fórmulas de felicidad y de prudencia «para todos los usos», así como las maneras de ser esenciales. Si este aspecto reconfortante del fenómeno ha escapado a menudo al análisis, es porque seguramente hay poco que añadir a lo que pasa de manera positiva.

Además, ¡no se transmite todo! Esta idea a menudo aflige: es positivo lo poco que reconforta a veces. La moda actual sobreestima quizá la responsabilidad del transgeneracional en la aparición de patologías psicológicas. El considerable interés que presenta no debe hacernos perder de vista sus limitaciones. En muchos pacientes bajo análisis, la búsqueda de acontecimientos, de secretos transmitidos infraverbalmente, de generación en generación, no aporta estrictamente nada: el origen de su sufrimiento está en otro lado. De igual manera, se dice que la desaparición del síntoma, en el momento de la toma de consciencia de una patología familiar, permite confirmar el diagnóstico del fenómeno transgeneracional. Pero la desaparición del síntoma no es sinónimo de restablecimiento de la salud psicológica.

Los psicoanalistas y los sociólogos se reparten el estudio de los fenómenos transgeneracionales. ¿Debemos privilegiar los factores psicológicos o, al contrario, primar la sociología? De nuevo, la verdad estará seguramente a medio camino. Sus aportaciones se complementan perfectamente. Los psicoanalistas, en general, sólo hayan la patología transgeneracional, pero la estudian a fondo; los sociólogos afrontan muestras más diversificadas pero trabajan sobretodo con las estadísticas.

La influencia de las generaciones precedentes sobre el individuo es considerable, ya que los factores sociológicos se añaden a los psicológicos. Los hay incluso tentados en ver al Hombre como un ser totalmente determinado por las fuerzas de la genética y del entorno. Otros creen de manera más optimista que todo individuo tiene su parte de inventiva en la búsqueda de los materiales que utilizará para construir su vida, escoger sus galeras y sus carabelas.

Conclusión

Los abuelos desempeñan múltiples funciones, desde ayudar durante la maternidad a transmitir el transgeneracional, pero el nexo de unión entre todas ellas es la influencia que ejercen en el desarrollo psíquico de su nieto y de su identidad. Ahora bien, podemos afirmar que la identidad de una persona se forma, en esencia, alrededor de dos ejes, uno vertical y el otro horizontal. El vertical es el de la genealogía, el de la historia de las tradiciones. Cada uno es consciente de este eje a través de las dos generaciones que ha conocido, la de los padres y la de los abuelos, pero lo percibe de manera más difusa en el caso de las generaciones anteriores. Los abuelos, en su función de transmitir el transgeneracional, se sitúan alrededor del eje vertical. En la familia patriarcal que describía Frédéric Le Play, dominada por el padre de más edad, se favorecía el eje vertical en detrimento del horizontal. Los valores fuertes eran la referencia a Dios, al padre y al linaje paterno. Las posibilidades de alejarse del modelo familiar eran bastante limitadas.

Por el contrario, la familia de hoy corresponde a lo que Le Play denominaba la familia inestable. La cohesión familiar se relaciona con la supervivencia del último abuelo de un linaje y se divide. Cada vez más se ha visto erosionada por la tendencia actual a la dispersión geográfica y a la recomposición familiar. Tampoco podemos olvidarnos de los fenómenos migratorios modernos (del exterior o del interior, de una región a otra) o simplemente cuando se trata de una expatriación temporal. Estos trasvases, muy enriquecedores en sí mismos, por todo lo que ensanchan el mundo actual, van asociados necesariamente a una cierta pérdida cultural. La influencia cotidiana de los abuelos en sus nietos queda forzosamente más limitada.

Cuando los dos padres trabajan, los niños se desmelenan a la salida de la escuela y entran en un piso vacío. Entre las comidas en bares al mediodía, los retrasos después de terminar la jornada y las comidas de trabajo, las comidas familiares escasean. La autoridad paterna, menos visible y menos reconocible, fracasa a la hora de fijar la identidad del niño en un anclaje vertical. Así, podemos escuchar el lamento de los padres: «Yo no me canso de repetírselo». Los niños no escuchan, son inaccesibles y huidizos.

Los abuelos cuidan a los bebés y se ocupan de los niños pequeños. Pero ofenderíamos a un niño que va al colegio si le propusiéramos esperarlo para merendar, a la salida de la escuela. El niño, que tiene prisa por entrar en la adolescencia, suele rechazar la compañía de sus abuelos en favor de sus «compañeros». Este tipo de familia inestable ciertamente favorece el desarrollo del eje horizontal, el del grupo de edad, que se va estructurando progresivamente, cada vez que un niño o un adulto imita a sus contemporáneos inmediatos y adopta sus pensamientos, propuestas y actitudes: los niños de las familias menos estructuradas buscarán sus puntos de apoyo casi exclusivamente en su franja de edad, cuyos valores más adoptados son los del consumo y el placer inmediato. Anémicos de valores, con la soga en el cuello, lo tienen difícil para desarrollar su identidad. Con quince años, no siempre saben por qué se llaman Melody, Brian o Kevin. Pero si les duele la barriga, están seguros que su mejor amigo ha experimentado las

Conclusión

mismas sensaciones y lo comprenden perfectamente. Y el estómago les duele a menudo, porque la vida les retuerce las tripas. Para los niños, los abuelos sólo tienen una existencia lejana: o incluso peor, una importancia económica, si han escogido la opción de comprarles el cariño. En el mejor de los casos, los abuelos ejercerán una verdadera importancia en el campo afectivo, pero tendrán muy poco o ningún valor simbólico: ya no son los depositarios del pasado o ya no lo transmiten; «se lo guardan para sí mismos». ¿Miedo a que no los escuchen? ¿A que no interesen a nadie? ¿Impotencia por revivir una cultura tal vez muy lejana, exótica o desfasada, «carroza»?

Todo esto tiene que tener repercusiones en la capacidad de los nietos para fantasear y «vivir» algunos aspectos de la relación con el otro a través de lo simbólico y lo abstracto. Su anclaje «horizontal» —la lealtad a la franja de edad, a los «compañeros», está constantemente presente en su vida— lo perciben, es decir, tienen una percepción sensorial del mismo, de manera constante a su alrededor: la música, la ropa, la alimentación, la manera de expresarse, los gestos que acompañan cada momento de su vida y les dan una identidad colectiva reconfortante. La estimulación sensorial y psicológica de esta «cultura joven» es enorme y no deja mucho tiempo para *la reflexión, la representación simbólica*, que presuponen por el contrario la ausencia, la retirada, la pobreza de la percepción inmediata. El famoso «Yo no me canso de repetírselo...» corrobora la dificultad de los adolescentes para abstraerse del movimiento perpetuo generado alrededor de cada uno de ellos por la solidaridad con su grupo de edad. Y todo acontece, en un moderno paisaje urbano y mediático, para reforzar esta adición al grupo y al presente: la publicidad y sus eslóganes y el zapeo eliminan el tiempo necesario para madurar una reflexión y sólo dejan que sobrevivan unas cuantas palabras de índole ideológica desprovistas de cualquier atisbo de historia. Por poco que los divorcios, los hijos concebidos fuera del matrimonio, los malentendidos o simplemente las obligaciones profesionales los priven de uno u otro de sus linajes, su referencia vertical puede verse reducida a la más simple expresión: la presencia en su casa de una madre que, orgullosa, se intenta hacer pasar por su hermana mayor y, en el mejor de los casos, unos abuelos «jóvenes maduros» todavía en pleno torbellino profesional. Los adolescentes absorbidos por la fascinación del grupo pierden la conciencia de su individualidad y carecen de palabras para afirmarla. Además, tampoco desean experimentarla, ya que para ellos es sinónimo de soledad.

Los abuelos, tan próximos a sus nietos durante los años en los que compartieron juegos y les ayudaron con los deberes, sufren en este alejamiento, incluso aunque al final lo consideren normal por el contexto actual. En consecuencia, los que han sabido conservar sus actividades, sus centros de interés y sus amigos son menos infelices que los que lo dejaron todo para dedicarse por completo a sus nietos.

Por otra parte, la presión social no se comporta de manera homogénea y muchos niños o adolescentes se benefician de un eje identitario vertical suficientemente fuerte como para permitirles no dejarse arrastrar por la moda, las bandas y los últimos chismes del mercado. Estos jóvenes están abiertos a los intercambios y cultivan muchas actividades de interés. La edad no es el criterio exclusivo que determina sus relaciones. Les gusta mantener el contacto con sus abuelos. Asimismo, se alegran de poder contar con su ayuda para las tareas escolares y de hablar con ellos. Sus ancianos participan de esta manera en su formación intelectual, cultural y moral. Están en una situación privilegiada: su generación puede vivir su relación con los nietos siguiendo la moda del intercambio y no sólo la de la transmisión. Sus nietos son su ventana al mundo moderno y, a menudo, ejercen la función de iniciadores o, en todo caso, de compañeros.

En esta relación fácil y enriquecedora, el niño puede reforzar una conciencia identitaria. Este clima de confianza le permite interesarse por su genealogía, las tradiciones y por los símbolos de la familia. A menudo se dice que la pertenencia a una confesión o a un partido es edificante en sí misma: ¿por qué no extenderlo también a la familia? Y aunque queden lejos o estén muertos, los abuelos existen gracias a las historias de los padres sobre su personalidad o a las aventuras de su vida; son portadores de un pasado del que son los únicos que pueden transmitirlo, aunque sea indirectamente, por su inefable presencia. La generación de abuelos es irreemplazable por su espacio simbólico que afirma o sugiere el desarrollo infinito del árbol genealógico.

Entre estos dos extremos, el niño heredero y el niño ancestro de sí mismo, existen todos los intermediarios, a menudo en el seno de la misma hermandad. Por otra parte, todos vivimos en nuestro fuero interno el reencuentro con los ejes vertical y horizontal, nuestro conflicto o nuestra sinergia, según un criterio al que sólo pertenecemos nosotros mismos, tan singular como el dibujo de nuestras huellas dactilares. Según la manera en la que acepte la educación recibida y según los compañeros de los que se rodee, el niño forjará su estructura identitaria a su manera y quizá de forma inesperada. El discurso dominante en los medios de comunicación invita a pensar que la mayoría de los adolescentes se han apartado de sus abuelos. Ahora bien, si hablamos con ellos veremos justamente lo contrario. Chicos y chicas, incluso aquellos que podríamos pensar que están más dominados por el eje horizontal de la modernidad y los compañeros, denotan mucho cariño e interés por sus mayores, incluso más que por sus padres, al mismo tiempo que descubren, con sorpresa y disgusto a lo largo de la conversación, que no saben nada o muy poca cosa de ellos. ¿Significaría eso que están mucho más unidos a su genealogía y a su identidad de lo que ellos mismos pensaban?

Es difícil gestionar el tiempo en la sociedad actual. «No he tenido tiempo ni de hacer la cuarta parte de lo que quería» es una queja que podemos escuchar tanto de boca de jóvenes sin trabajo como de los que sí trabajan. Ahora sólo cuando se llega a la vejez se puede acceder al derecho a la lentitud, tan duro de soportar porque coincide con una exclusión. Los abuelos, jóvenes o no tan jóvenes, pero sin ser todavía ancianos, afirman todos que su tránsito a la jubilación no les aporta la tranquilidad y la inactividad, más bien todo lo contrario: «Nunca había hecho tantas cosas». Vivir no significa *ser*, es más simple: se trata de comportarse, hacer, aprender, descubrir para seguir siendo joven. Tanta hiperactividad impide por fuerza saborear el tiempo que transcurre. El adolescente no está disponible; hay abuelos que no saben espabilarse cuando se enfrentan a la ausencia bien organizada de sus nietos y deben aguantarse a ellos mismos, deben buscarse otras «inversiones narcisistas» y huir hacia delante.

Pero lo que les pierde puede aportarles la solución. Hacer de la necesidad virtud. Tener menos necesidad de los demás, no mendigar, eso es lo que nos hace interesantes. Lo esencial es vivir la propia vida según la entendamos, con nuestro trabajo, nuestros intereses, nuestros cantos de sirenas... Y lo mismo sirve para los placeres y los amigos. Estamos en una época en la que perdemos a los nietos. No hay que reprochárselo si queremos volverlos a encontrar. «Hay que cultivar nuestro jardín», decía el Cándido de Voltaire. Si cultivamos nuestro jardín, estos niños convertidos en mayores sentirán curiosidad por venir a ver lo que nos impulsa. Un viejo adulto que se interesa por el mundo puede ser un modelo para unos jóvenes que acaban de darse cuenta de que tienen un futuro.

Bibliografía

ABRAHAM, Nicolas, y Maria TOROK, *L'Écorce et le Noyau*, Aubier-Montaigne, 1978.
AÏN, J., *Transmissions*, Érès, 2003.
ALTOUNIAN, Janine, *Ouvrez-moi seulement les chemins d'Arménie*, Les Belles-Lettres, 1990.
— *La Survivance*, Dunod, 2000.
ANCELIN SCHÜTZENBERGER, Anne, *Aïe, mes aïeux*, Desclée de Brouwer, «La méridienne», 1998.
ARIÈS, Philippe, *Histoire des populations françaises et de leurs attitudes devant la vie depuis le XVIIIe siècle*, Le Seuil, 1971.
— *L'Enfant et la vie familiale sous l'Ancien Régime*, Le Seuil, «L'univers historique», 1973.
ATTIAS-DONFUT, Claudine, *Les Solidarités entre générations: vieillesse, famille, État*, Nathan, 1995.
— *Grands-parents, La famille à travers les générations*, Odile Jacob, 1998.
— y Martine SEGALEN, *Le Siècle des grands-parents*, Autrement, 2001.
BALMARY, Marie, *L'Homme aux statues: Freud ou la faute cachée du père*, Grasset, 1979.
— *Le Sacrifice interdit: Freud et la Bible*, Grasset, 1986.
BARRIGUETE-CASTELLON, Armando, «Figures de paternalité: le père, le grand-père. Psychodynamique du grand père», en *La Parentalité, Défi pour le troisième millénaire* (sous la direction de Leticia Salis-Ponton), PUF, «Le fil rouge», 2002.

BERGER, Maurice, *L'Enfant et la souffrance de la séparation, Divorce, adoption, placement,* Dunod, 1997.
— e Isabelle GRAVILLON, *Mes parents se séparent, comprendre ce que ressent l'enfant,* Albin Michel, 2003.
BOSZORMENYI-NAGY Ivan, y Loïc SPARK, *Invisible loyalties: Reprocity,* Harper and Row, New York, 1973.
BOTTERO Jean, *Naissance de Dieu, La Bible et l'histoire,* Gallimard, 1986.
BUTLER, Samuel, *El destino de la carne,* Alba Editorial, 2001.
BOUCHET, Sylvie, *De mère à grand-mère,* Bayard, 1992.
BRAZELTON, Thomas Berry, *Las crisis familiares y su superación: cinco casos reales,* Ediciones Paidós Ibérica, 1990.
BYDLOWSKI, Monique, «Les enfants du désir, le désir d'enfant dans sa relation avec l'inconscient», en *Psychanalyse à l'université,* 1978, tomo V; n.º 13.
— *La Dette de vie,* PUF, 1997.
CADOLLE, Sylvie, *Être parent, être beau-parent,* Odile Jacob, 2000.
CAMUS, Albert, *La Peste,* Gallimard, «Folio», 1972.
— *Le Premier Homme,* Gallimard, «Folio», 2000.
— *La peste,* Edhasa, 2005.
CANAULT, Nina, *Comment paye-t-on les fautes de ses ancêtres? L'inconscient transgénérationnel,* Desclée de Brouwer, 1999.
CASTELLAN, Yvonne, *Les Grands-parents, ces inconnus,* Bayard, «Psychologie», 1998.
CÉLINE, Louis-Ferdinand, *Guignol's Band,* Editorial Lumen, 1996.
CHATEAUBRIAND, François-René, *Memorias de ultratumba,* Alianza Editorial, 2005.
CLAUDEL, Paul, *L'Élasticité américaine, Oeuvres en prose,* Gallimard, «Bibliothèque de la Pléiade», 1965.
CLÉMENT, Claude, *Au temps des grands-parents,* Nathan, 1999.
CLERC, Loly, *On veut voir nos petits-enfants! Conflits et disputes dans les familles. Comment en sortir* (en colaboración con M. F. Fuchs y EGPE), La Martinière, 2003.
CORNEAU, Guy, *Père manquant, fils manqué,* Éd. de l'Homme, 1989.

Cotinaud, Caroline, *Le Mammy big-bang, Les nouvelles grands-mères ne sont pas ce que l'on croit*, Albin Michel, 2001.
Cyrulnik, Boris, *La maravilla del dolor: el sentido de la resiliencia*, Ediciones Granica, 2001.
— *Les Vilains Petits Canards*, Odile Jacob, 2001.
— *Bajo el signo del vínculo*, Editorial Gedisa, 2006.
Daniel, Stéphane, *Au bonheur des pères*, Bayard, 2001.
Deutsch, Hélène, *Problèmes de l'adolescence*, Payot, 1968.
Dickens, Charles, *Oliver Twist*, Editorial Galaxia, 2007.
Dodson, Fitzhugh, *Être grands-parents aujourd'hui*, Laffont.
Dolto, Françoise, *La causa de los adolescentes*, Ediciones Paidós Ibérica, 2004.
— *Cuando los padres se separan*, Ediciones Paidós Ibérica, S. A., 1997.
— «Les grandsparents» en *Les Chemins de l'éducation, Articles et conférences (1950)*, Gallimard, 1994.
Doucet, Geneviève, *Au bonheur des grands-mères*, Albin Michel, 1997.
Dugas, Arlette, *Ne m'appelle pas Mamie*, Presses de la Cité, «Éditions hors collection», 1994.
Dumas, Didier, *L'Ange et le fantôme, Introduction à la clinique de l'impensé généalogique*, Minuit, 1985.
— *Hantise et clinique de l'autre*, Aubier, 1989.
— *La Sexualité masculine*, Albin Michel, 1990.
— *Et l'enfant créa le père*, Hachette, 2000.
— *Sans père et sans parole: la place du père dans l'équilibre*, Hachette, 2000.
Eiguer, A., *Le Générationnel, Approche en psychothérapie analytique*, Dunod, «Inconscient et culture», 2000.
Eliacheff, Caroline, *Madres-hijas: una relación de tres*, Algaba Ediciones, 2002.
Ernaux, Annie, *La vergüenza*, Tusquets Editores, 1999.
Fabre, Nicole, *La vérité sort de la bouche des enfants, Écoutons-les pour les comprendre*, Albin Michel, 1997
— *Blessures d'enfance, les dire, les comprendre, les dépasser*, Albin Michel, 1999.

FAIMBERG, Haydée, «La téléscopie des générations. À propos de la généalogie de certaines identifications», en René Kaes, Haydée Faimberg, M. Enriquez y J.-J. Baranes, *Transmission de la vie psychique entre générations,* Dunod, «Inconscient et culture», 1993.
FLIS-TRÈVES, Muriel, *Elles veulent un enfant,* Albin Michel, 1998.
FORBIN, Comte de, *Mémoires,* Mercure de France, 1993.
FREUD, Martin, *Freud, mon père,* Denoel, 1975.
FREUD, Sigmund, *Cinq psychanalyses,* PUF, 1954.
— «Pour introduire le narcissisme» (1914), en *La Vie sexuelle,* PUF, 1969.
— *Moisés y la religión monoteísta y otros escritos sobre judaísmo y antisemitismo,* Alianza Editorial, 2001.
— *Tótem y tabú; Los instintos y sus destinos; Duelo y melancolía,* RBA Coleccionables, 2002.
FUCHS, Marie-Francoise, *Question des grands-parents, Comment trouver sa place dans la famille et la société d'aujourd'hui,* La Martinière, 2001.
— y Genevieve LAPLAGNE, *L'Art d'être grands-parents,* Minerva-Suisse, 1999.
GAILLARD, Jean-Michel, *La Famille en miettes,* Sans, 2001.
GARY, Romain (Émile Ajar), *Pseudo,* Gallimard, 2004.
GAULEJAC, Vincent de, *Névrose de classe, Trajectoire sociale et conflits d'identité,* Hommes et Groupes éditeurs, «Rencontre dialectique», 1987, 3.ª edición 1999.
— *Femme au singulier ou la parentalité solitaire,* Klincksieck, 1990.
— *L'Histoire en héritage, Roman familial et trajectoire sociale,* Desclée de Brouwer, 1999.
GEBEROWICZ, Bernard, y Colette BARROUX, *Le Baby-clash, Le couple à l'épreuve de l'enfant,* Albin Michel, 2005.
GIRARD, René, *Les Choses cachées depuis la fondation du monde,* LGF, 2004.
GOLSE, Bernard, «Le concept de transgénérationnel», en *Carnets psy,* n.º 6, 1995 (reeditado en *Carnets psy,* n.º 84, 2003).
GOURDON, Vincent, *Histoire des grands-parents,* Perrin, 2001.

GRANJON, Évelyne, «Traces familiales et liens généalogiques dans la constitution du groupe familial», en *Dialogue AFCC*, n.° 98, 4.° trimestre de 1987.
HILGARD, J. R., «The Anniversary Syndrome as Related to Late-Appezring Mental Illness in Hospitalized Patients», en *Silver, ALS, Psychoanalysis and psychosis*, Madison, CT, Internat'l, University Press, 1989.
HOROWITZ, Élisabeth, *Se libérer du destin familial, Devenir soimême grâce à la psycho-généalogie*, Dervy, 2000.
JACOB, François, *La estatua interior*, Tusquets Editores, 1989.
KAES, René, FAIMBERG, Haydée, ENRIQUEZ, Micheline y Jean-José BARANES, *Transmision de la vie psychique entre générations*, Dunod, 2001.
KIPMAN, Simon-Daniel, y Danielle RAPOPORT, *La Sexualité oubliée des enfants*, Stock-Laurence Pernoud, 1993.
KORNHABER, Arthur, y Kenneth WOODWARD, *Grands-parents-petits-enfants: le lien vital*, Laffont, 1981.
LABORIT, Henri, *Éloge de la fuite*, Gallimard, «Folio Esais», 1985.
LAPIERRE, Nicole, *Changer de nom*, Stock, 1995.
LASSUS, Pierre, *Maltraitances*, Stock, 2001.
LA TOUR DU PIN, Lucy de, *Mémoires*, Mercure de France, 2002.
LECLAIRE, Serge, *On tue un enfant*, Le Seuil, 1975.
LEGENDRE, Pierre, *L'Inestimable objet de la transmission*, Fayard, 1985.
LEMAIRE-ARNAUD, Évelyne, «Le génogramme et les secrets de famille», en *Dialogue AFCCC*, n.° 100, 2.° trimestre de 1988.
LEVI, Primo, *La tregua*, Quinteto, 2006.
MAILLE-UBERSFELD, Anne, «Victor Hugo ou l'aïeul infini», en *Les Grands-parents dans la dynamique de l'enfant*, dirigido por Michel Soulé, ESF, 1979.
MARTIN, Claude, *L'Après-divorce, Lien familial et vulnérabilité*, Presses universitaires de Rennes, 1997.
MÉRAI, Magdolna, *Grands-parents, charmeurs d'enfants*, L'Harmattan, 2002.
MERLE, Robert, *La Mort est mon métier*, Gallimard, 1953.
MIETKIEWICZ, Marie-Claude, «Les fonctions éducatives des

grands-parents à travers les dessins de leurs petits-enfants»,
en *Revue internationale de l'éducation familiale,* Matrice,
2001.

MIJOLLA, Alain de, *Les Visiteurs du moi,* Les Belles-Lettres, 1986.

MILLER, Alice, *Por tu propio bien: raíces de la violencia en la educación del niño,* Tusquets Editores, 1998.

MONTESSORI, Maria, *L'Enfant,* Desclée de Brouwer, 1997.

— *El método de la pedagogía científica: aplicado a la educación de la infancia en las* Cases dei bambini *(«Casas de los niños»),* Editorial Biblioteca Nueva, 2004.

MOREL, Denise, «Choix du partenaire et généalogie», en *Dialogue, AFCCC,* n.º 100, 2.º trimestre de 1988.

MUXEL, Anne, *Individu et mémoire familiale,* Nathan, 1996.

NATANSON, Madeleine, *Dans ma famille, je demande les grands-parents,* Fleurus, 1999.

NEMET-PIER, Lyliane, *Mi hijo me devora,* Espasa-Calpe, 2005.

OLIVIER, Christiane, *L'Ogre intérieur,* Fayard, 1998.

— *Petit livre à l'usage des pères,* Fayard, 2002.

PEREC, Georges, *W. ou le souvenir d'enfance,* Gallimard, «L'imaginaire», 1997.

PÍVOT, Bernard, *100 mots à sauver,* Albin Michel, 2004.

POUSSIN, Gérard, *Psychologie de la fonction parentale,* Privat, 1993.

PUSKAS, Daniel, *Amours clouées, Répétition transformationnelle et fonction paternelle,* Sciences et culture, Montréal, 2002.

RACAMIER, P. C., *Le Génie des origines,* Payot, «Bibliothèque scientifique», 1992.

RAPOPORT, Danielle, y Anne ROUNBERGUE-SCHLUMBERGER, *La Croissance empêchée,* Belin, 2003.

Revue internationale de l'éducation familiale, tomo 1, «Les grands-parents», 2001.

ROSTAND, Jean, *El hombre,* Alianza Editorial, 2002.

SÉGOLÈNE, Royal, *La primavera de los abuelos, la nueva alianza intergeneracional,* Rubin Gabrielle, *Le Roman familial de Freud,* Payot, 2002.

SARTRE, Jean-Paul, *Las palabras,* Círculo de Lectores, 2000.

SEMPRÚN, Jorge, *La escritura o la vida*, Tusquets Editores, 1997.
SICHROVSKY, Peter, *Nascuts culpables*, Tres i Quatre, 2002.
SINGLY, François de, *Le Soi, le couple et la famille*, Nathan, 1996.
— «Malaise dans la filiation», en Esprit, 1996, n.º 127.
SNYDERS, Georges, *La Pédagogie en France aux XVIe et XVIIe siècles*, PUF, 1965.
SOULÉ, Michel, *Les Grands-parents dans la dynamique de l'enfant*, ESF, 1979.
SULLEROT, Évelyne, *Quels pères? Quels fils?*, Fayard, 1992.
— *Le Grand Remue-ménage, La crise de la famille*, Fayard, 1997.
TAISNE, Geneviève de, e Yves GENTIL-BAICHIS, *El placer de ser abuelos*, Editorial Sal Térrea, 2001.
TISSERON, Serge, *Tintin et les secrets de famille*, Aubier, 1990.
— *La Honte, Psychanalyse d'un lien social*, Dunod, 1992.
— *Secrets de famille, mode d'emploi*, Ramsay, 1996.
— *Le Bonheur dans l'image*, Synthélabo, 1996.
— *Bienfait des images*, Odile Jacob, 2003.
— *Comment Hitchcock m'a guéri, Que cherchons-nous dans les images?*, Albin Michel, 2003.
VALANTIN, Simone, «La grand-parentalité», en *La Parentalité, Défi pour le troisième millénaire* (dirigida por Leticia Salis-Ponton), PUF, «Le fil rouge», 2002.
VAN DEN BROUCK, Jeanne, *Manuel à l'usage des enfants qui ont des parents difficiles*, Éditions universitaires, Jean-Pierre Delarge, 1979, Points-Seuil, 2001.
VAN EERSEL, Patrice, y Catherine MAILLARD, *Mis antepasados me duelen: psicogenealogía y constelaciones familiares*, Ediciones Obelisco, 2004.
VERNANT, Jean-Pierre, *El universo, los dioses, los hombres: el relato de los mitos griegos*, Círculo de Lectores, 2002.
VITAL DE MONLÉON, Jean, *Naître là-bas, grandir ici, L'adoption internationale*, Belin, 2003.
ZORN, Fritz, *Bajo el signo de Marte*, Editorial Anagrama, 1992.

En la misma colección

¡Padres, atreveos a decir «No»!
Dr. Patrick DELAROCHE

¿Psicólogo o no psicólogo?
Dr. Patrick DELAROCHE

Separémonos... pero protejamos a nuestros hijos
Stéphane Clerget

Atreverse a ser madre en el hogar
Marie-Pascale DELPLANCQ-NOBÉCOURT

Sectas y gurús
Dominique BITON

www.ingramcontent.com/pod-product-compliance
Lightning Source LLC
Chambersburg PA
CBHW050203240426
43671CB00013B/2229